培养说话高手的实用手册，锻炼办事能人的成功宝典

谁说你懂
说话办事

孙郡锴/编著

世事洞明皆学问，人情练达即文章。想要在纷繁复杂的人际关系中脱颖而出，关键在于掌握好说话的学问和办事的技巧。把握好说话办事的技巧，做个八面玲珑的聪明人就不再是难题。

中国华侨出版社

图书在版编目（CIP）数据

谁说你懂说话办事/孙郡锴编著．—北京：中国华侨出版社，
2011. 4
ISBN 978 – 7 – 5113 – 1118 – 4

Ⅰ. ①谁…　Ⅱ. ①孙…　Ⅲ. ①人生哲学—通俗读物　Ⅳ. ①C912. 3 – 49

中国版本图书馆 CIP 数据核字（2011）第 030869 号

● 谁说你懂说话办事

编　　著/孙郡锴
责任编辑/严晓慧
封面设计/纸衣裳书装
经　　销/新华书店
开　　本/710×1000 毫米　1/16　印张 18　字数 240 千字
印　　刷/北京溢漾印刷有限公司
版　　次/2011 年 5 月第 1 版　2011 年 5 月第 1 次印刷
书　　号/ISBN 978 – 7 – 5113 – 1118 – 4
定　　价/32. 00 元

中国华侨出版社　　北京朝阳区静安里 26 号通成达大厦 3 层　　邮编 100028
法律顾问：陈鹰律师事务所
编辑部：（010）64443056　　64443979
发行部：（010）64443051　　传真：64439708
网　　址：www.oveaschin.com
e-mail：oveaschin@sina.com

前言

PREFACE

　　人人会说话，人人在办事，但结果却是天壤之别。越是与我们天天相伴的东西越容易被忽略，越是经常被忽略的东西却越重要。家庭背景、学历、机遇……我们的眼光过多地集中在这些对一个人的成功似乎至关重要的要素上，实际上，所有这些只是给你提供了一个迈向成功的台阶，而说话与办事的本事才是助你迈上这一台阶的原动力。

　　说话艺术是高水平的人试图办成大事的杀手锏。说话的目的是为了办事，所以解决具体问题是说话的出发点和落脚点。在现实生活中学会说话非常容易，但要学会说让别人爱听的话，可不是一件容易的事。在生活中，后者是至关重要的，当然也是不容忽视的。如何让语言成为你生活中办事的助推器呢？这其中就涉及到一个取与舍的问题——取让人感觉舒服的话来说，做让人感觉愉悦的事；舍弃那些让人尴尬的话，以及那些让人揪心的事。当然，这其中有许多技巧需要在实践中慢慢体会。

　　说话和办事可以分开来讲，但不可分开来做，二者是相辅相成的。在办事的过程中琢磨说话的窍门，通过提高说话水平办成别人办不了的事。一个人的说话水平代表着他办事的水平，决定着他成事的效率。说话的高手必定也是一个会做人善办事的高手。

　　面对竞争日趋白热化的现代社会，说话和办事的能力显得尤为重要。不仅在日常的社会交往中时刻离不开说话，而且在工作和事业的发展中，更少不了好口才的推动。能说话和会办事，已成为现代人必不可少的基本能力，成为成功者不可或缺的素质。

本书以实践为蓝本，经过提炼列出了说话办事中的取舍之道，具有极强的实用性。要想得窥说话办事的门径，并对自己的人生有所助益，须以一生的努力去体会，去学习。

目 录
CONTENTS

第一章　说话办事心态的调整方法

在名利面前，很少有人不动心。当名利就在眼前时，你应该如何对待？当名利为他人所得时，你该如何自持？得意忘形是幼稚的表现，它会招来同事对你的反感；眼红妒忌是弱者常犯的毛病，它无法提升你的进取精神。保持自己的平常心才是成熟的表现。

第二章　说话办事规则的取舍艺术

　　在人们日常说话办事的过程中，存在着各种各样的规则，有明规则，也有潜规则，虽然没有人强迫你遵守它，但你一旦违背，会令你说话办事的效果大打折扣。当然，对于这些规则也不能不问"黑白"照单全收，也有一个如何取舍的问题：有的话该这么说，有的事该那么做。从一定程度上说，对某些规则的取与舍，决定着一个人说话办事的水平。

第三章　说话办事细节的把握标准

表达能力往往不在于你是否能口若悬河、滔滔不绝，在特定环境下，更在于对细节的把握，从细节入手提高语言表达的水平，可以让你成为一个说话的高手。

第四章　说话办事的进退方略

　　说话的目的是为了办事，所以解决具体问题是说话的出发点和落脚点。但是具体的问题总是复杂而多变的，总要与各种各样的人和事纠缠在一起，不讲求说话的方法和技巧，就不能以最恰当的方式，把话说到最恰当的地方，其结果就是让说话毁了办事的实效。

第五章　懂得人情世故，说话办事才有底气

　　每个人不管处于什么样的地位，都自觉不自觉地与周围的人发生着关系。只有了解人，研究人，懂得所谓人情世故，你说话办事才会有底气，少出差错。

第六章　掌控职场中的"予"、"得"方法

　　拥有一份有前途的职业是一个人一生的福分。但你的职业是不是有发展前途，很多时候不在于工作本身，而在于你会不会说话办事儿，是否善于解决工作中的难题。在任何一个单位里工作，都少不了与领导、同事或下属打交道，其间因为彼此常常存在各种利益竞争关系，有些事很难办。衡量一个职场中人是不是有发展潜力的一个重要标准，就是看他是否善于处理工作中面临的方方面面的难题。具备了这方面的能力才会有升职的可能，也才会有一个光明的前途。

第一章

说话办事心态的调整方法

在名利面前,很少有人不动心。当名利就在眼前时,你应该如何对待?当名利为他人所得时,你该如何自持?得意忘形是幼稚的表现,它会招来同事对你的反感;眼红妒忌是弱者常犯的毛病,它无法提升你的进取精神。保持自己的平常心才是成熟的表现。

上篇：增强积极健康心态

 ## 1. 难得糊涂

在人的一生中，并不是什么时候都能把自己的聪明派上用场。"聪明反被聪明误"的事情时有发生。面对纷繁复杂、变幻莫测的人心世态，有时有必要"睁一只眼闭一只眼"，以一副糊涂表象示于众人。否则你的精明就可能招来众人的嫉妒与怨恨，甚至为你带来祸端。因此，适时地装装糊涂无疑是一种明智的处世哲学。

"糊涂学"并非仅是一种处世的技巧，也不是宗教中的那种泛爱与宽容，它是中国人特有的为人处世的大学问、大智慧，也是中国人特有的一种人生大境界。

有时"糊涂"是大智若愚、大巧若拙；是大勇若怯，以柔克刚；是处事不乱，达观权变；是外乱内整，内精外钝；是有所不为，尔后大有所为；是宠辱不惊，是非心外；是得意淡然，失意泰然；是宽容忍让，不计前嫌；是不以物喜，不以己悲；是藏锋露拙，明哲保身；是匿壮显弱，明知故昧；是乐天知命，顺应自然；是淡泊名利，知足常乐；是与世无争，宁静致远；是吃亏是福，财去人安；是居安思危，未雨绸缪；是守静养神，清心寡欲；是沉默是金，寡言鲜过；是谤我容之，侮我化之……

有了"糊涂"这种大智慧，人才会清醒，才会冷静，才会有宽容之心，才能平静地看待世间这纷纷乱乱的喧嚣、尔虞我诈的争斗；才能超功利，脱世俗，善待世间的一切，才能居闹市而有一颗宁静之心，待人宽容为上，处世从容自如。

有了"糊涂"这种大智慧，你就会感到"天在内，人在外"，天人合一，心灵自由，获得一种从未有过的解放。

凭着这颗自由的心，你再不会为物所累，为名所诱，为官所动，为色所惑。

有了这种大智慧，你才会幡然顿悟，参透人生，超越生命，不以生为乐，不以死为悲，天地悠悠，顺其自然，人生得以恬静，心灵得以安宁。

老子大概是把"愚"的处世艺术上升至理论高度的第一人。他自称"俗人昭昭，我独昏昏；俗人察察，我独闷闷"。而作为老子哲学核心范畴的"道"，更是那种"视之不见，听之不闻，搏之不得"的似糊涂又非糊涂、似聪明又非聪明的境界。人依于道而行，将会"大直若屈，大巧若拙，大辩若讷"，中国人向来对"智"与"愚"持辩证的观点，《列子·汤问》里愚公与智叟的故事，就是我们理解智愚的范本。庄子说："知其愚者非大愚也，知其惑者非大惑也。"人只要知道自己的愚和惑，就不算是真愚真惑。是愚是惑，各自心里明白就足够了。

孔子说："宁武子，邦有道则知，邦无道则愚。其知可及也，其愚不可及也。"宁武子即宁俞，是春秋时期卫国的大夫，他辅佐卫文公时天下太平、政治清明。但到了卫文公的儿子卫成公执政后，国家则出现内乱，卫成公出奔陈国。宁俞则留在国内，他虽为国忠心耿耿，表面上却装出一副糊里糊涂的样子，后来周天子出面，请诸侯霸主晋文公率师入卫，诛杀佞臣，重立卫成公，宁俞依然身居大夫之位。这是孔子对"愚"欣赏的典故，他很敬佩宁俞"邦无道则愚"的处世方法，认为一般人可以像宁俞那么聪明，但很难像宁俞那样糊涂。在古代上层社会的政治倾轧中，装愚是官场权力较量的基本功。仅以三国时期为例，就有两场充满睿智的精彩表演：一是曹操、刘备煮酒论英雄时，刘佯装糊涂得以脱身；二是曹爽、司马懿争权时，司马懿佯病巧装糊涂反杀曹爽。后人有语云："惺惺常不足，蒙蒙做公卿。"苏东坡聪明过人，却仕途坎坷，曾赋诗慨叹："人人都说聪明好，我被聪明误一生。但愿生儿愚且蠢，无灾无难到公卿。"

"难得糊涂"是糊涂学集大成者郑板桥先生的至理名言，他将糊涂学升华为："聪明难，糊涂亦难，由聪明转入糊涂更难。放一着，退一步，当下心安，非图后来福报也。"做人过于聪明，无非想占点小便宜；遇事装糊涂，只不过吃点小亏。吃亏是福不是祸，往往有意想不到的收获。"饶人不是痴，痴汉不饶人"，歪打正着，"吃小亏占大便宜"。有些人只想处处占便宜，不肯吃一点亏，总是斤斤计较，到后来是"机关算尽太聪明，反误了卿卿性命"。郑板桥曾说过："试看世间会打算的，何曾打算得别人一点，真是算尽自家耳！"

郑板桥以个性"落魄不羁"闻名于世，心地却十分善良。他曾给其堂弟写过一封信，信中说："愚兄平生谩骂无礼，然人有一才一技之长，一行一言为美，未尝不啧啧称道。囊中数千金，随手散尽，爱人故也。"以仁者爱人之心处世，必不肯事事与人过于认真，因而"难得糊涂"确实是郑板桥襟怀坦荡无私的真实写照，并非一般人所理解的那种毫无原则稀里糊涂地做人。糊涂难，难在人私心太重，太过自我，感觉世界太小，眼前只有名利，不免斤斤计较。《列子》中有齐人攫金的故事，齐人被抓住时官吏问他："市场上这么多人，你怎敢抢金子？"齐人居然理直气壮："拿金子时，看不见人，只看见金子。"可见，人性确有这种弱点，一旦迷恋私利，心中便别无他物，唯利是图，用现代人的话说是：掉进钱眼里去了！

聪明与糊涂是人际关系范畴内必不可少的技巧和艺术。得糊涂时且糊涂，是做人的真谛，聪明人不妨试一试。

2. 培养开朗的性格

性格开朗的人比较重视人际关系，对环境的适应能力强，也能很快地交到新朋友。他们办事很有效率，再加上自己的聪明和极强的应变能力，所以会很讨上司的喜欢。他们往往会成为聚会和晚会上的灵魂人物，总能够吸引大家的注意。他们开朗的性格使别人愿意接近他们，也决定了他们良好的人际关系。而内向的性格与之相比就会有很大的不足。

笨嘴拙舌在以往是老实、憨厚的表现，普遍博得大众心理上的好感，而在当今的信息时代，那种老实憨厚的形象，那种不愿意与他人往来，一味躲在自己的小天地里的态度和行为，与时代的要求越来越不协调了。性格内向或外向没有绝对地好坏之分，只是在人际交往中，性格比较保守的人，对于密切人际关系，沟通情感，对于获得社会信息，开阔思路和视野，将处于劣势。

性格主要是后天在社会生活实践过程中形成的，是能够改变的。因此，了解自己的性格特征，采取积极主动的态度，是可以重新塑造和培养自己的性格的。

只要你注意观察，就会发现人们爱交际的程度有时是受个人心情所左右的。情绪高涨了，性格内向者会增加交际活动并显得坦率；情绪不高，连爱交际的人也会懒得理人。情绪是交际中的重要因素，注意调整自己的情绪，保持良好的心境或满腔热情，是性格内向者打开社交局面的重要一环。因此，正确对待生活、事业和集体，热爱并关心它的成长，有意识地培养自己积极热情的情绪，是性格内向者找到话题的情感基础。你热情投身到生活中去了吗？你在执著地追求着事业目标吗？你满腔热情地参加集体活动并以自己是其中的一员而自豪吗？假如做到了这些，你就会感到有无数话题需要交谈，有许多观点需要交流，有深厚的情感要彼此沟通。它们将改变你的内向和沉默，把你逐渐变成性格开朗的人。

如果把"说"看作信息输出，那么，要想输出，先得有信息输入和信息处理。输入信息就是学习，处理信息就是思索。善于学习和思考的人，说起话来思想内容要丰富得多。因为输入或输出太少，你的知识结构会很狭窄，你的话题也永远被局限在很小的范围之内。大脑在长期汲取各方面知识并加以连贯、思索，达到一定的数量之后，才会在你的脑内不断形成新的有序结构，产生许多思想火花，它们催促你去表达。层出不穷的新观点给你提供了无穷无尽的话题，而阐述这些话题并汲取各种不同意见，又会给你带来更系统的思想。这样，你的脑子越来越聪明，你得到的不仅是话题，更重要的是智慧和才能。这就是说：口头表达能力是大脑机敏与否的一种反应，话题与知识面成正比。

思考所用的是内部语言，这种语言还有待于"外化"，即转化成外部语言，才能为人所了解。千万不可小看了这一步，言语障碍大都发生在这个环节。怎样才能"外化"呢？

（1）树立起信心。你可能气馁："我从小认生"、"我不敢当众讲话"、"我说不好"……不！你实际上比自己想象得更强，在你身上，有巨大的潜力可以发掘，只不过你束缚了自己，没有发掘出来。无数事实证明，成功者在凯旋之前大都自信必胜。这种信念给他以神奇的力量，使他百折不挠。

（2）掌握风格。言语有各种风格：大众的风格、艺术的风格、科学的风格和机关的风格。你的风格多半由生活环境决定，但在面对不同的交谈对象时，你应该适当选择。

（3）发挥优势。每个人都有自己的言语优势：有的以思想性取胜，说话富于哲理，含义深刻；有的以逻辑性取胜，层次分明，条理清晰；有的以情感取胜，富于感染力，以情动人；有的以声调取胜，抑扬顿挫，引人注意。你应当了解自己的特长，发挥自己的优势。

（4）事先准备话题。事先准备几个话题，以备急需，这是摆脱尴尬处境的方法之一。准备话题要考虑对方的情况，对方关心的问题，自己关心的问题，双方关心的问题。这些都是活跃气氛引人兴趣的讨论话题。

（5）制定自我训练计划。在开始的一个月里，不妨先做这样几件事：①每次读报把最重要的或最有趣的消息报告一两个人。②跟三四个人谈家常。③和朋友讨论一下共同感兴趣的电视节目和电影、戏剧。月底检查执行情况，看看表达能力是否有所提高。提高了，再进一步训练自我表达能力、即兴讲演能力；提高不多，就要继续训练复述和随机交谈的能力。鼓足勇气去实现这个计划，你的表达能力一定会不断提高。但丁说："语言作为工具，对于我们之重要，正如骏马对骑士的重要。"建立起你的信心，你完全可以改变自己的内向性格，成为一个语言幽默生动、讨人喜欢的人。

3. 适应周围的环境

一个人所处的客观环境是很难改变的，如果你对周围的环境不适应，那么唯一的办法就是改变自己，适应环境。如果你想刻意去改变环境，不仅非常辛苦，而且费时、费力，更有可能让你心力交瘁而导致最终的失败。

一个人，当所处的环境比想象中的要恶劣得多的时候，你是徒劳地花工夫去改变环境，还是通过改变自己来适应环境呢？

以开车走过崎岖山路来说吧，你有几个处理方式：

①停车不开，等施工单位把路填平了再上路。

②自己下车把路填平。

③慢慢开过那段路面。

这三种方式都各有利弊：

第一种方式最省人力，但问题是，等施工单位要等到何年何月？除非施工人员就在身边，可以立即填平路面，否则等不是办法，那太消极了。

第二种自己填平路面看来最积极，但花的精力也最大，也很费时间，可能出现路未填平人已累倒的情形。不过若把路填平，则是一片坦途。

第三种慢慢开过那段路面，虽然要忍受颠簸，但不会花太多的时间和太大的精力。

人生中的不如意事就像"开车走过崎岖山路"一样，它除了不可抗力的意外之外，大半来自于主观条件和客观环境的不协调。例如学非所用、人际关系紧张，大材小用等。而这些不协调中有些来自于主观认知和客观现实有差距，例如自认为自己被"大材小用"，其实他根本就不是什么"大材"。例如人际关系紧张，可能并不是因为别人不理你，而是自己太高傲……

碰到不如意时，也像开车经过崎岖路那般，有三个处理方式供你选择：

①等待别人伸出援手，来替你解决问题。

②自己来改变客观环境。

③改变自己来适应客观环境。

第一种方式令人不堪等候，也不可依靠。因为这个人不知道在哪里，就算他出现了，也不一定会替你解决问题。因此面对不如意的事，只能采用第二、第三个方式，改变环境，或是改变自己！

要改变环境很难，因为每个人都有不易突破的自我，如果你有强烈的愿望、坚强的意志和相对优势的条件，你当然可以去改变环境。但你若不具备改变环境的条件，你要改变环境的行动会非常辛苦，不仅费时费力，而且还有可能心力交瘁，最终失败！

因此，如果无力去改变环境，那就不如改变自己。就好比路难填平，那就不如慢慢把车开过去！

"改变自己"有一个过程：

——检视自己和环境的不协调之处何在，而为了避免一厢情愿的看法，最好请别人来检视。旁观者清，群医会诊，往往能找出病因。

——接下来就要改变自己待人处事的态度与方法，以减少与客观环境的冲突，达到和谐的境地。好比开车经过崎岖路，把车速放慢，挡位放低，这样就可以"如履平地"了！

行崎岖路如还要开快车，很有可能车毁人亡，遇不如意事还要一意孤行，不知调整，改变自己，则很有可能为自己带来难以弥补的损失！

如果你想刻意地改变环境，那就意味着你要走很多的弯路，饱尝艰辛，甚至有可能碰得头破血流而以失败告终，最明智的做法就是改变自己适应环境。

4. 做战胜困境的强者

生活中没有谁会是一帆风顺的，大多数人在遇到了挫折和困难时，都不由自主地退缩了、颓废了。为什么不试着坚持一下呢？用长远的眼光和积极的心态去看待事物，也许你就会发现，难题可以用另一种方式解开。

有一位先生——可以说是一位战胜困难的强者，他所采用的对待挫折的方法，说来十分简单，但是对于他的事业却产生了显著的影响。这个方法就是在办公桌上摆上一个箱子，然后将写有"保持积极心态，一切都有可能"的标签贴于箱上，每当发生难题，或者他的失败主义思想又开始作祟时，他便把有关难题的文件或书面资料投到此箱中。等一两天之后，再把这些文件取出，此时奇妙的事情发生了。据他形容："当我取出箱中这些文件时，任何难题看来都不困难了。"

有一次，一位50来岁的先生来找戴尔·卡耐基寻求帮助与建议，他正处于失意的困境中，并显出绝望无助的模样。他对卡耐基表示："我已经不行了！"并悲叹地说道，他花了毕生心血所努力创造的资产竟突然毁于一旦。戴尔·卡耐基问他："你真的一无所有了吗？"他回答说："是的，一点也不错！现在，我已经上了年纪，即使想东山再起，也没有这个本钱了。而且，我已经信心尽失了。"他继续说着。

戴尔·卡耐基对他的境遇感到遗憾和同情。不过，由于他烦恼的真正原因在于失去希望后一种悲观的阴影占据他的心中，进而扭曲了他的人生观，因此，戴尔·卡耐基试图唤醒他的积极态度。

对他说："拿张纸来，把你剩余的资产一一记下来。"他叹息说："没有用的！我刚才不是已经告诉你了，我已经一无所有了。"

"没有关系，让我们试试看。你太太还在你身边吗？"

"你这样问是什么意思？当然在了！她是一个很了不起的女人。我们结婚已经30多年，不论发生任何大风大浪，她也绝对不会离开我或提议离婚的。"

"好！就把这点写下来吧！——我的妻子依然跟我同甘苦、共患难，而且绝对不会提议离婚。现在谈谈你的孩子，你的孩子怎么样呢？"

"我有两个孩子，而且都是好孩子。我很感谢他们曾经很贴心地对我说：'我们喜欢你，我们希望能够帮助爸爸！'"

"那么第二点就是——我拥有两个深爱着我、且希望帮助我的孩子。"

"你的朋友如何呢？"

"我有真正称得上了不起的朋友，他们是善良的好人。他们都曾对我表示乐于施以援助之手。"

"好了，第三点也写出来吧——我有一些好友，他们乐于帮助我，也对我相当尊敬。"

"你个人的诚信与认真程度如何呢？还有，你有没有做过错事？"

"我的认真态度可说是接近完美的，从过去以来，我一直努力做些正当的事，而且我的良心也没有受到蒙蔽。"

"好的！把第四点的答案写下来吧——诚实。那么，你的健康情况如何呢？"

"我的健康状况良好，我几乎没有因病告假。我想，我的身体是相当健壮的。"

"非常好！现在把第五点记下来——良好的健康状况。"

现在，把还拥有的资产列举出来——

了不起的妻子……结婚30年；

愿意帮助我的两个孝顺的孩子；

乐于帮助我，并尊敬我的好友；

诚实……没有做过可耻的事；

良好的健康状况。

戴尔·卡耐基将写好的纸片推向坐在桌子那端的先生，并说道："你看吧！我想你完全持有上面列举的这些资产。虽然，你曾经自以为失去了一切而一无所有。"

他莞尔一笑，对戴尔·卡耐基表示："我好像没有想过这些事，甚至从来没有思索过。不过，现在我认为事态并不如我想象的那般严重。"他若有所思地自言自语："如果我能获得某些自信，如果我能自觉有某些力量在我体内，或许我真的能够重新再来!"

就这样，他获得了东山再起的巨大力量。他之所以能够如此，主要是由于想法的改变，亦即心态的转换。积极乐观的信仰与观念带领他走出怀疑的阴影，并对他的内心赋予足以克服一切困难的充足力量。

面对人生的困境时，首先想到的是悲观、不幸、绝望，这是人之常情，但是最美的彩虹应该在风雨之后，要相信这一点。在困难面前，聪明的人会这样去做：仔细地审视这些困难，看看有没有克服的办法。如果这个办法行不通就找下一个，总会有解决的办法等待着我们去发现，而且我们也应该相信，困境也会给予我们额外的馈赠，因为我们正在一条与众不同的征途上向更圆满的人生迈进，无疑会看到与众不同的风景。

5. 培养冷静自制的心理习惯

阿芝·瓦尔蒂是法国尼斯市的一名警察，这天晚上他身着便装来到市中心的一家烟草店门前，他准备到店里买包香烟。这时，店门外一个叫让·皮埃尔的流浪汉向他讨烟抽。瓦尔蒂说他正要去买烟，让·皮埃尔认为瓦尔蒂买了烟后会给他一支。

当瓦尔蒂出来时，喝了不少酒的流浪汉缠着他索要烟。瓦尔蒂不给，于是两人发生了口角。随着互相谩骂和嘲讽的升级，两人情绪逐渐激动。瓦尔蒂掏出了警官证和手铐，说："如果你不放老实点，我就会给你一些颜色看。"皮埃尔反唇相讥："你这个混蛋警察，看你能把我怎么样?"在言语的刺激下，二人扭打成一团。旁边的人赶紧将两人分开，劝他们不要为一支香烟而发那么大的火。

被劝开后的流浪汉骂骂咧咧地向附近一条小路走去，他边走边喊："臭警察，有本事你来抓我呀！"失去理智、愤怒不已的瓦尔蒂拔出枪，冲过去，朝皮埃尔连开两枪，皮埃尔倒在了血泊中……

法庭以"故意杀人罪"对瓦尔蒂做出判决，他将服刑25年。

流浪汉死了，警察坐了牢，起因是一支香烟，罪魁是失控的情绪。生活中，很多人没有冷静自制的习惯，他们总是放纵自己的情绪，结果惹出了很多是非，警察瓦尔蒂和流浪汉的悲剧就是其中之一。

中国古代作战时，一方守城，一方攻城。守城的将护城河的吊桥高高吊起，紧闭城门，那攻城的便无可奈何。迫于无奈，攻城的便在城下百般秽骂，非要惹得那守城的怒火中烧，杀出城来——攻城的就可以乘机获胜了，兵法上称之为"激将法"。但如果守城的能克制忍耐，对方也就无计可施了。敌我作战需要有克制忍耐的大将风度，日常生活中的待人处事，也须有克制忍耐的涵养。

唐代宰相娄师德的弟弟要去代州都督府上任，临行前，娄师德对弟弟说："我没多少才能，现位居宰相，如今你又得州官，得的多了，会引起别人的嫉恨。该如何对待？"他弟弟回答说："今后如果有人往我脸上啐唾沫，我也不说什么，自己擦了就是。"娄师德说："这正是我担心你的。那人啐你，是因为愤怒，你把唾沫擦掉了，这就不能让那人的怒气得到发泄。唾沫不擦自己也会干的，倒不如笑而接受呢。"

娄师德兄弟的这番谈论，有打比方、开玩笑的成分，其中心意思就是要忍耐、要退让，不要去和对方"针尖对麦芒"。不然，就会更加激怒对方，使矛盾尖锐化，带来更严重的后果。

生活中我们常见到当事人因不能克制自己，而引发争吵、咒骂、打架，甚至流血冲突的情况。有时仅仅是因为你踩了我的脚，或一句话说得不当。在地铁里为抢座位，在公交车上挨了一下挤，都可能成为引爆一场口舌大战或拳脚演练的导火索。在社会治安案件中，相当多的案件都是由于当事人不能冷静地处理事情，致使许多小事升级而发生的。

人皆有七情六欲，遇到外界的不良刺激时，难免情绪激动、发火、愤怒，这是人的一种自我保护本能的生理和心理反应。但这种激动的情绪不可放纵，因为它可能使我们丧失理智，使我们不计后果地行事。因此，我们在遇到事情时，在面对人际矛盾时，要学会克制，学会忍耐，而不要像炮捻子，一点就着。

姜岩是办公室的管理人员，具有丰富的工作经验。她同丈夫离婚了，与10多岁的孩子住在一起。她的烦恼是："我总是无法克制地向别人发脾气，虽然事后常常后悔，但又总也控制不了自己的恶劣情绪。我们办公室的职员流动得相当快，所以对大多数的人很难有真正的了解，而我周期性地与这样或那样的人发生口角。我试过强硬些，也试过亲切愉快些，可怎么都不管用。如果我粗暴强硬，他们就怨恨不满并予以回击。而如果我态度可亲，他们又觉得我软弱可欺，想趁机利用我。我在家里的问题也无法解决，我的孩子们都怨我把时间和精力放在工作上，这使我感到我令他们失望了。但更令我失望的是，我即使付出这么多的代价，却仍然得不到同事们的理解和拥戴。我曾失落之极，认真考虑过辞职。可是我在个人生活上已感觉失败，如果现在辞职，那么我在事业上也失败了。"

很显然，姜岩的挫败感就是由于她放纵情绪的习惯造成的。由于她随意向同事发泄自己的怒气，结果失去了同事的信任，既伤害了自己，又得罪了他人。

所以我们要注意培养自己冷静自制的习惯，受到刺激时，不轻易发怒；遇到不高兴的事时，也不要向别人发脾气。如果你忍不住又要发火时，就试试曾是美国总统的杰弗逊所教的方法："生气的时候，开口前先数到10，如果非常愤怒，先数到100。"这样长期坚持下来，我们一定会养成自制的习惯，好多事情再做起来就手到擒来了。

6. 好马照吃"回头草"

在日常生活中，我们经常听到人们说这样一句俗话：好马不吃回头草！是的，作为一个人，我们不能没有做人的骨气与尊严。为了达到自己的某一目的而受人摆布，丧失应有的自尊和人格，实在不是一种可取之道。但有些场合下，曲折迂回的战术确实能助你一臂之力。如果一味坚持"好马不吃回头草"这一信条，你就缺少了一种回旋的时间与空间，自己把自己的路给堵死了。

一个公司的员工因故被老板辞退，一个星期后，老板又给她打来电话，并向她解释事情的原委：之所以让她走人，确实因为老板当时心情不好，但公司仍欢迎她回去，而这位员工听后生气地拒绝了，她说："好马不吃回头草。"

还有一位男士，他被女朋友给甩了，因此心情十分痛苦，因为他心里深爱着这个女孩。过了一段时间，他的女朋友回头又找他并向他认错，并表示愿意重归于好，而这位男士为了维护自己的男子汉气概，便毫不留情地说："你把我当什么了？好马还不吃回头草呢！"

有很多人这样认为：做人就是要有一种"好马不吃回头草"的志气，要有一种一往无前的英雄气概。但你应该明白：如果你真的有志气，宁可当匹英雄的死马，也不做一匹赖活的活马，那么世人倒真应该为你立一块纪念碑了。但现实生活中，很多人并非真有什么英雄气概，而是因为一时冲动，意气用事，结果把自己的后路给断送了。况且很多情况下，你完全有把握分清自己当时是一种志气还是在意气行事。绝大多数人就是在面临该不该回头时，错把意气当成了志气，或用志气来掩盖自己的意气，明知自己无草可食，而回头草又鲜又嫩，却怎么也不肯回头去吃。

当然，我们并不是教你老是去吃回头草，而不去寻找自己的生路，生活中很多事情都有多种选择与可能，并不是不吃回头草就会饿死无疑。回不回头，完全是一种个人的选择，当你面临回不回头这一选择时，请务必谨慎思考：

（1）你现在有没有草可吃？如果有，这些草能不能吃饱？若不能吃饱，或目前无草可吃，那么将来会不会有草可吃？在吃到草之前，你还能支持多久？

（2）这些草是不是值得你去吃？对你真的有意义吗？

除了上面两点，你没有必要再去考虑别的问题，如面子、志气等，因为一旦考虑面子和志气就会使你无法冷静和客观地对待自己目前的处境和问题，换句话说，你要考虑的是现实问题，而不是面子问题和志气问题！

当然，回头草有时是好，但吃起来并不那么令人好受，因为当你吃回头草时，也许会遇到周围人的议论，甚至嘲讽，以至于让你吃得不舒服导致消化不良！这里，奉劝你一句话："吃你的草，管他别人怎么说！你只要认真、诚恳地吃，把自己吃得膘肥体壮就可以了！何况时间一久，别人也会忘记你是否吃过回头草！而且当你把自己吃得身强体壮并且对他人大有帮助时，别人会对你刮目相看——果然是一匹好马。"

生活中每个人都有自己不同的人生观与处世哲学，我们不苛求每个人都去吃回头草，但在面对不如意，甚至是很残酷的现实时，我们有必要适时地调整自己的想法与做法，如果"回头草"丰盈、肥美那就尽管去吃，或许会让你吃出一个成功的人生。

7. 挨骂是有效的"收益点"

人的本性都是偏向于自我的：自己做的事都很正确，自己走的路都是直的……因此一听到有人责备自己时，就恼火、就不服气。其实，很多时候责备对于你来说是一件好事，它可以让你明得失，反省自身，这对你是一种很好的促进。

比如一家公司新进的员工竟无法写好一封信，并且打电话时也语无伦次，上司或前辈就会来指责他的缺点。听到这样的指责，他才会痛下决心赶快学习，好早日脱离这种窘境，不再受人指责。虽然内心"好烦"，但也会开始努力，逐渐学会要领，最终成为能独当一面的职员。

相反如果一味地放任，不加指责。即使他本人因日子久了，而多少有些进步，但因为自以为这种程度已经可以了而娇宠自己，于是就此永远停留在这种程度，不再有进步。结果，对他本身以至公司、社会都没有好处。

人一旦挨骂，就该坦诚接受这种严厉的责备，谦虚地反省。然后发奋图强，如此不仅能够促进自己的成长，增加实力，还会改变别人对你的看法，增加别人对你的好感，你们之间的关系也许还会因此而升温。

懂得挨骂，会挨骂者，显得特别会理顺关系，会理顺关系的人才能把关系做好。

比如在职场上，长年累月地领别人的薪水做事，不可能连一次骂也没挨过。你应好好利用这些机会，把挨骂当成一种重要的磨炼，给对方留下良好印象。

首先，要保持顺从态度。虽然不必做到像应声虫一样的地步，但最起码脸上应该露出反省的表情，并以坦率诚恳的语气向上司道歉。

挨骂之后，不可垂头丧气，亦不可嘻嘻哈哈，让人产生随骂随忘的印象。当然，最重要的是应尽快改正错误，无礼的反抗态度只会使自己受损害。

应该认识到，无论多么优秀、杰出的人，总免不了会挨他人的责备。第一次被骂的感觉必然不好受，可是你无论如何都必须通过这一关。

有些人初遭痛斥，也许会产生那种受不了，干脆一刀两断的想法，其实大可不必，这才是你真正需要冷静的时刻。

其实，与他人真正建立关系往往始于挨骂。对于挨骂的原因，应该好好反省。说得更彻底一点，这等于你与他人之间的一种沟通。当他开始责备你的时候，也就代表他已经开始将你视作真正的工作伙伴了。

此外，责备的内容之中多半透露着他人的本意和大量的实务知识，应心平气和地聆听，别漏掉这些有用的情报。

不要讨厌或害怕挨骂，妥善运用他人和你之间"骂与被骂的关系"，是促进双方了解的重要一步。

挨骂也是一件好事，对于松下幸之助手下的员工显然就是如此。因为被老板骂过了，就代表老板在重视他，每当被骂，同仁也都过来为他祝贺。退一步讲，被骂的员工确实也是因为自身工作中存在不足而被骂，老板指点出来，如果自己能够改正，对自己无论是做人还是做事都是一种促进。所以被人骂，有时不是坏事，调整好心态，我们将发现，这反而是我们与骂人方关系更进一步的开始。

挨人骂了，先别急着生气，调整好心态，以正确的态度对待它，那对我们做人处关系都将是有效的"收益点"。

8. 从容应对压力

在我们每个人的身上，都潜藏着巨大的能量，只有在经受压力的挤压之后，才会迸发出来。因此，当我们面临巨大的人生困境和压力时，一定要挺住，要勇敢地激励自己，唯有如此，才能从"山重水复疑无路"走向"柳暗花明又一村"。

每个人对自己潜能的大小，往往都不清楚，只有经过大事件、大变故，或大危难的磨炼，才能把潜能激发出来。这就如同一颗水雷，没有巨舰的撞击，它是不会发出这样大的爆炸力的。而当它遇到军舰钢板的阻挡，它巨大的杀伤力才能全部爆发出来。

为解放黑奴作出过杰出贡献的美国总统林肯耕过田，伐过木，做过铁路员工，当过测量员，任过州议员，做过律师，连任过国会议员。虽然他都尽了所能，但并未表现出非凡的才干。当林肯担任总统，国家危急存亡的重任放在他的肩头时，这位美国有史以来最伟大的人物之一的智慧才得以发挥出来。

人在受到巨大压力时，有时会产生出乎意料的能量。他会为了从压力中脱离而拼命地去挣扎，这种不肯认输的热情会凸现出来。这种斗志在普通人看来，有时会产生奇迹一般的成果。

这不是奇迹，而是必然的。过去被认为什么事都无法做成的人，突然在危难关头做出了某种了不起的事，就是这个缘故。不管什么难关，只要有热情和欲望，都是可以突破的。

同样，贫困的压力也能唤出潜能。一般人都为生于贫穷之家而苦恼，而一位哲人说："生为富家子弟的人，仿佛是负重赛跑的运动员。大多数的富家子弟，总是不能抵抗财富所加于他的诱惑，而陷于不幸之中。这一类人往往不是那些穷孩子的对手。"

这位哲人有自己独特的见解。生于贫穷之家，表面看来是人生的不幸，但同时给贫穷孩子提供了巨大的发展空间。往往越贫困越能激发人的潜能，为了摆脱贫困的境地而奋斗，很能造就人才。这样的例子在我们的周围比比皆是。

美国有许多侨民，在最初踏上美国这片国土的时候，受教育程度并不高，语言也不通，既没钱又没朋友。是贫困的压力唤醒了他们内在的潜能，激发了他们的智慧，为生存为发展而努力，最终获得了让社会认可的地位，使千万个有钱财、有机会并受过良好教育而无成就的本土青年羞愧得无地自容。

潜在的智慧是通过不断与困难作斗争而获得的，伟大都是在向困难的挑战中产生出来的，不在困难阻碍中奋斗而要想锻炼出能耐来，是不可能的。一个生长在优越环境中，依赖父母而不能自食其力，从小就被溺爱惯的人，是很难激发起自身潜能的，也是很难取得成就的。贫困可以激励人、锻炼人、成就人。

假使一个青年不被生活逼迫着去工作，他将怎样呢？假使不用劳动，就可以获得他所要的东西，他将怎样呢？假使他已经得到了他所要的东西，他还肯奋斗吗？

我们诅咒贫困，我们要摆脱贫困，我们还要感谢贫困，因为贫困能激发起人的巨大潜能。

罗伯特在伦敦郊区经营农场，有限的收入只能勉强维持全家人的温饱，他的身体强健，工作认真勤勉，从来不敢妄想拥有巨大的财富。在一次意外事故中，罗伯特瘫痪了，躺在床上动弹不得。亲友都认为他这辈子完了，事实却不然。

罗伯特的身体瘫痪，意志却丝毫不受影响，依然可以思考和计划。他决定让自己活得充满希望、乐观、开朗，做一个有用的人，继续养家糊口，而不至于成为家人的负担。

他把自己的构想告诉家人："我的双手不能工作了，我要开始用大脑工作，由你们代替我的双手，我们的农作物改成玉米和马铃薯，用收获的玉米和马铃薯养猪，趁着乳猪肉质鲜嫩的时候加工成各种熟食出售，一定会很畅销！"

他们的熟肉制品果然销路很好，成为家喻户晓的美食。

天无绝人之路。生活抛给我们一个问题，同时也给我们解决问题的能力，这就是压力与动力并存。

人生不会总是一帆风顺的，各种各样的挫折都会不期而遇。幸运和厄运，各有令人难忘之处，不管我们得到了什么，我们都应该对生活心存一分感激，生活教会了我们许多，越是贫困的生活越能激发我们的潜能和智慧，从而让我们不断发现自身的价值，也让我们的生活更有意义。

9. 正确对待冷遇

我们在求人办事时受到冷遇是很常见的事。对此，不同的人有不同的反应：或拂袖而去，或纠缠不休，或怀恨在心。这样的反应其实是不利于办事的，甚至有时会因小失大，影响办事效果。因此，了解受到冷遇的具体情况再做出相应的行为，是十分必要的。

若按照冷遇的成因而分，不外三种情况：

一是自感性冷遇，即估计过高，对方未使自己满意而感到的冷落。

二是无意性冷遇，即对方考虑不周，顾此失彼，使人受冷落。

三是蓄意性冷遇，即对方存心慢怠，使人难堪。

当你被冷落时，要区别情况，弄清原因，再采取如下适当的对策。

对于自感性冷遇，自己应反躬自省，实事求是地看待彼此关系，避免猜度人和嫉恨人。

常常有这种情况，在准备求人办事儿之前，自以为对方会给以热情接待，可是到现场却发觉，对方并没有这样做，而是表现得很冷淡。这时，心里就容易产生一种失落感。

其实，这种冷遇是对彼此关系估计过高，期望太大而形成的。这种冷遇从某种程度来说是自己造成的。如遇到这种情况，应自己检点自己，重新审视自己的期望值，使之适应彼此关系的客观水平。这样就会使自己的心理恢复平静，心安理得，除去不必要的烦恼。

有位朋友到多年不见面的一个老同学家去探望。这位老同学如今已是商界的实力人物，每天造访他的人很多，感到很疲劳，大有应接不暇之感。因此，对一般关系的客人，一律不冷不热待之。

这位朋友一心想会受到热情款待，不料遇到的是不冷不热的待遇，心里顿时有一种被轻慢的感觉，认为此人太不够朋友，小坐片刻便借故离去。他愤愤然，决心再不与之交往。后来才知道，这是此人在家待客的方针并非针对哪个人的。他再一想，自己并未与人家有过深交，自感冷落，不过是自作多情罢了。于是又改变了想法，并采取主动姿态与之交往，反而加深了了解，促进了友谊。

对于无意性冷遇，应理解和宽恕。在交际场上，有时人多，主人难免照应不周，特别是各类、各层次人员同席时，出现顾此失彼的情形是常见的。这时，照顾不到的人就会产生被冷落的感觉。

当你遇到这种情况，千万不要责怪对方，更不应拂袖而去，而应设身处地地为对方着想，给以充分理解和体谅。

比如，有位司机开车送人去做客，主人热情地把坐车的迎进去，却把司机给忘了。开始司机有些生气，继而一想，在这样闹哄哄的场合下，主人疏忽是难免的，并不是有意看低自己，冷落自己。这样一想气也就消了。他悄悄地把车开到街上吃了饭。

等主人突然想起司机时，他已经吃了饭且又把车停在门外了。主人感到过意不去，一再检讨。见状，司机连说自己不习惯大场合，且胃口不好，不能喝酒。这种大度和为主人着想的精神使主人很感动。事后，主人又专门请司机来家做客，从此两人关系不但没受影响，反而更密切了。

这种态度引起的震撼，会比责备强烈得多，同时还能感召对方改变态度，用实际行动纠正过失，使彼此关系得到发展。

对于有意性冷遇，也要具体情况具体分析，给予恰当处理。一般地说，当众给来宾冷遇是一种不礼貌行为，而有意冷落人那就是思想意识有问题了。在这种情况下，予以必要的回击，既是维护自尊的需要，也是刺激对方、批判错误的正当行为。当然，回击并不一定非要直来直去地吵架，理智的回敬是最理想的方法。

有这样一个例子：一天，纳斯列金穿着旧衣服去参加宴会。他走进门时，没人理睬他，更没人给他安排座位。于是，他回到家里，把最好的衣服穿起来，又来到宴会上。主人马上走过来迎接他，安排了一个好位子为他摆了最好的菜。

纳斯列金把他的外套脱下来，放在餐桌上说："外衣，吃吧。"

主人感到奇怪，问："你干什么？"

他答道："我在招待我的外衣吃东西。你们的酒和菜，不是给衣服吃的吗？"

主人脸刷地红了。纳斯列金巧妙地还击了宴会的主人。

还有一种方式，就是对有意冷落自己的行为持满不在乎的态度，以此自我解脱。有时候，对方冷落你是为了激怒你，使你远离他，而远离又不是你的意愿和选择。这时，聪明的人会采取不在意的态度，"厚脸皮"地面对冷落，我行我素，以热报冷，以有礼对无礼，从而使对方改变态度。

我们在求人办事时遭遇冷落是很正常的，这个时候就需要我们保持冷静的头脑，仔细分析一下受冷落的原因，并采取相应的对策。心存忌恨或拂袖而去都是很不理智的行为，根本达不到自己办事成功的目的。

10. 顺境中也要广结善缘

"穷则独善其身，达则兼济天下"是古代儒家思想的精华，可这种思想历来被视为迂腐，单是这两条中的一条又有几人能做到呢？邵氏公司的主要创始人邵逸夫是深深地懂得这个道理的。

邵逸夫从事电影事业长达半个多世纪，邵氏公司拍摄的影片已难以准确统计，单说他设在香港的邵氏电影制片厂，20多年来所摄制的影片就有1000余部。邵逸夫不愧为名副其实的"电影皇帝"！

电影皇帝当然也是一位巨富，但他像许多热衷于慈善事业的成功人士一样致富不忘播爱心。

早在1973年，邵逸夫就创立了香港"邵氏基金"，用于社会福利事业，援助生活贫困的人。据统计，邵氏基金历年来捐出的款项已超过8亿港元。1985年以来，邵逸夫又多次捐款支援中国大陆兴办教育事业，到

1992 年初，他捐资兴办的教育项目已达 84 个，总额达 5 亿多港元，北大、清华等著名高校，几乎都有邵逸夫捐建的逸夫楼。

为了表彰邵逸夫多年来对中国内地教育事业的大力支持，1990 年 6 月，中国政府在香港举行了"邵逸夫星"命名颁授仪式，将南京紫金山天文台发现的一颗小行星冠名为"邵逸夫星"。

这样的善举古代就有：中国战国时期的孟尝君以养士而闻名。一次，他的门人冯谖到孟尝君封地收债，他收了能还者的债契，对于不能偿还者，他一一验证了契券后，出人意料地大声宣布："所有债务全部免除。"随着一阵青烟，契券被付之一炬。"孟尝君万岁！"欢呼雀跃的债民们情不自禁地喊出了口号。

齐国新王即位，孟尝君失宠，由国都被逐往薛地。孟尝君凄惶茫然之时，封地的百姓们成群结队地到百里之外的大路上跪迎他。

这是战国时期冯谖以门客的身份，为孟尝君广结善缘的一个例子。冯谖此举，并非全是为了民生之苦，而是富有远见地为孟尝君留取资本，但对百姓来说，毕竟是得到了实惠。

多栽花，少种刺；多铺路，少拆桥。这是古人教育后辈晚生的诚言。冯谖所为，实不难让人领悟其中所蕴含的智慧。

近代以来，搞民意测验，常有一些反常现象，得票率高的往往不是那些身居高位、富贵显赫的人，而人缘好，乐善好施的人往往最有群众基础。

谁能广结善缘，谁就能得人心，并获得众人的交口称赞，这可说是一条千古不变的真理。

下篇：减掉功利是非之念

1. 改掉投机取巧的观念

生活中很多人养成了在工作中投机取巧的习惯，认为只要老板在身边的时候表现出色就可以了，老板不在，又何必拼命呢？像这种"聪明人"只能一时得利，他们的"聪明"迟早会害了自己。

马昆在学校里是一个很活跃的人，一直被朋友们十分看好。可是让朋友们吃惊的是，都毕业几年了，马昆还是经常跑人才市场。而让朋友们大跌眼镜的是上学时默默无闻的孙亮，此时已经成为一家日化用品公司在华北地区的市场总监。

这是怎么回事呢？让我们先看看他们这几年的工作经历。

离开学校后，马昆应聘做了一家宾馆的大堂经理。由于爱耍些"小聪明"，所以刚开始挺受重用。可过不多久，他的那些"西洋镜"就被一一拆穿，老板马上就将他"冷冻"起来。无奈之下，马昆只好卷铺盖走人。

之后，马昆又进了一家中德合资企业。德国人严谨实干的作风当然又是马昆不能"忍受"的。

马昆后来又在新加坡人、日本人、美国人……的公司工作过。这几年，马昆的老板都可以组成一个"地球村"了，可马昆却还是在职场游荡。

孙亮则不同。大学毕业后他就进了这家日化公司的销售部。之后，他勤奋工作，默默地积累工作经验。他对行业渠道的熟悉程度使上司很是赏识，对公司产品更是了然于胸，他的才干很快得到上司的肯定。当该公司华北地区市场总监的位子空缺后，公司总部就让他顶了上去。

他们的经历真像某位大学生所说的："毕业以后，我们发现了彼此的不同，水底的鱼浮到了水面，水面的鱼沉到了水底。"

其实在我们的周围，有很多人本身具有达到成功的才智，可是每次他们都是与成功失之交臂，于是觉得老天对他不公平，怨天尤人。他们有没有认真地检讨过自己呢？他们总是不愿意踏踏实实地去做好自己的本职工作，总是期望很多，付出很少，内心里不屑于去做他们心中的"一般的小事"，认为他们被大材小用。认为是"小事"，他们就开始耍起小聪明，投机取巧，蒙混过关。他们有没有静下心来想过：他能蒙得过一次、两次，能总是混过去吗？一旦让老板察觉，就会留下极坏的印象。建立一个好的印象需要长期的考察，而坏印象却在一瞬之间。而且坏印象的改变是很难的，犹如一张白纸，整张白纸的白不如上面一个墨点的黑给你留下的印象深。即使老板这一次原谅了你，但是老板以后就可能不再信任你，因为你的人格在他的心目中已经打了一个折扣。所以总有人觉得与成功无缘，总是怨天尤人，抱怨老板不识人才，只把一些零碎小事交给他们，不给他们施展才华的机会。其实真正的原因不是老板不把机会给他们，而是他们自己把机会拒之门外。在老板的心中，他以往的投机取巧已经被打上不踏实、不可靠、不能委以重任的印记。在一个公司中，如果再也没有机会从事重要业务，何以谈将来？何以谈前途？

投机取巧的习惯对你有百害而无一利，任何一个老板都不可能永远被你的"小聪明"蒙骗住。一分耕耘，一分收获，踏踏实实地工作才能成就你的事业。

如果你不幸养成了投机取巧的习惯，那么，即使你学识再高、本领再大，办什么事也都会困难重重。但如果你能一步一个脚印地工作，用心地做好每一件事，那么，你就可以把自己带到明天的最佳位置。

2. 摒弃自卑的灰色心态

自卑的人并不是自己想自卑，而是因为他们缺乏内心安全感。他们对于自己的缺陷、短处总是特别敏感。然后在无形中把它们放大了，结果是把自己给吓坏了——既然自己是如此不堪，怎么能去和别人比，和别人竞争呢？

有句话说："天下无人不自卑。无论圣人贤士，富豪王者，抑或贫农寒士，贩夫走卒，在孩提时代的潜意识里，都是充满自卑感的。"但你若想成大事，就必须战胜自卑感。

一个人自卑的特点是感觉己不如人，低人一等，轻视、怀疑自己的力量和能力，有这种倾向的人绝对做不成大事！那么如何在成大事的过程中，拒绝自卑心理的纠缠呢？

自卑作为一种消极的心理状态，人人都或多或少有些。轻微的自卑心理很容易超越，它可以很容易地升华为人的一种良好品格：谦虚谨慎，不骄不躁，从而转化为一种进取的动力。

但能做到这点的人不多，大多数自卑者都碌碌无为。自卑心理重者更是如此。

自卑心理较重的人，大致有以下三种结果：

一是消极认命，让自卑的感觉化为现实。承认并接受自己的确不如别人，相信自己没有能力。持这种消极态度的人，容易放弃个人的努力与奋斗，听任命运的摆布，以各种借口自欺欺人，为自己的失败辩护。

二是自暴自弃，侵犯他人，危害社会。这种人看不到一点光明前途，便铤而走险，以错误的方式去补偿自己的自卑心理。这种与他人为敌的反社会行为最终必以更大的失败而收场，许多罪犯都是因为自卑心理很重而选错道路的。

三是发奋图强，超越自卑。承认自卑，决不让自卑控制自己。与其为自卑而悲观丧气，庸碌一生，不如化自卑的弱点为奋斗的力量，学会掌握自己的命运，努力拼搏，争取成功。一旦有几个小成功的记录，自卑就可以逐渐被超越，自信就会建立起来。持这种态度的人，不管原来多么自卑，必将赢得成功，赢得一个光明的前途。

第三条路是最佳选择。这是一条从自卑到自信，从失败到成功，从渺小到伟大的光辉灿烂之路。这条路人人都可以走，只要你相信自己并愿意改变自己，你就能走上一条成功大道。

超越自卑走向成功的例子，在世界知名人物中比比皆是。法国伟大的启蒙思想家、文学家卢梭，曾为自己出身孤苦，从小流落街头而自卑；存在主义大师、作家萨特，两岁丧父，右眼斜视，失去亲情与身体的残疾使他产生了很强的自卑感；法国第一帝国皇帝、政治家、军事家拿破仑年轻时曾为自己的身材矮小和家庭的贫困而自卑；美国英雄总统林肯出身鞋匠家庭，9岁丧母，只受过一年学校教育就下田劳动，林肯曾深深为自己的身世而自卑；日本著名企业家松下幸之助，4岁家败，9岁辍学谋生，11岁亡父。自卑一直是他们前进的动力。正因为战胜了自卑，他们才有了最后的成功。

受自卑心理折磨的朋友，请你好好想想上面这些杰出人物的例子。诸如此类的例子还有很多，自卑如能被超越，便会成为我们成功的本钱。

只要改变心态，将自卑变为发奋的动力，就能走向成功和卓越。战胜自卑的心态，其实就是战胜一种丧失信心的自我。丧失自信通常可分为两种情形：一种是前面所说暂时性丧失信心，一种则是从小养成的根深蒂固的自卑感。自卑感并非无法克服，就看你是不是勇于去克服。纵观世界，许多成功者都是在克服了自己的自卑后走向成功的。他们能，你也能。

建议你不妨利用以下所提供的方法开始消除自卑。

（1）正确地认识自卑感的利与弊。有的人把自卑心理看做是一种有弊无利的不治之症，因而感到悲观绝望，自暴自弃。这是一种不正确的认识，它不仅不利于自卑者的发展，反而会加重自卑心理。其实，比起狂妄自大的人，自卑者更加讨人喜欢。因为，自卑的人都很谦虚，善于体谅人，不会与人争名夺利，安分随和，善于思考，做事小心谨慎，稳妥细致，重感情，重友谊。自卑者应当充分利用这一有利特点，增加生活的勇气和信心。还应认识到，若克服了心理上的这种障碍，自己将更有前途。

（2）正确地评价自己。不仅要看到自己的短处，也要客观地看到自己的长处；既要看到自己不如人之处，也要看到自己的过人之处。俗话说，"比上不足，比下有余"嘛。谁都有缺点和不足，只要能想方设法克服缺点和不足就行。这样就可以增强自信心，减轻心理压力，扔掉包袱轻装上阵。

（3）正确地表现自己。有自卑感的人不妨多做一些力所能及、把握较大的事情，并竭尽全力争取成功。成功后，及时鼓励自己："别人能做到的事，我也做到了！"当面对某种情况感到信心不足时，可以用"豁出去"的自我暗示来放松心理压力，反倒能够充分发挥自己的潜力，获得成功。

（4）正确地补偿自己。为了克服自卑感，可采取两种积极的补偿途径：一是以勤补拙。知道自己在某些方面赶不上别人，就不要背思想包袱，而应以最大的决心和顽强的毅力，勤奋努力，多下工夫，下苦工夫。二是扬长避短。有些残疾人虽然有生理上的缺陷，又失去了自由活动和交际的空间，似乎没有什么发展空间。但有志者事竟成，高位瘫痪的张海迪的成功之路就是一个明显的例证。她身残志不残，酷爱音乐、医学、文学，以10倍于常人的毅力在多方面都有所建树。

（5）正确地对待挫折。遭受挫折和打击，这是人人难免的。但人的承受能力不同。性格外向的人过后即忘，性格内向的人容易陷入其中。这时就应当注意凡事不要期望过高，要善于自我满足，知足常乐。无论学习或工作，目标不要定得太高太死，不然就容易受挫折。

但丁的《神曲》中有这样一段话："不要怕，定定心，我们已在更好的路上了；不要后退，发展你的力量吧！"消除自卑，就要对自己现存的能力感到满意。要客观地评价自己，相信自己的力量，发挥自己的优势，克服掉你的自卑，你的人生一定会呈现别样的精彩。

3. 扔下完美主义标准

完美是一种理想、一种境界。但在现实生活当中，有些事情却差强人意。如果对人对己做什么事都以完美为尺度，迎接你的只能是无休止的打击。你要学会正视并欣赏自己的不完美之处。当你在镜子前看到自己的面孔和全身时，你可能喜欢某些部分，而不喜欢某些部分。有些地方可能不怎么耐看，使你感到不安。如果你看到自己的某些缺陷，请你不要逃避，不要抵触，不要否定自己的容貌，这个时候你就需要放弃完美，放弃那种程式化的标准，而用自己的标准来看待自己。否则你就无法自我接受、自我肯定。

下面这个例子是美国心理学家纳撒尼雨·布兰登的亲身经历：

在很多年前，正是花季少女的洛蕾丝无意中读了他的一本书，来找他进行心理治疗。洛蕾丝有一副天使般的面孔，可骂起街来却粗俗不堪，她曾吸毒、卖淫。

布兰登讨厌她所做的一切，可又喜欢她，不仅因为她的外表相当漂亮，而且因为确信在堕落的表象下她是个善良而出色的人。起初，布兰登用催眠术使她回忆她在初中是个什么样的女孩子，当时她很聪明，学习成绩优秀，她在体育上比男孩强，招惹来一些人的讽刺挖苦，连她哥哥也怨恨她。

她于是力图在各个方面都表现得超人一等，一旦发现自己在某些方面并不完美甚至跟别人还有较大差距时，她又走向另一个极端，无限放大了这些不完美之处，并把自己的长处也放弃了，并走向了堕落。

布兰登费了很大力气让她明白，每个人都是有长处也有短处的，并不完美的整体，她应该学会欣赏自己的不完美之美。

一年半后，洛蕾丝考取洛杉矶大学学习写作，几年后成为一名记者，并结了婚。10年后的一天，布兰登和她在大街上邂逅相遇，几乎认不出她了：衣着华丽，举止大方得体，生气勃勃，丝毫不见过去的创伤。

真正地做到放弃完美，接受自我是一件非常困难的事。因为自我肯定这个事实，使你必须真正保持清醒的头脑。如果不能自我接受、自我肯定，自己也会产生被遗弃的感觉。因此也可以说明，自我接受是自信的意识和勇敢的行为！

真正要面对成功，就必须要学会放弃完美，不求完美，因为我们的确不是完美无缺的。这是一个令人宽慰的事实，我们越是及早地接受这一事实，就越能及早地向新的目标迈进。

十全十美不能用来衡量自己，同时也不应用来要求别人，包括亲戚、朋友、爱人、同事。有的人没有什么好朋友，总也找不到对象，和谁也不往来，频繁地跳槽，这都是由于他过分苛求完美，结果他谁都看不上。一个人对自己和他人要求过高，力求完美，在这里就称这种性格为完美主义。完美主义的性格首先表现为固执、刻板、不灵活，给自己或他人设定一个很高的标准，非要达到不可，受到挫折就感到很痛苦，不能接受。

一个著名汽车制造公司的总经理就是这样的人，虽然他们公司的销售还不错，但离他的高标准有些差距，他不能忍受，跳楼自杀了。有位软件设计工程师在编程序时要求自己像写古诗一样把字节写得都一样长，即使他整日整夜地苦思冥想，但在工作效率上却无法见到效果。

完美主义的人表面上很自负，内心深处却很自卑。他看不到优点，只盯着缺点。总是不知足，很少肯定自己，自己就很少有机会获得信心，当然会自卑了。不知足就不快乐，痛苦就常常跟随着他，周围的人也一样不快乐。学会欣赏别人和欣赏自己是很重要的，是使人更进一步实现下一个目标的基石。

人们的长相和个性都不相同，优缺点也参差不齐，没有什么人是真正完美无缺的，我们都是既不完美又有瑕疵的平常人，所以我们对人对己都要重长处、轻短处，在完美与缺陷中寻找一个平衡点，过分苛求完美只会造成最不完美的结果。

如果我们在生活中对人对事总是苛求完美，就会处处碰壁，生活得很痛苦，请记住：世上没有完美的事，人生当有不足。留些遗憾，倒可以使人清醒，催人奋进，反而是好事。

有句话叫做没有皱纹的祖母最可怕，同理没有遗憾的人生也不是真正的人生。

 # 4. 消除嫉妒之心

当你在办公室感受到嫉妒时，必定置身某种竞争之中。嫉妒的原因很简单：抑或同事的工作成就；抑或同事所穿的亮丽新装；抑或同事所居的花园洋房。你的目标就是击败"对手"。

你或许以为你嫉妒某人，但后来仔细观察却发现，你嫉妒的并不是这个人，不是他的作为，也并非他所拥有的一切。其实，嫉妒来自自己的兴趣和自毁的倾向，你会嫉妒是因为你拿自己和别人相比，看到自己的表现不如其他人好、有吸引力等。你参加的是一面倒的战争，对手其实是你自己。

嫉妒常被称为绿眼睛的恶魔。如果你对某人怀有嫉妒之心，可以确定的是，它不仅会伤害到你这些情绪所直指的人，而且你所受到的伤害可能更甚于他们。

嫉妒就像疾病一样，他们会在你体内不断损害侵蚀你。一般地说，嫉妒常常会使友谊破裂。

有一位中年的新闻从业人员，他非常嫉妒他一位出了名的小说家朋友，也嫉妒他朋友所出的书。而另一方面，他那位小说家朋友却嫉妒这位新闻工作者由于一篇大众皆知的出色报道而被提名角逐普利策奖，因为这个奖项是那位小说家根本沾不上边的殊荣。结果这两位朋友从此话都不说了。

底特律常被称做"车城"，就跟纽约是"大苹果"、达拉斯是"大D"一样。而全美国最成功的唱片工业之一即始于车城，那就是车城唱片公司。车城捧红过许许多多的歌星，像顶峰合唱团、黛安娜·罗斯、杰克逊家族、罗宾森、斯蒂夫·旺达和马文·盖等。如果这些人成为娱乐圈里其他人羡慕和嫉妒的目标，是很合理的事。事实上，演员、歌星和舞蹈演员所面对的来自其他同行的嫉妒，可能是其他人远不及的。这或许是因为他们收入高，影迷歌迷们对他们的崇拜，以及他们拥有的广大影响力。

然而，有一些已经红了二三十年的演艺人员，公开表示对某位新出现的歌星、舞星和演员的支持。老一辈的佼佼者已将这种美德发扬光大，他们明白对新出道人员的羡慕与嫉妒是无济于事的。那些新出现的人为了能够大红大紫，当然要付出相当的代价，就像那些已经成名的人当初所做的一样。不论它表现在哪一方面，才能是最重要的；而我们对于他人的成就所感受到的情绪，应该只有为对方感到骄傲。

当你努力攀登顶峰时，把对他人的嫉妒转化为对他们的敬重。不要只是说："我希望能够跟他或她一样。"你应该脚踏实地去做一些事，才能使自己跟他或她一样有成就。既然羡慕与嫉妒的情绪并不能让你由板凳队员成为场上主力，那你为什么还要坐在场边任由这种情绪泛滥呢？

如果你总是在操心别人在做些什么，以及他们是如何做的，你会发现你攀登顶峰的路途充满荆棘。当你眼见别人表现得非常好，看到他们的成功或者正在享用胜利的成果，就好好看看他有什么是你可以借鉴的。可能只是一个微笑，也可能是他的态度、一句好话、一段时髦的话语。此时，你早已经把你的嫉妒心抛到九霄云外，同时你也将自己的本领累积起来了。

早一天改掉嫉妒这个坏毛病，就能早一天受益。以下是克服嫉妒之心的几个有效方法：

（1）想想别人好的一面，尤其是那些容易招致嫉妒的成功人士。喜欢一个人不仅是因为他是什么人，同样重要的是，你必须看到不是所有的人都喜欢他。如此一来，你心里就不会有空间可以容纳嫉妒了。

（2）让自己对一些有传染性的字眼产生免疫力，例如嫉妒。并将它转移到身体的某个不满意的地方，想想你手臂上或者大腿上的疤痕，它就是你的疫苗，使你不会嫉妒他人，或者成为他人嫉妒下的受害者。

（3）想要戒除某个坏习惯，就要用好习惯来取代它。你也可以用同样的方法来对付这个毛病，也就是用别的字眼来取代这些恶毒的字。例如，在你的想法里，当你看到别人的成就和成功时，将嫉妒换成赞赏或化为高兴。

（4）经常设想自己应该做什么，而不是去想别人做了什么。如果别人获得的成就当之无愧，就想想怎么做才能够使自己跟他们一样，而不是嫉恨他们已有的成就。

（5）将嫉妒之情升华为努力超越的意识。

染上嫉妒恶习的人应该怎样克服这一性格上的弱点呢？首先要心胸开阔，正确对待在事业上和学习、生活上比自己能干的人。其次，要充分认识嫉妒害人害己产生的恶果。嫉妒者多半把自己的主要精力和全部智能下意识或十分明确地用于攻击和伤害被嫉妒一方。虽然有些嫉妒者也知道这样做于事无补，但仍像中了邪似的受制于它。

克服消极嫉妒心理较好的办法是：唤醒你的积极嫉妒心理，勇敢地向对手挑战。积极嫉妒心理，必然会产生自爱、自强、自奋、竞争的行动和意识。当你发现你正隐隐地嫉妒一个在各方面比自己能干的同事时，你不妨反问几个为什么和结果如何？在你得出明确的结论之后，你会大受启示。长时间地停留在嫉妒之火的折磨和煎熬中，并不能使自己改变面貌。要赶超他人，就必须横下一条心，在学习或工作上努力，以求得事业上的成功。你不妨借嫉妒心理的强烈超越意识去奋发努力，升华这股嫉妒之情，以此建立强大的自我意识以增加竞争的信心。自卑感强的人容易嫉妒，因为他们想逃避现实而故意虚张声势，因为惧怕失败而采取嫉妒的手法。所以，首先要对自己的能力、潜力有一个客观的认识。不自我夸大，亦不自我贬低。只有在自我感觉好、自我意识能力强的前提下，才能变消极嫉妒为积极嫉妒，也才能在积极嫉妒心理中获取能力，接受竞争意识的刺激。当然，在你反问几个为什么之后，你可能会觉得自己的天赋、客观条件、知识、能力都不如人家。这也无妨，不要自卑，更不要嫉妒。你不妨再找找自己的优势，在某一方面发挥你的优势，在竞争中发挥你的聪明才智，从而找到你的心理位置，得到生活的乐趣。总之，对于他人在事业上的成功，既要嫉妒，又不要嫉妒；嫉妒，就是积蓄你自己大量的精力、时间、智慧去产生应该属于你范围内的积极嫉妒心理；不嫉妒，就是要洒脱和不甘于落后，对自己充满必胜的信心。这才是强者的风度。

5. 化解嫉妒之念

工作场合是藏龙卧虎之地，同时也是鱼龙混杂之所。当你挖空心思想出一个好主意，或者你勤奋工作为公司发展做出极大贡献时，却有人试图把这份功劳归为己有。面对这种情况，你该怎么办？总不能整天气急败坏吧？下面几种方法或许对你有所帮助。

（1）用写信的方式澄清事实

当然，首先，写的信不能有任何坏的影响，信的内容一定不能让对方产生不快。写信的主要目的是要委婉地提醒一下对方，自己当初随便提出的想法，是怎样演变到今天这个令人欣喜的样子的。在信中适当的地方，你可以写上有关的日期、标题，可以引用任何现存书面证据。

在信的最后要建议进行一次面对面的讨论，这是很重要的，这能让你有机会再次含蓄地加强一下你的真正意思：这主意是你想出来的。

如果真的有人把你的功劳忘记了，想把功劳归属于自己，那么这个方法倒能为你争回功劳起一定作用。

（2）夸赞抢你功劳的人，然后重申功劳是自己的

说这番话的时候，要再一次对这位同事的独一无二的才能和见解大加赞赏。这种方法对职业女性来说特别需要。很多研究者发现，女性员工喜欢从"我们"的角度——而不是"我"的角度来做事，所以她们的想法和首创就常常会被男性同事挪用。如果着眼于事情的积极一面——你的同事也是想方设法要干出最好的工作，而且他（她）对要做的事情也有独到的看法——也许会有助于你解决这个可能很棘手的问题。

当你觉得这个方法比较适合你应用时，你就应早点行动，如果等你的同事把你的想法散布开时再行动，困难就大得多了。

（3）退出争夺战

初看起来，这似乎不是一种方法，或者不能算是一种很好的方法。但对某些人来讲，这或许是最好的。你应该问一问你自己：哪个更重要，是把这个想法付诸实施，还是独自拥有想出这个点子的名誉？这是一个复杂的问题，特别是对女性来说，什么时候应该跟男同事理直气壮地理论"挪用他人想法"的问题？什么时候又应该做出一些牺牲呢？在做出决定时，应该考虑一下，要打这场"官司"得花费多少精力。在某些情况下，比如你正面临一次重要的提升，要付出大量的时间和精力；或者除了"原则问题"之外其他并无妨碍，而要证明所有权只能使你疲惫不堪……也许还会让你的上级生气，让他们纳闷你为什么不能用你的时间来做点更有意义的事情。在这些情况下退出争夺战显然是明智之举，是上上之策。

冲动只会使情况变得更遭，用头脑想清楚才能更好地面对客观事实。很多时候，即便你在与同事抢功劳的过程中获胜，从其他的角度来看却是一场失败。在全面权衡利与弊后，相信你自然能做出自己的选择。

 # 6. 不宜强求别人的回报

尼玛是一位住在纽约的妇女，她整天埋怨自己寂寞，没有一个亲戚愿意接近她。如果你去看望她，她一定会絮絮叨叨告诉你，她侄儿们小的时候，她是如何照看他们的。他们得了麻疹、腮腺炎、百日咳，都是她照看的。她还资助一位侄子读完商业学校，一直到他结婚前，他都住在她家。

这些侄子会常回来看望她吗？有的有时会，完全是例行公事。他们都害怕回来看她，真正使他们受不了她的是她总抱怨他们，怪他们忘恩负义，当那些侄子都离开他时，她就拿出她的绝招——心脏病发作。这心脏病当然不是装出来的，医生们也说她的心脏相当神经质，经常心悸。可是医生们也无能为力，因为她的情绪往往是她病发的起因。

假如你救了一个人的生命，你会期望他感激吗？你也许会。可是圣约翰在他当法官前曾是位有名的刑事律师，曾使 78 个罪犯免除了牢狱之灾。你猜猜看其中有多少人曾当面致谢，或至少寄张贺卡来？你可能猜对了：一个也没有。

耶稣在一个下午使 10 个瘫痪的人起立行走，可是有几个人回来感谢他呢？只有一位。耶稣环顾门徒问道："其他 9 位呢？""他们都跑了，谢也不谢就跑得无影无踪！"那么，像你我这样的普通人，给了人一点小恩惠，凭什么就希望得到比耶稣还多的感恩呢？

假如你送亲戚 100 万美元，他就应该会感谢你吧？钢铁大王安德鲁·卡耐基就资助过他的亲戚，不过如果安德鲁·卡耐基重新活过来，一定会意想不到地发现这位亲戚正在诅咒他呢！为什么？因为，卡耐基遗留了 3 亿多美元的慈善基金，但他只继承了 100 万美元。

现实就是如此。人性就是人性，你千万别指望会有任何改观，何不干脆接受呢？

我们天天埋怨别人不知回报，到底该怪谁？是我们太了解人性，还是我们忽略了人性？从现在开始，不要再指望别人心存感激了。如果我们得到别人的感激，是一件惊喜的事。如果没有，也不要为此伤感、抱怨不休。

忘记感谢乃是许多人的本性，如果我们一直期望别人感恩，多半是自寻烦恼。

尼玛需要的是关爱，但她表现的却是需要"感恩"，可惜她可能永远也得不到她所设想的感激或敬爱了，因为她认为这是她应得的，她要求别人给她这些东西。由于心态发生变化的影响，本来她也许可以获得的关爱，也因为她的强求而逃之夭夭了。

忘记感谢乃是人的本性，如果我们一直期望别人感恩，那不仅是自寻烦恼，还会使本来正常的关系出现问题。解决这种现象的关键就是调整心态，只要有一颗平常心，则关系还会细水长流地保持下去的。

 # 7. 仇恨的烈焰会烧伤自己

仇恨最容易损害一个人的容颜。相信都看过一些女士因为怨恨而脸生皱纹，由于悔恨而表情僵硬的情形。这时，再好的整形外科对她们容貌的改进远不及因宽恕、温柔和爱意所能改进的一半。

仇恨会让我们面对山珍海味也没有丝毫胃口。有句话是这么说的："怀着爱心吃青菜要比带着愤怒吃海鲜强得多。"

莎士比亚说过："仇恨的烈焰会烧伤自己。"

有一位叫伦纳的年轻人急需找一份工作。他通晓好几种语言，想找个担任进出口公司文书的工作。可是大多数公司都回信说因为战争的缘故，他们目前暂时没有招人的打算，但他们会保留他的资料等。其中有一个人却回信给伦纳说："你对我公司的理解完全是错误的。你既笨又蠢。我根本都不需要文书。即使我真的需要，我也不会聘用你，你连瑞典文字也写不好，你的信更是错误百出。"

伦纳看到这封回信，气得要发疯。这个瑞典人居然敢挖苦他不懂瑞典话！其实看看这份恼人的回信才知道什么是错误百出呢。于是伦纳写了一封足够气死对方的信准备回击。可是他停下来想了一下，劝自己说："等等，我怎么知道他不对呢？我学过瑞典文，但它的确不是我的第一语言，也许我犯了自己都不知道的错误。真是这样的话，我应该再加强学习才是。这个人可能还帮了我一个忙，虽然他本意并非如此。他语言表达得缺乏修养，但这也不能抵消我欠他的这个人情。"

伦纳把他写好的那封信撕掉，另外写了一封信："你本来不需要文书，还不厌其烦地回信给我，真是太感谢您了。我对贵公司理解错误，实在很对不起。我写那封信是因为我查询时，别人告诉我，你是这一行的领导人物。我不知道我的信犯了文法上的错误，我很抱歉也很难过，我会再努力学好瑞典文，减少错误。我要谢谢你帮助我找到了我的不足。"

然而，没过几天，伦纳又收到一封回信，那人竟邀请伦纳去办公室见面。伦纳去了，并得到了一份工作。伦纳自己从中悟出了一个有用的做人道理："以柔克刚。"

美国前总统林肯从不以自己的好恶来判断事情，不论是自己的朋友还是对手，他都以公正的态度去处理。他很注意"唯才是用"，从不因对方是政敌或讨厌的人而存有偏见。

很多人借着批评林肯而获得地位，虽然林肯备受侮辱，却还是不改其不偏听偏信的信念。因为他认为人们的行为是他所处的环境、教育、习俗的产物，不能过分地要求他们。

林肯也许是对的。如果你我像我们的敌人一样承袭了同样的处境及心理特征，如果我们的人生完全相同，我们也许会做出跟他们完全相同的事，因为我们别无选择。让我们以印第安人的祈祷词提醒自己："伟大的神灵！在我穿上别人的鹿皮靴走上两星期路以前，请帮助我不要批评他人。"因此，与其恨我们的敌人，何不让我们同情他们，并感谢苍天没有让我们跟他们有同样的生活？与其诅咒、报复我们的敌人，何不给他们以谅解、同情、帮助、宽容和祝福？

"爱你的敌人，宽恕那些诅咒你的人，善待那些仇恨你的人，并为伤害你的人祝福。"

这段圣言，会赐给无数人内心的平静，然而，可悲的是，这个世界上许多有权有势的人都无缘享受这样的平静。

要培养内心的平静与快乐，就请记住：永远不要尝试去报复别人，那样对自己的伤害将大大超过给予他人的。决不要把时间浪费在仇恨上，哪怕一秒钟。

灰熊只需要一掌就能把鼬鼠轻松拍死，但它为什么不这么做呢？因为它从生活经验中得到，那样做不值得。不少痛苦的做人经验也告诉你我，这些鼬鼠和两条腿的"鼬鼠"都不值得碰。

当你与他人的关系中间出现仇恨的因子的时候，此时，将你的心理调整到宽容状态，不仅能有效地消灭仇恨，对你与他人的关系还会有推动作用。

8. 自我挽回：事情没有想象的那样糟

面对生活中的不幸，有时我们会不知不觉地把它放大，把一点小事想得太过严重，结果事实证明我们是在自寻烦恼，有时候一件事也许还有转机，我们却自己先泄气了，认为已经无法挽回了；有时我们觉得自己是最倒霉的那个人，事事不顺，其实是我们自己不够用心；还有的时候，我们只是片面地看到事物不好的一面，可实际上，它还有非常美好的一面，只是我们没有发现……所以，遇到不如意的事情时，千万别忘了提醒自己：别难过！事情没有想象的那么糟！

有一个寓言是这样讲的：

某日，野兔们聚集在一起，彼此诉起苦来，认为它们的生活充满危险和恐惧。可不是吗？人、狗、鹰和其他动物无时无刻不在威胁着它们。它们觉得与其这样活着担惊受怕，还不如一死了之来得痛快。

野兔们拿定主意后，便立即纷纷奔向池塘，准备投水自尽。蹲在池塘边的青蛙，一听到兔子朝它们跑来的声响，马上都跳到水中去了。领头的野兔眼见此状，说道："别忙，朋友们，别再吓得自寻短见了！你们来看，这儿有些动物比我们还胆小哩！"

野兔们以为自己整天担惊受怕很可怜，但通过与青蛙对比之后，它们才发现事情并不像它们想象的那样。

事实上，通常让我们大惊小怪的事情，如果拿来跟别人的遭遇相比，那简直是不值得一提，我们为何经常把自己极其微小的不如意，当成生命中的重大挫折呢？

其实，原因就出在我们喜欢借着夸大自己的不幸，来突显自己在别人心目中的地位，喜欢借着小题大做，来引起别人对自己的注意。

生活中也会有这样的人存在。而且这还不算，他们会极力地夸大自己的不幸，而这样做的结果只能令自己真的陷入更大的不幸之中。

法国少年琼斯读书总是很费力。高中二年级时，他向一位心理学家求教。"我一直很用功。"琼斯苦恼地说。

"问题就在这里，孩子。"心理学家说，"你一直用功，但进步不大，你再学下去，恐怕也是浪费时间。"

孩子用双手捂住了脸："那样，我爸妈会难过的，他们一直巴望我有出息。"心理学家用一只手抚摸着孩子的脑袋："工程师不识简谱或画家背不出九九表，这都是可能的，但每个人都有特长——你也不例外。终有一天，你会发现自己的特长，到那时，你就会让爸爸、妈妈骄傲了。"琼斯从此再也没去上学。

琼斯开始替人整建园圃，修剪花草。不久，雇主们开始注意到小伙子的手艺，他们称他为绿色使者——因为凡经他修剪的花草无不出奇地茂盛、美丽。特别是他将市政府前一块肮脏的污秽场地变成了一个美丽的花园。全城百姓，都争相夸赞小琼斯。

25年后的琼斯仍没学会英国话，也不懂拉丁文，微积分他更是不懂，但如今，他已经成为一名园艺家，以色彩和园艺享誉国内外。

琼斯认为自己是不幸的，因为他虽然努力了但成绩仍然不好。在心理学家的鼓励下，他改变了原有的消极想法。于是他开始发挥自己的特长，最终成为了一名园艺家。

是的，有些时候和别人比起来，我们是不幸的。比如有人可以住洋房、开豪华汽车，但我们却只能在生存的边缘努力挣扎。但如果你真的就在这样的不幸中沉沦下去，那才是真正的不幸。有的人用夸大可怜来引起别人注意，但别人并不是真正在注意你，你只不过是在充当别人的笑料罢了。能够引起别人注意的方法只有一个，就是改变你的消极想法，自己去创造一片幸运的天地。

9. 适当冒险：凡事求稳并非良策

李某常常和朋友感叹："我这一辈子，要不是胆太小，早就出息了！"说来也真是可惜，20世纪90年代初，李某30来岁，正处在人生的黄金岁月里。李某的一个老同学雄心勃勃地来找李某和他一起去深圳"淘金"。去不去呢？李某考虑再三，却还是拒绝了老同学的提议：自己的工作虽然枯燥无味，但毕竟是铁饭碗呀！凡事还是求稳比较好。老同学却果断地辞了职，潇潇洒洒地直奔特区，听说现在已经是一个身价千万的大老板了。令李某痛悔的事还不止这一件：8年前，李某所在的钢铁集团准备改组上市，并允许职工优先认股，每股作价38元。按规定李某可以认购500股，然而李某凡事求稳的习惯使他又把这个机会放过了。他认为股票跌就会变成废纸，还是别拿钱冒险的好，于是他把自己的认股权以1000元的价格卖给了同事。没想到，公司一上市，股价节节高升，一个月之内，股票竟然涨了10倍，看着同事一个个喜气洋洋，李某悔得大病了一场。像这样的事儿还有不少，所以李某有句口头禅就是："我这一辈子，就毁在胆儿太小了！"

凡事求稳的习惯，使李某错失了一次次良机，只能一辈子生活在悔恨里。其实每个人都应该有敢于冒险、马上行动的胆略，如果太过于求稳的话，那就会一事无成。

汉明帝时，班超奉命带36人去西域鄯善国，谋求建立友好邦交关系。

刚到该国，鄯善国王对汉朝使团十分恭敬殷勤。但几天后，态度突然变了，变得越来越冷漠。班超警觉起来，派人打听，原来是匈奴的一个130多人的使团正在暗中加紧活动，向鄯善国王施压，欲把鄯善国拉向北方。

形势十分严峻。班超对大家说："现在匈奴使团才来几天，鄯善国就对我们逐渐疏远了，倘若再过几天，匈奴把他彻底拉过去，说不定会把我们抓起来送去讨好匈奴。到那时，我们不但完不成使命，恐怕连性命都难保！怎么办？"

"生死关头，一切全听您的。"随从们态度坚定，但也表示出担心，"我们毕竟只有36人，能怎么办呢？"

班超斩钉截铁地说："不入虎穴，焉得虎子。今天夜里就行动，以迅雷不及掩耳之势，一举消灭匈奴使团！唯有如此，才有可能使鄯善国王诚心归顺我们汉朝。"

当天深夜，班超带领36个人，借着夜色掩护，悄悄摸到匈奴人驻地，对130多人的匈奴使团、几倍于自己的敌人，毅然发动了袭击，并一举歼灭了他们。

第二天早晨，班超捧着匈奴使者的头去见鄯善国王，国王大惊失色。

匈奴使者被杀，鄯善国王已经不可能再和匈奴人和好，于是只好同意和汉朝永久友好。

该出手时就出手，不要被恶劣事物吓住，战胜"恶魔"首先要战胜自己！

很多时候，看似最危险之处，也许就是最安全之处；看似最强大之处，也许偏偏是最薄弱之处。如果总是求稳的话，你就会错过这些机会，冒点风险去行动，却可能产生不一样的结局。

第二次世界大战期间，纳粹德国给世界人民带来巨大的灾难。但在战争期间，其将领们也给战争史留下许多经典战例。

1942年2月12日下午，英国海军和空军重兵布防的英吉利海峡上空，一架英国战斗机正在例行巡逻。突然，飞行员发现有一队德国舰队大摇大摆地从远处驶了过来，他立即将这一发现向司令部报告。英国司令部的军官们大惑不解：德国舰队怎么可能在大白天从英吉利海峡通过，是不是飞行员搞错了？英国人忙于思考和争论，却没顾及到时间正在一分分溜走。直到过了近一个小时，又一架英军侦察机发现德舰已经闯入海峡最窄也是最危险的地段了，并且正在全速行驶。英军指挥官们这才意识到敌情的严重性，等他们判定真相，调集部队，下令进攻时，德国舰队已经远离了最危险的地段，对其致命打击的机会已经丧失。整个下午，英军虽然不断出动飞机、驱逐舰对德国舰队进行拦截，但由于仓促上阵，反而被严阵以待的德军予以沉重打击。就这样，德国人在英国人的眼皮底下，将驻泊在法国布雷斯特港内的舰队顺利地移至挪威海面，增强了那里的战斗力。

原来，这一切都是德军为了完成这次战略转移精心策划的大胆行动。因为从法国到挪威有两条路线可走，一条是向西绕过英伦诸岛北上，这条航线路途遥远，费时费力，如果遭遇兵力占绝对优势的英国军队，后果不堪设想；另一条航线则是直穿英吉利海峡，但此处有英海空军的重兵布防，同样是危机重重。最后，德军指挥官经过反复权衡后，决定在英国根本没有想到的情况下，出其不意地闯过英吉利海峡，在夜间出发，白天通过英吉利海峡最危险的多佛和加莱之间的地段。

这一大胆冒险的行动果然成功，庞大的德国舰队在飞机的掩护下，在英国人认为绝不可能的时候出现，在英军来不及判断和阻挠的情况下，明目张胆地闯过英吉利海峡，给英国人上了一堂生动的战争教学课。

无论在事业或生活的任何方面，我们可能都需要适当地冒点险。当然，在冒险之前，我们必须清楚地认识那是一种什么样的冒险，必须认真地权衡得失，比如德军指挥官就是在反复权衡之后，才制定出冒险计划的，结果他们获得了成功。需要注意的是，冒险不是盲目草率的行为，不是瞎闯、蛮干，不是随心所欲，而是有目标、有计划的果断行动。

10. "经验"误事：没有所谓的想当然

张某的妻子下岗了，张某张罗着给妻子找工作。张某的同事对他说："我倒有个建议，你给嫂子开间音像店吧！是那种边卖边出租的小店，本钱不高，利润却很可观！"张某一想，这倒是个好主意，只是开店必须选好店址，得有顾客呀！有一天，他外出办事，路过某大学，发现学校周围特繁华，服装店、小吃部、饰品店……大大小小的店面布满了整条街，出出入入的学生还真不少，这可真是个开店的好地方。张某还特意观察了一下，附近没有音像店。张某乐呵呵地回了家，托人在学校附近租了个小店面，几天后音像店就开张了。但开张后生意冷冷清清，三天没卖出一样东西。第四天，张某的妻子一回家就把丈夫臭骂了一顿："你出的好主意！我这一打听才知道，为什么没生意：原来人家学校管得严，各寝室不许有电视，学生都是上网看电影听歌！你说怎么办？"张某嗫嚅地说："我哪知道？我以为学生那么多，顾客当然没问题啊！"几天后，音像店关了门，张某赔了3000多块钱。

张某看到学生多，便想当然地以为开店不愁没顾客，结果却吃了个大亏。人非常容易犯想当然的错误。许多认识上的错误，都是想当然造成的。他们想不到貌似理所当然的事情并不朝着那个"理"的方向发展，更没想到，世界上的事物一个条件可得出多种结果，一个结果亦可能多因，事物是变化发展的，除了必然性还有偶然性。

某公司要在城市近郊的某乡建一个大型高尔夫球场。一个香港客户对这个计划很感兴趣，而这个公司也极力想拉香港客户来投资，因为这个项目所需资金太大，自己独力难支。由于香港客户太忙，好不容易才答应一周后来谈项目，并实地考察。公司老总把接待的一切事宜都交给公关经理，要求做到尽善尽美，因为这个客户"实在太重要了"！公关经理接下任务后立刻忙活了起来，确定了接机人选，安排专车，订好了宾馆，安排了会谈时间，打扫了会议室，去实地考察的时间、车辆也都安排好了。老总对这些细致的安排很满意。这时一个助手提醒公关经理要跟当地乡领导沟通一下，公关经理却有点不耐烦："车到了那儿，随便叫几个人陪着去看看就行了！"香港客户到来后，一切都进行得很顺利，吃完午饭，一行人就坐上车直接朝某乡驶去。然而一个意外发生了：通往乡里的木桥竟然断了。对面的几个村民告诉他们，木桥是前天被水冲垮的，还没人组织抢修呢！香港客户很是失望，认为该公司做事太不负责，调头回去了。公关经理被盛怒的老总炒了鱿鱼，他却觉得很委屈：自己去了三次，木桥都是好好的，谁能想到它突然就断了呢！

生活中，我们也常碰到类似的情况，许多明明应该是万无一失的事情，偏偏出了麻烦，这都是由于我们想当然的思维习惯造成的。有时候，某种现象在大多数情况下意味着某一事实，但造成这种现象的其他可能性并不能排除，人们常常形成某种错觉，把各种可能看成一种可能。

造成想当然的一个重要原因是思维定势。我们认识事物，总有一定的思维框架，是以前经验的沉淀。它常常使我们认识事物时有了一定的参照系。它是有用的，但是，它又可能使我们用它来处理复杂的对象时陷入想当然的误区。所以，我们在强调文化传统对于我们思想观念的塑造时，更要强调现实的要求这一重要因素。

要减少想当然的错误，需要时时提醒自己不要轻率下结论。从一个印象，二三句交谈中做出的判断往往是想当然的。我们要时时对自己说，我的判断充分吗？我的结论符合事实吗？有没有新的事实来证明这个结论？

如果根据想当然的推理，得出了某种结论，也要对该结论保持一定的警惕性，要注意对情况进行反复的分析，并尽量搜集新的事实加以检验。要使自己的结论不犯错误，我们就应该对判断采取审视的态度。

对于头脑里冒出来的想法，首先要重新评估一下，它是否"真的是自己的意见"。虽然需要花费较长的时间，你还是应该养成用自己的头脑仔细思考事情的习惯。首先，你要把现在的想法一一加以检讨，想想看，是自己真的那么想，还是照别人告诉你的去想的？会不会是偏见或错误的信息？你就从这些问题开始思考吧。如果没有偏见，希望你能用自己的头脑，听听各种人的意见，想想看是对或错，或者有哪个地方不对，然后再综合各种意见，归纳出自己的看法。

11. 拓宽胸襟：让不满消于无形

　　人际关系场到处充满着矛盾纠纷，不可能事事都一帆风顺，不可能要每个人都对我们笑脸相迎，做出一副洗耳恭听的姿态。因此，把什么都"看开了"，是最好的自我调节方法。就像人们常在心里描绘出理想的结婚对象，但现实中很少能与理想互相吻合，而到头来，就会发现理想归理想，现实归现实，根本就是两码事儿。如果我们能看开一切，找个虽然与理想相差甚远但又可以接纳的人结婚也就罢了。又如许多文学创作者们，他们很想创作出流行、格调高雅的作品，一方面满足自己的创作欲望，另一方面也想获得社会各界的一致好评，但事实上，结果往往因为曲高和寡，不具备商品价值，而不被大众所接受。所以，我们最好凡事都想开些，把"阳春白雪"改为"下里巴人"，也不失为一种明智的做人处理关系的选择。

　　有时候，我们会受到他人的误解，甚至嘲笑或轻蔑。这时，如果我们不能善于控制自己的情绪，就会造成人际关系的不和谐，对自己的生活和工作都将带来很大的负面影响。所以，当我们遇到意外的沟通困难时，就要学会控制自己的情绪，轻易发怒只会造成反效果。

　　凡是允许其情绪控制其行动的人，都是弱者，真正的强者会迫使他的行动控制其情绪。一个人受了嘲笑或轻蔑，不应该窘态毕露，无地自容。

如果对方的嘲笑确有其事，就应该勇敢承认，这样对你不仅没有损害，反而大有裨益；如果对方只是横加侮辱，盛气凌人，且毫无事实根据，那么这些对你也是毫无损失的，你尽可置之不理，这样会更加显现出你的人格。

有的人在与人合作中听不得半点"逆耳之言"，只要别人的言辞稍有不恭，不是大发雷霆就是极力辩解，其实这样做是不易与人相处的。不轻易露出自己的不满情绪，采取虚心、随和的态度将使你与他人的合作更加愉快。

假如我们能刻意地表现某种情绪或某种行为，那么你就能利用这种感情的本身使心情产生变化。正如你有意让态度变得积极，情绪就会跟着开朗起来，再配合雄壮有力的歌曲，精神饱满地踏着步伐，本来心情还是很低沉，也会因此变得高涨起来。这是以行动来影响心理的一种方法，它有助于个人的情绪调控。

诚然，能否很好地控制自己的不满情绪，取决于一个人的气度、涵养、胸怀、毅力。历史上和现实中气度恢弘、心胸博大的人都能做到有事断然、无事超然、得意淡然、失意泰然。正如一位诗人所说：忧伤来了又去了，唯我内心的平静常在。

善于控制自己情绪的罗斯福面对别人说的不合时宜的话，起初很是不满。可是他转念一想，人家说的没错啊，自己的确很像那个样子。罗斯福勇敢承认了事实，其实对他并没有什么损失，他表现出来的大度，使他在公众中的形象反而提高了。

12. 化敌为友：相逢一笑泯恩仇

古人说："投之以木桃，报之以琼瑶。"就是说，你对我好，我对你更好。普通的朋友之间尚且如此，倘若胸怀宽广，对自己的敌人也能"投以木桃"，那他一定感激涕零，视你为恩人一般。

有人认为"宽恕是一种比较文明的责罚"。有权力责罚，却没有责罚；有能力报复，却不去报复，这就是一种宽恕，也是一种能够掌管他人的法宝。宽容待人，以德报怨的同时，敌人也就自然与你拉近了距离，成为你可以依靠的人了。

对于昔日的敌人，打击报复只能为自己埋下更多的怨恨，树立更多的敌人；而如果量才重用，给敌人以平等的待遇，不但能够感化敌人，为我所用，更能够树立自己的威望，得到更多人的尊敬和拥戴，从而有利于巩固自己的关系网，成就自己。

武则天作为中国历史上唯一的女皇，其心术权谋，手段残忍，真是令人发指，但她惜才、爱才，对于有能力辅佐她的人，她不惜以德报怨，感化自己的敌人，并使之成为她的"心腹"。

上官婉儿，是李唐时期五言诗"上官体"的鼻祖上官仪的孙女。上官仪是唐初重臣，曾一度官任宰相，参与高宗的废后行动后被武则天发觉，上官仪与其子被斩，上官婉儿与母则为宫婢。婉儿14岁那年，太子李贤与大臣裴炎、骆宾王等策划倒武政变，婉儿为了报仇也积极参与。但事情败露，太子被废，裴炎被斩，骆宾王死里逃生。但上官婉儿则为武则天所赦。

上官婉儿14岁时曾作了一首《彩书怨》的诗，被武则天无意中发现。武则天不相信这么好的诗会出自一位女孩之手，便以室内剪彩花为题，让她即兴作出一首五律来，同时要用《彩书怨》同样的韵。婉儿略加凝思，就很快写出："密叶因裁吐，新花逐剪舒。攀条虽不谬，摘蕊讵知虚。春至由来发，秋还未肯疏。借问桃将李，相乱欲何如?"武则天看后，连声称好，并夸她是一位才女。但对"借问桃将李，相乱欲何如"装作不解，问婉儿是什么意思。婉儿答道："是说假花，以假乱真。""你是不是在有意含沙射影?"武则天突然问道。婉儿十分镇静地回答："天后陛下，我听说诗是没有一定的解释的，要看解释的人的心境如何。陛下如果说我在含沙射影，奴婢也不敢狡辩。""答得好!"武则天不但没生气，还微笑着说："我喜欢你这个倔犟的性格。"接着她又问婉儿："我杀了你祖父，也杀了你父亲，你对我应有不共戴天之仇吧!"婉儿依旧平静地说："如果陛下以为是，奴婢也不敢说不是。"武则天又夸她答得好，还表示正期待着这样的回答。接着，武则天赞扬了她祖父上官仪的文才，指出了上官仪起草废后诏书的罪恶，期望婉儿能够理解她、效忠她!

然而，婉儿不但没有效忠武则天，却出于为家人报仇的目的，又参与了政变。司法大臣提出按律"应处以绞刑"；若念其年幼，也可施以流刑，即发配岭南充军。而武则天则认为：据其罪行，应判绞刑，但念她才十几岁，若再受些教育，是可以变好的。所以，不宜处死。而发配岭南，山高路远，又环境恶劣，对一个少女来说，也等于要了她的命。所以，也太重些。尤其是她很有天资，若用心培养，一定会成为非常出色的人才。鉴于此，武则天决定对婉儿处以黥刑，即在她的额上刺一朵梅花，把朱砂涂进去。并把婉儿留在自己身边，"用我的力量来感化她"。武则天还表示：如果我连一个十几岁的女孩子都不能感化，又怎么能够"以道德感化天下"呢?

武则天确实把婉儿感化了。该杀而不杀，反而留在自己身边，这已使婉儿感激涕零。此后，武则天又一直对婉儿悉心指导，从多方面去感化她、培养她、重用她。婉儿从武则天的言行举止中，了解了她的治国天才、博大胸怀和用人艺术，对她彻底消除了积怨和误解，代之以敬佩、尊重和爱戴，并以其聪明才智，替她分忧解难，为她尽心尽力，成了她最得力的心腹人物。

人性中有着太多的对立面，一个人的一生中，不同时期有一些敌对关系是正常的，但是面对敌对关系怎么看，却会影响到你与敌对关系的仇恨是进一步加深还是化敌为友。两种不同的结果，关键还在你的心态怎么调整。

张绣对曹操而言可说是有血海深仇，曹操的爱将典韦被张绣手下所杀，曹操的儿子、侄子也都丧命在张绣手下，就是曹操自己在与张绣作战的时候也曾狼狈而逃。可当张绣要来投奔曹操之时，曹操放下成见，以一种宽容的心态对待昔日的仇敌。他的宽广胸怀感染了张绣，使张绣只想着竭尽全力为他效劳。后来，张绣还与曹操结为了亲家，并在与袁绍的大战中起了相当重要的作用。

以一种宽容的态度去面对敌人对你的怨恨，常常能够以很小的代价换来敌人的信赖，并忠心耿耿地甘愿为你付出，或成为你最可靠的关系。

说话办事规则的取舍艺术

在人们日常说话办事的过程中,存在着各种各样的规则,有明规则,也有潜规则,虽然没有人强迫你遵守它,但你一旦违背,会令你说话办事的效果大打折扣。当然,对于这些规则也不能不问"黑白"照单全收,也有一个如何取舍的问题:有的话该这么说,有的事该那么做。从一定程度上说,对某些规则的取与舍,决定着一个人说话办事的水平。

上篇：必须遵守的说话办事规则

1. 顺其自然，尊重规律办事

我们每一个人办事，都想求得一个圆满的结果。从事物发展的角度来看，成事须有条件，须顺应客观规律，一味去强求，只会适得其反。

两千多年前，老子告诉我们，办事须顺其自然，顺应客观规律，乱来不得。所谓顺其自然，就是要顺时而动，依势而动；就是要冷静行事，相机行事。需要等待时便等待，需要行动时便行动，而且行必果断，行必迅速。以前有人提倡"有条件要上，没有条件也要上"，这种想法近乎一厢情愿。在许多情况下，没有条件，想上其实也上不了，硬上则往往碰得头破血流。因为事物遵循其规律发展的自然过程并不以人的意志为转移。

孟子说：我们厌恶使用聪明，就是因为聪明容易陷于穿凿附会。假若聪明人像大禹治水，使水循着正常的渠道运行，就不必厌恶聪明了。大禹治水，就是行其所无为，顺其自然，因势利导。假若聪明人也能行其所无为，不违反自然之理而努力实行，那他的聪明也就不小了。

孟子这里说顺其自然，一是说要顺应事物运行的客观规律办事，二是说要依凭客观条件和情势办事。从行事有为的情况看，顺应事物运行的客观规律，往往就能占尽天时、地利、人和；违逆了客观规律，往往天时、地利、人和全失。比如治水。因为水能流，总往下流，所以我们就可以或堵或导，以使它更好地流。人类学会治水以后，大体上都采取堵、导结合的方法：修堤筑坝，该堵则堵；疏浚河道，当导则导。堵和导都是为了让水好好地流，驯服地流。如果像上古鲧那样，只是一味地去堵，人类今天是什么状况？很难想象。这就是顺其自然。

俗话说："末大必折，尾大不掉。"末与本相对，尾与头相反。末大、尾大相对而言，乃是本小、头小也。它违反了常规，如逆转来，就形成了喧宾夺主的悖论现象。如果一件事或一个事物处于次要地位的、从属地位的部分超出了居于主要地位的、支配地位的部分，那么该事物就要发生质的变化，变成其他事物了。

围绕这一主题，还有一个典故：

楚灵王派公子弃疾灭掉蔡国后，想封弃疾为蔡公，心里未决，便与上大夫申无宇商议怎么办。

申无宇答曰："'知子莫如父，知臣莫如君。'关于此事，还是大王您自己决定吧。若要臣表态，那我就给您讲一个故事吧：从前，郑庄公建成栎城后，派子元去防守。子元去后，招兵买马，扩充实力，其势力越来越大。到了郑昭公时代，子元的势力能够钳制王室，逼得昭公连'公'字也称不起了。有这么一种说法：不能同时把五个身份高贵的人置于远方，也不能同时把五个身份低贱的人留在朝廷。不能让血亲到外界去，也不能让外臣进入朝廷机要处。这是治国安邦的好方法。大王您不依这个道理办事，竟想让弃疾戍守在外，而使郑丹为臣居于朝内，这将招致大祸呀！请大王明察！"

灵王认为申无宇说得有道理，便听从了他的建议。接着他又问道："国内筑大城是好事，还是坏事？"

申无宇回答："郑昭公因筑栎城而被杀，宋子游为建亳城而被诛，齐无知因渠城被害，卫献公却因蒲城而遭放逐。栎、亳、渠、蒲都是大城，甚至与国都相等。这好比大树一样，当树枝的末梢过大时，树干就不堪其累而折断，又如动物一样，其尾太粗，超过了头部，它就无法摇动、掉转。因此，请君主再慎重斟酌。"

申无宇深入浅出、有理有据、立论环环相扣的答案，简直无懈可击，不怕灵王不听。申无宇给灵王提供的答案，为我们提供了一个很好的借鉴：办事一定要遵循客观规律，头脑发热盲目地去办事，不但不能达到预期的目的，还会受到客观规律的惩罚。

2. 注重实际，不要打肿脸充胖子

我们在生活中要面对的事情很多，处理不同的事情要用不同的方法和技巧，因事制宜才能把事情办好。

你能不能成功，重要的一点是看你会不会办事。除非你本人确实是个独具天赋的艺术家或运动员，否则想不通过办事就能问鼎成功，几乎是不可能的。

事情有难易之分、大小之别。有的事情和自己的切身利益紧密相连就要去办，有的事情和自己关系不大则可办可不办。如果你觉得自己对即将要办的事情无法办到，就不要打肿脸充胖子；如果你觉得自己对即将要办的事情把握不大，就要小心谨慎，亦步亦趋；如果你觉得自己即将要办的事情可以办到，就要放开手脚去办。因事制宜，才能把事情办好。

（1）自吹自擂等于自取灭亡

办事时千万不要过于自信，更不可吹牛。过于自信、吹牛，结局只能是失败，只能是自己遭殃。元末有个士人王同喜欢说大话，尤其爱谈论军事，一谈到军事必定推崇孙武和吴起。遇元末大乱，张士诚在姑苏称王，跟朱元璋争天下。决战前，王同拜见张士诚说："我看，现在地理形势没有比姑苏更便利的，但是你占据姑苏却不能称霸天下，原因在于将领无能。现在你手下的将领，都是本领低下的人，打仗都不懂兵法，如同老鼠打架一样。大王如果能让我做将军，便可取得中原，对付小小的敌人（指朱元璋）怎么可能不赢呢？"张士诚认为他说得很对，就让他做了将军，听任他去招募兵员，并命令主管粮草的官员给他充足的给养，不要计较多少。决战开始后，朱元璋手下的李文忠攻破杭州城，王同原本没有本领，先前和张士诚说的都是大话，根本没有把握能战胜敌军。为了自身的安全，王同偷偷溜掉了。几天后，王同被搜了出来，被绑到军营外杀了，他临死前还夸口："我擅长孙武、吴起的兵法。"真叫人哭笑不得！

（2）自己办不到的事就如实相告

我们在生活中难免遇到别人请求我们给他办事，对于这类事，你先要掂量掂量自己有没有能力帮别人把事情办成功，如果答案是否定的，那你就要当场拒绝掉，并这样回应他："对不起，您托我办的事我实在无能为力，为了不耽误您的时间，我看您不如找别人帮一下忙？"你能这样说，就表明你是负责任的人，是会办事的人。如果你为顾及面子，爽快地答应帮人去办，还允诺一定办成功，那么当你实际去办，碰到了许多困难，而凭你的能力根本无法解决时，你可就没有面子了。

因此，办不到的事情不妨如实相告，这样对人对己都好。

（3）不要充当管闲事的角色

就管事者而言，大体有两种思想。一是只要是自己愿意管的都不是多余的，二是君子成人之美。两者都是从自己的愿望出发，判断何事该管与否。除了自己的私事完全归自己管之外，涉及他人的所有事，都要视被管方的要求而定。人家需要你去参与策划或从中斡旋或锦上添花时，你就该伸出友谊的双手，献出你的智慧。而只是为了小集团的利益，无辜地伤害第三者，那就坚决不要管。再有，不管你心肠多热，态度多诚恳，但如果对方不需要你管，那么，你的行为也就等同于管闲事了。

管了不该管的事，对方不但不会领情，在他看来还会认为你多管闲事，瞎逞能。到头来你吃力不讨好，白受气一场，何必呢？

3. 敬重别人，满足他人的心理需求

每个人在人际交往中都渴望得到别人的尊重，这是人的基本精神需求之一。那么，在人际交往中，我们应如何顺应这种心理需求，做到尊重别人呢？

（1）从心理上尊重别人

我们在心理上必须牢记"每个人在人格上都是平等的"这一信条，不以位高自居、自足、自傲。只有在心理上有尊重别人的想法，才可能做出尊重别人的行动。

（2）把握角色、知己知彼

把握角色是与人交往的基本要求。这一要求包括知己和知彼两方面。所谓知己就是要善于根据时间、地点的变化而变换角色，否则就难免造成不尊重人的局面。比如你是一个领导，在单位里严肃认真是必要的。但如果你回到家对娇妻爱子再摆出一副凛然不可侵犯的架势，妻子儿女就会认为你缺乏人情味，不尊重他们对夫爱父爱的需求。所谓知彼，就是要了解对方的年龄、身份、语言习惯等。假如对方是位年长者，而你是个青年人，在称呼上要礼貌，在语气上要委婉，在语速上要和缓，在话题上要投其所好，这些都体现了对长者的尊重，必然能赢得对方的赞赏。

（3）搞清背景再开口

如果在交际过程中能考虑对方的背景，不触及对方的隐秘；如果在别人交谈时没有弄清别人话题的前提，不要突然插嘴；在谈话过程中不让自己的话带有更多的隐含前提，特别是错误前提，就是对别人的尊重。面对矮人却大谈矬子、随意打断别人的谈话而又牛头不对马嘴地乱发议论、人家明明是自学成才却偏问"你是哪个大学毕业的"，这些都是对别人的不尊重。

（4）注意你的态度

在与人交往中，你采取什么样的态度将体现出你对别人尊重的程度。比如注意倾听别人的谈话、谦虚待人、礼貌待人、实事求是地评论人或事，都是尊重别人的表现。

（5）区分不同场合

场合不仅可以提供话题，诱发谈兴，还能为你尊重别人提供机会。例如，在严肃的会场不要说笑打闹，否则就是对领导的不尊重。在朋友的结婚喜宴上应该谈些喜庆的、吉利的话题；如果你总谈些令人扫兴的话，就是对朋友的不尊重。即使朋友嘴里不说，心里也早已宣布你是"不受欢迎的人了"。

（6）处事礼为先

俗话说："礼多人不怪。"礼仪不仅能体现一个人的修养和人品，还能体现出对他人的尊重，赢得别人的好感。在社交场合，男方将女方的手握得太紧、时间太长，是对女方的不尊重，会给人以轻佻之嫌；参加朋友的婚礼而蓬头垢面、不修边幅，不仅有损自己的形象，也是对朋友的不尊重；和异性朋友靠得过近，甚至凑到对方耳边窃窃私语，是对对方的不尊重；站着与别人交谈而脚不停地"啪啪"打地，会使人感觉你已不耐烦；与朋友特别是长辈、上级、新朋友坐着交谈而大跷"二郎腿"，甚至抖腿，在对方看来，这是轻佻的表现、傲慢的外露，是对对方的不尊重。

（7）守时体现尊重

如果你要参加一个同学聚会，就应当准时赴约，不可姗姗来迟，否则让那么多同学等你自己，是对他们的不尊重。

（8）不打断别人的谈兴

这点也体现在多方面。例如，对对方的话题保持浓厚的兴趣，注意选择双方都熟悉又都感兴趣的话题，在对方谈兴未尽时不随便转移话题，以及结束话题时有所暗示、留有余地等都是尊重别人的体现。

（9）交谈时别惹人难堪

问答在交谈过程中是很常见的，但如何问却大有学问，因为问不好会造成难堪的局面，伤害别人的自尊。比如问话时应注意把握时机，别人正谈得火热，你突然一问打断别人的交谈，是不尊重别人；别人在某方面忌讳很深，你却不管不顾偏要追问，也是不尊重对方的表现；等等。

懂得尊重别人体现出了一个人的修养和品格，简单的道理就是：你尊重别人，别人也会尊重你。所谓爱人者人恒爱之，敬人者人恒敬之。

4. 把握分寸，为自己留有余地

俗话说："逢人只说三分话，不可全抛一片心。"我们在社会中与人交往，不必将自己知道的东西全部都说出来。

一个社交高手在说话中很懂得为自己留余地，你一定会认为他们很圆滑世故、为人不诚实。

其实说话前先看对方是什么样的人，如果对方不是一个可以深谈的人，那么最好还是少说为妙。

科学史上有过这样一件事：一个年轻人想到大发明家爱迪生的实验室里工作，爱迪生接见了他。这个年轻人为表示自己的雄心壮志，说："我一定会发明出一种万能溶液，它可以溶解一切物品。"爱迪生便问他："那么你想用什么器皿来放这种万能溶液呢？它不是可以溶解一切吗？"

年轻人正是把话说绝了，陷入了自相矛盾的境地。如果将"一切"换为"大部分"，爱迪生便不会反诘他了。

词用对了，修饰程度不同，说起来分寸就不一样。如"好"一词，可以修饰为"很好"、"非常好"、"最好"、"不好"、"很不好"等，这些比较级的使用要慎重。如果你没听天气预报，即使听了，明天还没到，便不可以说："明天一定会下雨。"一个人的文章写得一般，客气地说也只能是"还好"，怎么能说"非常好"呢？

好的修饰词使意思表达完整，恰到好处；过于夸张或过于缩小的修饰词，则会与客观实际相冲突，陷入两难境地。屠格涅夫的小说《罗亭》中，皮卡索夫与罗亭有一段对话：

罗：妙极了！那么照您这样说，就没有什么信念之类的东西了？

皮：没有，根本不存在。

罗：您就是这样确信的吗？

皮：对。

罗：那么，您怎么能说没有信念这种东西呢？您自己首先就有一个。

皮卡索夫在此用一个"根本"，把话说绝了。因此，遇到不十分有把握的事，一定要多用"可能"、"也许"、"或者"、"大概"、"一般"等模糊意义的词，使自己的判断留有余地。

有些人讲话，常常不考虑听者的感受，也不让他人有讲话的机会，所以容易引起他人的不满。其实，话语不在多少，只要恰到好处地说到"点上"即可，说多了反而会引起别人的反感。

话多的人不一定智慧多，而事实上往往可能相反，所以俗语说："话多不如话少，话少不如话好。"

在人际沟通中，说话切记不要旁若无人，滔滔不绝地讲个不停，应该给人留余地，让别人也有讲话的机会，这才是智者所为。

5. 不揭人短，多给别人留面子

俗话说："人要脸，树要皮。"所谓脸，就是人的自尊。人若没有自尊，那便无药可救了。没有自尊的人有两种情况：一种是自己失去的，一种是叫人给伤害的。对前一种人，我们可做的努力或许很少，但后一种情况我们却要千万注意，切不可随便伤害别人的自尊心。

比如，有些人由于工作上能力较差，时常做不好事情，反而给人添麻烦，于是一个单位的各个部门都不想要他，似乎没有地方肯接纳他。有的领导便会对别人说："他要是能走，我磕头都来不及！"这种话便是伤人自尊心的。

事实上，即使是在工作场所中被视为无用的人，也有他自己的想法与自尊心。他或许看似低能，却在某一方面潜藏着特长；也许，他一无所长，但他却也因此比别人更勤奋卖力。偌大一个单位，总该有适合他的工作可做，而不应对他抱嫌弃的态度。

有的人本身并不低能，但因为做错了事，也会引得某些人说出伤人自尊心的话来。比如："你是什么东西？你以为我不知道你的老底吗？"或者说："你这种家伙，成事不足，败事有余！"这种话一出口，不是叫人心灰意冷，就是引起大吵大闹。

调查研究表明：凡是自尊心很强的人，不论在什么岗位上，都会尽自己的努力而不甘落后于人。明智的人要保护他人的自尊心，还要想方设法维护他人的名誉及人格尊严。比如，注重礼貌，让他们充分体会到自己作为一个人与他人在人格上是平等的，或使用适当的褒奖，让他们有荣誉感，等等。

自尊心受到损伤的程度是不同的，有的属于局部的，就是说，被伤害者的自尊心并未完全失去，他还能感觉到自己受了伤害，这样他就必然记住伤害他的人，对之产生反感、厌憎乃至仇恨。

如果这个人是他的领导的话，他要么积极地谋划调离本单位，要么便采取"不合作态度"。只要是你说的话，你下的指示，他都不会尽心尽力、甘心情愿地去办。这样，怎么可能把工作搞好呢？

另一类伤害是全部的，就是说，被伤害者已经全然失去了自尊。他甚至感觉不到什么叫自尊心受伤害。他自暴自弃，自甘下流，什么乌七八糟的事都干。到头来，他本人是一事无成，工作必然也大受影响。

伤人自尊心是办事大忌，只有懂得充分地尊重别人，让别人心情愉快，人家才能真心实意地与你一起做事。

有位文化界人士，每年都会受邀参加某专业团体的杂志年终评审工作，这工作虽然报酬不多，但却是一项难得的荣誉，很多人想参加却找不到门路，也有人只参加过一两次，就再也没有机会了。问他为何年年有此殊荣，他在临近退休、不再参与此项工作后才公开其中的秘诀。

他说，他的专业眼光并不是关键，他的职位也不是重点，他之所以能年年被邀请，是因为他很会给人留面子。他说，他在公开的评审会议上一定要把握一个原则：多称赞、鼓励而少批评，但会议结束后，他会找杂志的编辑人员，私底下告诉他们编辑上存在的缺点。因此虽然杂志有先后名次，但每个人都保住了面子，他也就因为顾虑到别人的面子，承办该项业务的人员和各杂志的编辑人员，都很尊敬他、喜欢他，当然也就年年找他当评委了。

其实，生活中的每一个人，都非常重视自己的面子，为了面子，小则翻脸，大则会闹出人命；如果你是个对面子不敏感的人，那么你必定是个不受欢迎的人；如果你是个只顾自己面子，却不顾别人面子的人，那么你肯定有一天要吃亏。

有句俗话说得好："打人不打脸，揭人不揭短。"要想与他人友好相处，就要尽量体谅他人，顾及别人的面子。

 # 6. 协调关系，人缘大于"事缘"

有好人缘的人办事左右逢源，因此，平时我们都很羡慕那些善结人缘的人。那么如何才能赢得好的人缘呢？

清朝重臣张之洞就是一个高手。1884年5月22日，清廷任命张之洞为两广总督，张之洞可谓是受命于危难之际。

在当时的情况下，要想做好防务工作，协调好粤省各方大员和军队的关系是当务之急。当时存在着满汉矛盾、湘淮矛盾、主客矛盾，而这些矛盾中最主要的则是"振雪不和"，即张树声与彭玉麟之间的矛盾。自"同治中兴"以来，清朝的主要军队为湘、淮军，两军素有门户之见。钦差大臣、兵部尚书彭玉麟与前任两广总督张树声分别是湘、淮军的著名战将。朝廷调彭玉麟入广东的直接原因，正是认为张树声办理军务不善。张树声还曾经阻止彭来广州，所以两人关系紧张早已众所周知。

张之洞在奉命接署两广总督时，即致函彭玉麟，对他称颂备至，夸他以往屡辞高官不就，隐身江湖，过着逍遥闲逸的生活，可是一旦时局危难，他立刻挺身而出，丝毫也不计较职位的高低、权力的大小，精神矍铄地奉诏率军来到海防前线，从此南方边防多了一道可以凭倚的万里长城。在信中张之洞还对彭玉麟倚重有加，说自己来到南海，想让国防前线固若金汤，还必须依靠他的言传身教，希望他能传授机宜，在一些重大决策上帮助自己做出裁断，并表示在某天一定前往拜访，亲耳聆听指教，不胜感激，等等。彭玉麟看了信后自然很高兴，对张之洞当然是倍加信任了。

张之洞笼络住了彭玉麟，就又开始安抚张树声了。而且张之洞抓住一个机会，成功地缓和并融洽了自己、彭玉麟、张树声三人之间的关系。

事情是这样的：张树声督粤时，有不少人参劾他，说他枉情徇私、巧取财物、玩视边防、贻误地方、名不副实、难胜重任……于是朝廷要求彭玉麟、张之洞查清复奏。张之洞知道，张树声虽已被革职，但仍有相当势力，原来的淮军各部自不待言，即便是各府州县官吏，也多有攀附，值此时危用人之际，不应自毁长城。因此，他在接到谕旨后，经过斟酌，向张树声通报了谕旨及各条参奏内容，准许他申辩。后来又与彭玉麟密谈，想方设法使彭不计前嫌，同意共保张树声，最后两人联合递上了一份"查复张树声参劾折"。

张、彭在奏折中不仅为张树声一一做着辩护，而且称赞他一贯做事谦虚谨慎，久经疆场，一直刻意自爱，在各地为官都是孜孜求治。至于被参原因，都是因为属僚妄生揣测，怀疑他排挤其他将领。由于人们不了解情况，各存成见，于是流言就多了起来。

张之洞和彭玉麟的做法当然令张树声感激万分，就这样，张之洞抓住这一关键事件，不但消除了张树声对自己的猜忌，而且使张、彭之间的芥蒂顿然消除。三人关系因此融洽起来，张之洞内外调度就顺手多了，从而使广州的防务得以顺利进行。

张之洞通过化解淮军将领张树声和湘军将领彭玉麟之间的矛盾，既巩固了自己的地位，又赢得了湘淮两军的人心，可谓一举而两得！此可谓巧结人缘。

想拥有好的人缘，不是一朝一夕就能做到的。需要长期地苦练内功。好人缘的人应具有以下特点：①诚实待人；②深谋远虑；③理智、善于控制自己的情绪；④不得罪别人，懂得尊重别人；⑤具有诚实、守信的好习惯；⑥善于团结协作。人缘好的人，在社会上的形象一定很好，社会评价也高，因而在和别人办事中容易得到理解、同情、支持、信任和帮助。

所以一个人缘好的人办起事来就会得心应手，游刃有余。

7. 分清场合，到什么山头唱什么歌

俗话说："到什么山头唱什么歌，卖什么就吆喝什么。"应用到社交场合就是在什么场合说什么话。如果一个人不分场合地说话，那不仅不会有好的人际关系，还可能因此吃大亏。

你若想受人欢迎，获得良好的人际关系，就必须在什么场合说什么话，否则就会破坏交际效果。

在不同场合中，人们对他人的话语有不同的感受、理解，并表现出不同的心理承受能力。比如，在小场合和大场合，家庭场合与公众场合，人们对于批评性说法的承受能力有明显的差异。

正因为受特定人际关系和场合心理的制约，有些话只能在某些特定场合说，换一个场合就不行。同样一句话，在这里说和在那里说也有不同的效果。因此，在人际交往中，说什么，怎么说，一定要顾及场合、环境，才有利于沟通。不顾及场合的心直口快是不值得提倡的。在社交场合说话，一般要注意以下几个方面：

(1) 要在思想上强化场合意识

有些人在思想上没有场合意识，不管什么场合他都习惯从主观意识出发。以为心里怎么想，嘴上就怎么说，丝毫不考虑别人的感受，这样往往会冒犯别人。

小刘和小李平时爱开玩笑，几天没有见，一见面一个就说："你还没有死呀？"对方也不计较，回一句："我等着给你送花圈呢！"两个人哈哈一笑了事。后来小刘因重病住进了医院，小李去医院看望，一见面想逗逗他，又说："你还没有死呀？"这一次，小刘变了脸，生气地说："滚，你滚！"把他赶了出去。小李在病房里对着忧心忡忡的病人说"死"，显然是没考虑场合，人家怎能不反感、恼火？其实，小李说这话也是好意，想让对方开开心，只可惜他在思想上缺乏场合意识，不该在这种场合开玩笑，才闹出了不愉快。

这个事例说明，有些人说话所以惹恼人，并不是他们不会说话，而是场合观念淡薄。所以，对于这些人来说，当务之急在于增强场合意识，懂得不同场合对说话内容和方式的特定限制和要求，时时不忘看场合说话。

（2）要充分利用特定的场合讲话

克林顿之所以能当上总统，与他的绝佳口才有很大的关系。在1992年10月15日第二次电视辩论中，辩论现场只设一个主持人，候选人前面都没有讲桌，只有张高椅子可坐，克林顿为了表示他对广大电视观众的尊敬，一直没有坐，并且在辩论中减少了对布什的攻击，把重点放在讲述自己任阿肯色州州长12年间所取得的政绩上。克林顿的这种以柔克刚、彬彬有礼的做法，立即赢得了广大电视观众的好感。

最后一次电视辩论中，克林顿潇洒的姿态，敏捷的论辩与幽默机智的谈吐使他大出风头。他在对布什的责难进行了有效的反驳以后，很得体地对广大电视观众说："我既尊敬布什先生在白宫期间的为国操劳，又希望选民能鼓起勇气，不墨守成规，接受最佳人选。"话音刚落，掌声雷动。

充分利用特定的交际场合，可以为你增添无穷的魅力，从而使你的社交能力进一步加强。

（3）要自觉摆脱谈吐上的习惯性

人们的言行往往带有一定的习惯性。这种习惯性使他们说话时来不及考虑就脱口而出，造成与场合的不协调。

李辉陪女友到商场购物，在熙熙攘攘的商场里，女友兴致很高，从这个柜台到那个柜台，买了这件又看那件，快到中午了仍没有离开的意思，李辉有些不耐烦了。当女友提出买一条纯金项链时，他终于承受不住了，生硬地说："你怎么见什么买什么，能赚多少钱啊？我又不是百万富翁！"这句话刚出口，顾客们都朝他们看，女友本来微笑的脸顿时变了样，生气地反驳道："怎么，我还没有花够钱呢，你急什么？我就要买，怎么着！你若怕花钱的话，咱们就此分手吧！"直把李辉顶得说不出话来，难堪极了。接着发怒的女友什么也不买了，气愤地头也不回就走了。使李辉不解的是，女友的性格本来很温顺，交往以来，从来没有发过这么大的火。可今天为什么她的火气这么大呢？很显然，是李辉忽略了场合因素，把其惯用的说话方式用到公众场合来，用生硬的口吻指责女友，刺伤了女友的自尊心，才引发女友为维护自己的面子而表现出了强硬态度。

所以，心直口快的人必须有意识地摆脱自己口语表达上的不良习惯，养成顾及场合、随境而言的良好表达习惯。在交际活动中，选择最恰当的方式说话，以使自己的谈吐既符合场合要求，又考虑到谈话对象的接受心理，最大限度地实现与交际对象的沟通。

一个人想获得良好的人际关系，时时处处受到人们的欢迎，就必须做到不同的场合说不同的话，否则不仅会影响到你的人际关系，可能更会给你的工作和生活带来不必要的麻烦。

8.恭敬谦逊，多说润滑关系的人情语

生活中，总有人掌握不好说话的分寸，不该说的话不分场合地说个没完，该说的话反倒惜语如金。例如，朋友帮了你一个忙，你却把这当小事，连句人情话也懒得说，结果惹得朋友不高兴。其实，类似一些感谢的话何妨多说几句，你不会损失什么，同时帮你忙的人也会觉得你比较有人情味，帮你这个忙值得，下次还会愿意帮你。

朋友也好、亲戚也好，帮个忙、送点礼是常有的事，人们做这些事的时候并不是想从你这里得到些什么好处，甚至于因为关系好会很乐意帮忙，他所要求的也并不是等额的回报。这时候，如果你总认为这是理所当然，没有一句表示感谢的话，人家怎么知道自己的好意是不是已被你接受？要知道，再要好的关系，既然受了别人的施予，就要做出及时、明确的表示，当然，一句恰到好处的人情话也就足够了。

梁超大学毕业后当了公务员，妻子是本地人，结婚的时候他们曾到妻子的伯父家做客，伯父伯母对这个一表人才的侄女婿很是欣赏。伯父是一家国企的老总，两人坐到一起很能谈得来，一来二去，夫妻俩去岳父岳母家去得少，反倒去伯父伯母家去得勤。

可是最近梁超发现伯父伯母的态度有了很大变化，对他们越来越冷淡，有时候他们说要去看二老甚至遭到拒绝，这使二人百思不得其解。后来还是岳母替他们解开了这个谜，伯父伯母家经济条件较好，经常接济他们，有别人送的好烟好酒以及单位里发的一些东西常让他们带回家。前段时间梁超曾提到想调到一个更有前途的部门，也是伯父通过关系帮他办成了。但是，就妻子这一边来说，可能觉得是自己的伯父这么亲的关系，就梁超这边来说，可能觉得这些对他们不过是举手之劳，因此，事前事后始终没说什么人情话。伯母有意无意地跟岳母提起，伯父为此很是生气，说他们没良心，不值得别人帮忙。二人一听连忙上府谢罪，才算挽回一点脸面。

在这里，梁超夫妻就是犯了不重视人情话的错误，想当然地认为自己心里的感激人家一定知道。所谓话不说不明，即使人家知道，天长日久，帮完了忙总也听不到你一句人情话，心里也会不舒服的。

鉴于此，我们在日常生活中就要刻意培养自己多说人情话的好习惯。

第一，经常使用日常生活中的见面语、感情语、致歉语、告别语、招呼语。早晨见面互问"早晨好"，平时见面互问"您好"。初次见面认识，可说"您好"、"很高兴和你认识"，分别时说"再见"、"请再来"、"欢迎您下次再来"。特定情况的告别可用"祝您晚安"、"祝您健康"、"祝您一路顺风"。有求于人说声"请"、"麻烦您"、"劳驾"、"请问"、"请帮助"。对方向您道谢或道歉时要说"别客气"、"不用谢"、"没什么"、"请不要放在心上"。

第二，养成对人用敬语、对己用谦语的习惯。一般称呼对方用"您"，对长者用"大爷"、"大妈"、"先生"，对少年儿童用"小朋友"、"小同学"，称呼别人的量词用"位——各位、诸位"，不要用"个"。对自己或自己一方的人可以用"个"。例如：对方问"几位？"自己答"×个人"。

第三，多用商量语气和祈求语气，少用命令语气。如"您请坐"、"希望您一定来"等。这样语词和气、文雅、谦逊，让人乐于接受。

第四，说话要考虑语言环境。即不同场合，不同情况，谈话人的不同身份，谈什么事情，需要用什么语气。例如，商业工作者出于工作和礼貌需要，见矮胖型的女顾客应说"长得丰满"，见瘦长体型的女顾客应说"长得苗条"。其实"丰满"和"苗条"是"肥胖"和"瘦长"的婉转说法，但前者易为别人接受。其次，要考虑不同的对象。在我国，人们相见习惯说"你吃饭了吗"、"你到哪里去"，有些国家不用这些话，甚至习惯地认为这样说不礼貌。因此见了外国人就不适宜问上述话语，可改变用"早安"、"晚安"、"你好"、"身体好吗"、"最近如何"等。

第五，注意说话的空间和时间。谈话人的身份各异，如果是长者、上级、师辈，谈话的距离太近和太远都是失礼的。男女之间谈话，距离则不宜太近。说话的时间过长、过多、中途停顿，都是不礼貌的。

总之，要根据时间、地点。对方的身份（年龄、性别、职业等）以及和自己的关系，多说并恰当地选择人情话和礼貌用语。

俗话说："礼多人不怪。"该说好话时就要说，甚至多说一些也无妨，没有人因为听到好话而产生反感。要想在人际交往中处处受欢迎，就要适时地用语言表现出自己的礼貌与修养。

9. 了解对方，赞美要真诚

你在办事时如果希望人们相信你是对的，并按照你的意见行事，那首先就要了解人们喜欢什么，并去投其所好，否则的话，你就会不可避免地遭遇失败。

人性总是喜赞扬而厌批评。抓住了人们的这一心理，什么事情都好解释；满足了人们的这一心理，什么事情都可办成。

会办事者善于抓住不同人的特点，区别对待，这就是通常所说的"投其所好"。

例一：有一位美国的老妇人向史蒂夫·哈维卖保险。她带来了一份全年的哈维主编的杂志《希尔的黄金定律》，滔滔不绝地谈她读杂志的感受，赞誉他"所从事的，是今天世界上任何人都比不上的最美好最高尚的工作"。她这番做了充分准备的谈话让主编兴奋了75分钟，直到访问的最后5分钟，老妇人才巧妙地介绍自己所推销的保险的长处。就这样，她谈成了5倍于预期的金额的保险业务。

例二：布拉格尔电气公司的布朗也用投其所好的办法，使一个拒他于千里之外的老太太，十分乐意地与他做成了一笔大生意，顺利完成了推销用电的任务。那天，布朗走到一家整洁的农舍前去叫门。户主布朗肯·布拉德老太太得知是电气公司的推销员之后，便"砰"的一声把门关闭了。布朗再次敲门，没有一点回应。经过一番调查，布朗又上门了，他说："布拉德太太，很对不起，打扰您了，我不是向您来推销用电的，只是要向您买一点鸡蛋。"老太太的态度这时比以前温和了许多。布朗接着说："您家的鸡长得真好，看它们的羽毛长得多漂亮。这些鸡大概是德国名种吧！能不能卖一些鸡蛋呢？"布拉德太太反问："您怎么知道是德国的鸡呢？"此时布朗十分清楚他的投其所好之计已初见成效了，于是更加诚恳而恭敬地说："我家也养了这种鸡，可像您所养的这么好的鸡，我还从来没见过呢！而且我家的鸡，只会生白蛋。您的邻居也都说只有您家的鸡蛋最好。夫人，您知道，做蛋糕得用好的蛋。我太太今天要做蛋糕，我只好跑到您这里来了……"老太太顿时眉开眼笑，欢迎布朗进屋谈谈。

进屋后，布朗发现这里有整套的奶酪设备，断定男主人定是养乳牛的，于是继续说："夫人，我敢打赌，您养鸡的钱一定比您先生养乳牛的钱赚得还多。"老太太心花怒放，乐得几乎要跳起来，因为她丈夫长期不肯承认这件事，而她则总想告诉大家，养鸡的收入更可观一些，可是没人感兴趣。布拉德太太马上把布朗当做知己，不厌其烦地带他参观鸡舍。布朗知道，他投其所好之计已达到预期的目的了，但他在参观时还是不时发出由衷的赞美。赞美声中，老太太介绍养鸡方面的经验，布朗听得很认真，他们变得很亲近，几乎无话不谈。赞美声中，老太太也向布朗请教了用电的好处。布朗针对养鸡场用电的好处详细地予以说明，老太太也听得很认真。两星期后，布朗收到了布拉德老太太的用电申请。

与人办事，有时用直来直去的方法，显然难以奏效。反之，若根据不同谈话对象的特点，将谈话向其感兴趣的方向稍微绕一下，往往可以曲径通幽、渐入佳境，最终达到预期的目的。

有一个周游世界的妇女，无论她走到哪个国家，都会立刻结识一大群朋友。一个青年问她其中的秘密，她说："我每到一个国家，就立刻着手学习这个国家的语言，并且只学一句，那就是'美极了'或者'漂亮'这句话，就因为我会用各种不同的语言表达这个意思，因此我的朋友遍天下。"

是的，"美极了"的确是一个绝妙的词，我们可以对任何一个人用上这个词，也可以用在一餐饭上，甚至一只猫、一只狗的身上。只要一个人的听觉没有失灵，当他听到这个词时，心情一定会快乐许多，所以不要吝啬你的赞美。

山的崇高、水的清澈、花的娇艳、月的皎洁，使人们心驰神往。能诗能文的人，总要挥笔赞美它们、歌颂它们，留下千古传诵的名篇。即使是普通人，在游山玩水时，在花前月下，也会发出感叹："这山真雄伟啊！今晚的月光多好啊！……"

别人身上可赞美的地方比自然界多上千倍万倍。有对历史起了推动作用的一流的科学家、艺术家；有叱咤风云的军事家、政治领袖；有勤勤恳恳为社会服务的人们……诸如此类，都值得一赞。即使没有特别技艺和才能的人，他们性格上也有或多或少的优点。有豪爽的人，有和蔼的人，有细心的人，有大方的人，总之，凡是值得一赞的特征，我们都不妨去赞美。

耶鲁大学著名教授莱昂经历过这样一件事：有一年夏天，天气非常闷热，他走进拥挤的餐馆去吃午饭。在服务员递菜单时，他说："今天那些在炉子旁烧菜的小伙子一定够受的了。"那位服务员吃惊地说："上这儿来的人不是抱怨食物不好，就是指责服务差劲。10 多年来，你是第一个对我们表示理解和赞扬的人。"这位教授后来说："人们所需要的，是一点作为人应享有的关怀。"

不要怕因赞美别人而降低自己的身价。相反，应当通过赞美，表示你对人的真诚。记住这一句话："给活着的人献上一朵玫瑰的价值，要比给死人献上一个大花圈的价值大得多。"生活中没有赞美是不可想象的。百老汇一位喜剧演员有一次做了个梦，梦见自己在一个座无虚席的剧院，给成千上万的观众表演，然而，没有赢得一丝掌声。他后来说："即使一个星期能赚上10万美元，这种无人喝彩的生活也如同下地狱一般。"

赞美并不是一件容易的事。有些人平时对一切都显出不屑一顾的样子，好像人世间根本不存在值得他赞美的事物。这种人缺乏真情实感，缺乏谦逊的品德。即使口中说出赞美之词，也像是一种虚伪的客套，甚至被人误认为是在讽刺。

当你赞美别人的时候，好像用火把照亮了别人的生活，使他的生活更加五彩斑斓；同时，火把也会照亮你的心田，使你在这种真诚的赞美中感到愉快和满足，并推动你对所赞美事物的向往，引导自己向这方面前进。当你向朋友说"我最佩服你遇事能够坚决果断，我能像你这样就好了"的时候，同时也会被朋友的美德所吸引，竭力使自己也能够坚强果断起来。妻子或丈夫如果学会多赞美对方，那就等于取得了最可靠的婚姻保险。

经常赞美别人的人，胸襟多半是开阔的，心境多半是快乐的，与人的关系多半是和谐的，而他个人的生活也多半是富有生命力的。

赞美还能有助于被赞美者不断地把自己的美德发扬下去。你赞美一个人的勇敢，就能使他加倍勇敢；你赞美一个人的勤劳，就能使他永不懈怠。多少人在热烈的掌声中，更加奋发；反之，多少人在责怪、怒骂声中消沉下去。

此外，赞美可以消除人与人之间彼此的怨恨。某地有一家历史悠久的药店，店主皮亚具有丰富的经营经验。正当他的事业蒸蒸日上时，离他不远的地方又新开了一家小店。皮亚对这位新来的对手十分不满，到处向人指责小店卖次药，毫无配方经验。小店主听了很气愤，想到法院去起诉。后来，一位律师劝他，不妨试试表示善意的方法。第二次，顾客们又向小店主述说皮亚的攻击时，小店主说："一定是误会了，皮亚是本地最好的药店主。他在任何时候都乐意给急诊病人配药。他这种对病人的关心给我们大家树立了一个极好的榜样。我们这个地方有很大的发展空间，我们做生意还有很大的潜力，我是以皮亚作为榜样的。"当皮亚听到这些话后，急不可耐地找到自己的年轻对手，还向他介绍自己的经验。就这样，怨恨消解了。

可见，赞美别人的功效多么巨大和神奇。

10. 成人之美，复杂人生的立足点

只要是好事，有益的事，我们就应该放手去做，别问它有什么好处来回报我们。这并不是在唱高调，人只有具备这样的情怀，才能聚合人气，才能有所成就，有所发展。

社会的复杂性决定了人生立足的艰难。人们以各种各样的身份同各种各样的人交往，难免会遇到各种各样的问题。这些问题能否解决，关键在于方法。如果在社会上遇到了这些事情，要么是你求别人帮你办事，要么是别人求你办事，你都要有一定的方法，不然就很难办成。

人在工作和生活中，都要去找人办一些事，同样，别人也可能找你办点事，人人都无法脱离这种责任。

无私的人正是看到这一点，并诚实而自觉地把自己融入别人的生活中，给别人以温暖和善意，同时也使自己快乐而充实。

自私的人正是无视这一点，无情、冷漠、贪婪地从别人那里为自己索取和争夺。这种人最后得到的并不是财富，而是优良品质的丧失，他的躯体和灵魂都已被自私所腐蚀了。

也许没有比帮助别人这一善举更能体现一个人宽广的胸怀和慷慨的气度了。不要小看对一个失意的人说一句温暖而贴心的话，对一个将倒的人轻轻扶一把，对一个无望的人赋予一个美好的希望的意义。对一个需要帮助的人来说，也许你的一句话就是醒悟，就是支持，就是宽慰。

对于一个身陷困境的穷人，几十元钱的帮助可能会使他干出一番事业，闯出自己富有的天下。

对于一个执迷不悟的浪子，一次促膝谈心可能会使他建立起做人的尊严和自信，或许在悬崖勒马后重新振作起来，找回一个全新的自我。

就是在平常的日子里，对一个正直的举动送去一道信赖的目光，这一道目光无形中可能就是正义的强大动力。对一种新颖的见解报以一阵赞同的掌声，这掌声无意中可能就是对朋友的巨大支持。

就是对一个陌生人很随意的一次帮忙，可能也会使那个陌生人突然悟出善良的难得和真诚的可贵。说不定当他看到有人遇到难处时，他会很快从自己曾经被帮助的回忆中汲取勇气和力量呢。

总之，在生活中大凡是好事情、好愿望，你伸出热情的手给予大力帮助，使之功成事就，总会有所报偿的。

我们对于好心人总是会发出这样由衷的祝福：好人有好报，好人一生平安。如果说这个世界有什么东西是永恒的，那就是人们对于真、善、美的追求。拥有这种品格的人才会真正生活得坦荡、充实快乐，他们那种无私、博大的爱会感染身边的每一个人，如果我们的生活中多一些这样的人，那么这个世界不就会变得更加美好吗？

11. 责人如责己，别用批评发泄心中的不快

在生活和工作中，批评和奖励一样必不可少，因为缺点每个人都有，只有认识到自己的缺点才有可能进步。自己认识不到就得靠别人来帮助，这就是批评的价值所在。所以，批评人让对方认识到批评的价值才不会使批评走向误区。

但是，在开展批评时，一定要讲究方式、方法，这里也有艺术性。否则难以达到预期效果。

那么，采取什么样的批评方式才会取得好的效果呢?

(1) 体谅对方的情绪，取得对方的信任

这是使批评达到预期效果的第一步。心直口快作为人的一种性格，在某些方面的确可体现出它的优点，但在批评他人时，却往往把事情搞糟。因为心直口快者往往不能体谅对方的情绪，只图一时"嘴快"，随口而出，说完就忘，而在被批评者的心理上却蒙上了一层挥不去的阴影，进而对批评者失去信任。所以当你在批评他人时，不妨学会从别人的角度来看问题，设身处地地站在对方的立场考虑一下，自己是否能接受得了这种批评。如果所批评的话自己听来都有些生硬，有些愤愤不平，那么就该检讨一下措辞方面有何要修改之处。

另外，也要考虑场合问题。不注意场合的批评，任何人都不会接受。

(2) 诚恳而友好的态度

批评是一个敏感的话题，哪怕是轻微的批评，都不会像赞扬那样使人感到舒畅，而且，批评对象总是用挑剔或敌对的态度来对待批评者。所以，如果批评者态度不诚恳，或居高临下，冷峻生硬，反而会引发矛盾，产生对立情绪，使批评陷入僵局。

因此，批评必须注意态度，诚恳而友好的态度就像润滑剂，往往能使摩擦减少，从而使批评达到预期效果。

(3) 只说眼前，不提过去

批评并不是回顾过去，而应该站在如何解决当前的问题、将来如何改进的立场上进行，最重要的是将来，而不是过去。

不追究过去，只将现在和将来纳入需要解决的问题，亦即不是责备已成的结果，而是对今后如何做有所"鼓励"，这样的批评才是理想、得当的。

(4) 只论此事，不谈其他

如果一次批评涉及许多事情，不仅使内容相互抵消，而且还可能把握不住重点，同时也容易使被批评的人意志消沉。

在现实生活中，尤其是面谈时，很容易出现这种情形，日常的工作场合说话的机会很少，所以便趁着面谈的机会把过去的一切全盘托出。对方因此会产生对抗的心理，为了有效地说服，应该尽量避免这样的情形出现。

（5）人员一对一，莫让他人听到

这是因为批评时若有他人在场，被批评者会有屈辱感，因此心生反感，只会找理由辩解，而无心自省，也就无法产生效果。因此，不到万不得已，尤其不要当众批评部下，除非是与自己有信赖关系的部下。

（6）别用批评来发泄心中的不快

所谓的"批评时不可加入感情"，意思是说责备别人时要公事公办，不要混杂私人的不快感情，而是进行冷静的批评。可是，批评是人的感情行为，不可能脱离感情，那种如同戴面具的批评是令人生厌和有违自然规律的。因此，如何正确地表现感情就成为批评重要的一环。换句话说，透过批评表现出自己的感情打动下属的心，才是有成效的批评。

要想真正打动下属的心，达到说服的效果，绝不能把自己表现得完美无缺，高高在上地批评对方。这样只是使批评的一方获得自我满足，毫无半点成效。而应该将对方的缺点和错误看成是自己的，抱着希望对方能发现自己的过失和错误并予以纠正的心情。

也就是说批评对方也等于批评自己。因此，作为能左右别人的上司，必须以责己之心来批评部下，否则就收不到真正的批评效果。

"责人如责己"，这一点不可忘记。

12. 打破常规，不走旧路子

有一则脑筋急转弯这么说："一个人要进屋子，但那扇门，怎么拉也拉不开，为什么？"回答是：因为那扇门是要推开来的。

像这样需要变通的情况，常常在我们的生活中出现。有时候，你会为某一个失败而懊悔，但是，如果你稍稍变通一下，就会是另一个结局。生活是多变的，事物也是多变的，在这个随时都在变化的世界中，你得学会随机应变。多多训练你的应变能力，你将受益无穷。

生活中，每个人都会做一些傻事。有时候，这些傻事会傻到让你吃惊的程度，但你又避免不了。其中的原因很简单，你的脑筋太直，不会转弯。

经验是我们的宝贵财富，我们常常以过去的成败来看将来的机会。如果你的过去特别艰难困苦，你大概得加倍努力，才可以看到将来的前途。

但是，经验也常常限制了我们的头脑，使我们看不到新东西，创造不出新方法。

人也是如此，如果你总是依赖经验，你就限制了自己。所以，要善于变通，敢于变换过去的做法。

你也许常抱怨生活平淡如水，但你却不知，正是这平淡中蕴藏了许多智慧。这些智慧不是书本中教给你的，而是生活实实在在教给你的。好好留心生活，你将会变得聪明。

我们对待人，对待事，往往习惯于用一些想当然的办法，但是，很多时候，这样的办法毫无效果。比如，批评人的时候，你多半会很严肃，言词尖锐、语调凝重，但受批评者可能一点都没把你的话听进去。在这样的情况下，你就得想办法，变通一下办事的方式，效果肯定就不一样了。

变通讲究灵活，它不从一个角度看问题，而是时常变换几个角度，以此找到合适的解决办法。

你早晨一起床，穿衣、刷牙、洗脸、吃早饭、上班或学习……在这一系列生活片断中，你一定会养成某些习惯，比如刷牙时，你常用一定的姿势，吃饭时你常坐某个位置，上班时，常走某条线路。习惯使你的生活有规律，可以使你少动脑筋，很自然地就完成一些事，习惯使你感到舒畅。

但是，习惯有一个很大的害处，就是使你总是在老路上走。这就像你看书时，把某一页纸折了个角，然后合上书。过一段时间，你重新打开书时，便会一下子翻到有折角的那页。我们的习惯就像那折角一样，会使我们重复过去的办事方式，而这在很多情况下是行不通的。

很多人会告诉你，做事要有恒心，要有韧劲，这没错。但是，很多时候，你会因此而固执己见，不知不觉中，一条道儿走到黑。事实上，坚持一个方向走到底是不太现实的，就像你开车，不可能总是方向不变，而是不时地调整方向。有时候，环境发生了很大的变化，你还不得不另辟新路，你注定会栽跟头。

同样的动作、语言、思维方式，会使我们的头脑产生一种定势。比如，有人问你："牛的头朝南，它的尾巴朝哪里?"你可能会脱口而出："朝北。"但合理的答案应该是"朝下。"又比如问你："三点水加一个'来'字念什么?"你依据经验回答："念'来'。"又问"三点水加一个'去'字呢?"你可能会回答："念'去'。"其实，你稍加思考，就会发现，三点水加一个"去"字，那分明是个"法"字嘛!

要摆脱这种思维定势，需要你发挥想象力。想象力是创造力的灵魂。有了它，你才会变化自如。

有个成语叫"曲径通幽"，意思是说，做事时可以用迂回的方式达到目的。生活中，有许多事，你强攻硬取往往会坏事，但如果用"旁敲侧击"的方法，却能收到极好的效果。

你也许是个循规蹈矩的人，做任何事喜欢参考别人的做法。你也许很害怕打破常规，不愿去做一些出格的事儿。这一点可能不会给你带来意外的麻烦，但也不会给你带来非凡的成功。不凡的成果常常是你突发奇想时获得的。

讲变通，是要让你不要死守老路，目的在于取得更高的效益，更好的结果。变通不是朝令夕改，不是故意寻求新奇，它只是让你更好地实现目标。

洛克菲勒有句名言："如果你想成功，你应辟出新路，而不要沿着过去成功的老路走……即使你们把我身上的衣服剥得精光，一个子儿也不剩，然后把我扔在撒哈拉沙漠的中心地带，但只要有两个条件——给我一点时间，并且让一支商队从我身边经过，那要不了多久，我就会成为一个新的亿万富翁。"

下篇：放弃那些让自己被动的说话办事方式

1. 切忌交浅言深

一位少年只身离家，要到外面打天下，临行前，他的父亲告诉他："多听少说常点头，逢人只说三分话，不可全抛一片心。"

这位父亲真是个尝过人生滋味的人，"多听少说常点头"，这句话真是一颗"金丹"。

事实上，这句话相当浅白，不用解释也懂，但为何要如此做，可不是人人都懂。以下就简单地一一说明。

"多听"，就是多听别人说，听别人的做事经验，听别人的人际恩怨，听别人话语透露出来的有关周围环境的讯息……你多听，别人就会因为你"多听"而多说，他说得越多，你知道得越多。

"少说"，多听自然就会少说。少说不但可以"导引"对方多说，还可以避免流露自己的内心秘密，更可以避免说错话，得罪别人。少说，你就成为一个冷静的旁观者，一切的一切，都在你的掌握之中。

"常点头"，这并不是要你做个没有主见的应声虫，而是避免在群体中成为别人眼里"不合时宜"的人。也就是说，听别人说话时，多点头，表示你的专注和附和，如果有不同意见，也要先点头再提出。无关紧要的事，不必坚持己见，多点头附和，并且配合。这样人人都会当你是好朋友，你就没有走不通的道路。

"多听少说常点头"的原理就在于顺着客观环境，避免突出自己，为的就是减少别人对你可能的伤害。

"多听少说常点头"这个原则适合于人一生中的任何一个阶段，同样适合处理每一阶段的人际关系。初出社会"多听少说常点头"是学习；中年时期，事业呈现往上的态势，"多听少说常点头"则可减少阻力；到了老年，事实上，老年人还有什么好说的呢？不如缄默养气，并且多"点头"，鼓励年轻人，否则就无法获得别人的敬重，成为人人讨厌的倔老头了。

和人交往，与人初次见面，或才见过几次面，就算你觉得这个人不错，而你也喜欢他，也不该把你的心一下子就掏出来。

"逢人只说三分话，不可全抛一片心"，意思是说，对还不了解的人，无论说话或做事，都要有所保留，不可一厢情愿。

告诉你不要一下子就把心掏出来，并不是教你做个虚伪、城府深的人；而是人性复杂，你若一下子就把心掏出来给对方，用心和他交往，那么就有可能"受伤"。

把心掏出来，这代表你的真诚和热情，但见你把心掏出来，他也把心掏出来的人不太多，而且也有掏"假心"的人。若这种人又别有居心，刚好利用了你的弱点，好比薄情郎对痴情女一般，那么你的日子就不好过了；而会玩手段的人，更可以因此把你玩弄于股掌之中。

也有一种人，你把心掏出来给他，他反而不会尊重你，把你看轻了。有些人就是有这种劣根性，你对他冷淡一些，他反而敬你又怕你。换句话说，对这种人来说，太容易得到的感情，他是不会去珍惜的，那么你的付出不是很不值得吗？至于你与他的关系，就不用想着什么发展了。

另外还有一种状况，你一下子就把心掏出来，如果对方是个谨慎的人，那样你反会吓着了他，因为他怀疑你这么坦诚是另有目的，如果是这样，你不仅弄巧成拙，也弄坏了有可能发展的关系。

此外，你把心掏给人家，结果没有得到相等的对待，那种被"抛弃"、"背叛"的感觉是很不好受的。

因此，与其把心一下子掏出来，不如慢慢观察对方，有了了解后再"交心"。你可以不虚伪，坦坦荡荡，但绝不可把感情放进去，要留些空间作为思考、缓冲——不掺杂感情因素，那么一切就好办了。

不要把心一下子就掏出来，这和修养、道德无关，而是顾虑到现实人性的特点。

2. 避免说话不过脑子

　　说话不仅要根据条件的不同而采取不同的表达方式，也要根据前后话语的联系而恰当地选择语言。

　　几位年轻的员工去慰问一位退休老工人，见面以后问道："您老身子骨真够硬朗，今年高寿啊？"老工人回答说："77 岁啦。""人生七十古来稀，厂里数您最长寿吧？""哪里，××活到了 82 岁呢！""那您老也称得上长寿冠军啊。""不过，××去年驾鹤西行了。""唷，这回可轮到您了。"谈兴正浓的老工人听到这句话，脸色陡变，毛病就出在"这回可轮到您了"这句话上。前面老人刚说完老同事逝世的事，他们却接下去说"轮到您"，这不就使老人产生误会了吗？如果这几位年轻员工能控制好前后话语，把话说成"这回长寿冠军可轮到您了"，也就不会出现不快了。

　　讲究说话的艺术对于迅速有效地传递信息，营造良好的气氛有着不可忽视的重要作用。如果只贪图自己一时的痛快而无所顾忌地说了不该说的话，则只会给自己制造出一些不必要的麻烦。

　　我们在生活中，应该根据不同的情况说不同的话。大家知道，一言可以兴邦，一言可以乱邦，所以老于世故的人，总是精于此道，可以不开口的，就情愿学金人之三缄其口，实行其"庸人之谨"。比如他的隐私唯恐人知，你说话时偏在无意中说出他的隐私，基于言者无心，听者有意的道理，他会认为你是有意揭露他的隐私，恨你入骨。所以，揭人隐私是说话的第一忌。

　　他做的事，别有用心，他对自己的"用心"，极力掩饰不让人知，如果被你知道了，必然对他非常不利。你如与他向来熟悉，对他的"用心"知之甚深，他虽不能断定你一定明白，然而终究会对你感到十分疑惑与妒忌。你处于这种困难境地，绝不可对他表明绝不泄密，那你将如何自处呢？你唯一的办法，只有假装耳聋，若无其事。自作聪明是说话的第二忌。

他有阴谋诡计，你却参与其事，代为决策，帮他执行。从好的方面说，你是他的心腹；从不好的方面说，你是他的心腹之患。你虽谨慎地保守秘密，从来不提及这件事，不料另有智者猜中此事，对外宣告，那么你无法逃掉泄密的嫌疑。这种情况下你只有经常接近他，表示自己绝无二心，同时设法侦察泄露这个秘密的人。为阴谋献策是说话的第三忌。

万一对方对你不太了解，不十分信任，你却极力讨好他，对他说极深切的话，假使他采用你的建议，然而试行的结果并不好，一定疑心你有意捉弄他，使他上当。即使试行结果很好，他对你也未必会增加好感，认为你只是偶然看到，实行又不是你的力量，怎可算你的功劳，所以这个时候还是不说话为好。急于献策是说话的第四忌。

他犯有错误被你知道，你便直言进谏。他本来就已觉得愧疚，唯恐旁人知情。你去揭破，他自然更觉惭愧，由惭愧而愤恨，由愤恨进而与你发生冲突，你不是凭空多了一个冤家？所以，即使告之，也应以婉转为宜。直言进谏是说话的第五忌。

假如你为你的上司出谋划策而使事情大功告成，他则必会深恐好名声被你抢去，内心惴惴不安。你知道了这种情形，就应该到处宣扬，逢人便说，极力表示这是上司的善谋，这是上司的远见，一点也不要透露你曾经出了什么力。与上司争功是说话的第六忌。

我们在与人相处的过程中，说话是最关键的。在社交场合中说话，"嘴上一定得留个把门的"。说话之前一定要学会过过脑子，慎重考虑好了再说，不该说的话一定不要乱说。

3. 对市侩小人不能缺少城府

俗话说："害人之心不可有，防人之心不可无。"生活中的市侩小人随处可见，他们对权势钱财看得特别重，谁有权有势就巴结逢迎谁，看到腰缠万贯的人更是趋之若鹜，这种人不问是非曲直，吃吃喝喝就能混在一起。他们以"朋友"的面目出现,追求实利。对于这类小人,我们一定要擦亮眼睛,努力识别防备并尽量远离他们。

日常生活中,我们也会遇到这样的情况,当取得成绩有了荣誉之后,总有人殷勤地表示友好,而遇到挫折和困难时,这些人则躲得远远的。有的人对那些于自己有用的"朋友",就千方百计地加以笼络,对暂时用不上而将来有所求的"朋友",则敷衍了事、若即若离地维持;对曾经有用、今后不再用的"朋友",则置之脑后不予理睬;对那些过去有恩于自己、后来陷于困境需要他帮助的朋友,则忘恩负义,甚至趁火打劫,落井下石。

这种势利小人,之所以与你交往,看重的是你的权力、财富、美色,而一旦你失势、破财、人老珠黄,他就会弃你而去。与这种人实无友爱可谈。居里夫人说过这样一句名言:"一个人不应该与被财富毁了的人来往。"并警告我们不要交酒肉朋友、势利朋友,不要与势利之徒搞在一起,成为所谓的合作者。

对待散布谣言的人应谨言慎行。

在任何社交场合,热衷于散布谣言的人都不会受欢迎。习惯上,大家把这种喜欢搬弄是非、传播谣言的人称为"扩音器"。

人们对这种人,通常有两种态度。一是可以利用他们的嘴巴传播某些事情,在他们尚未知觉时就把他们当做有效的工具。二是担心他们胡说八道、惑乱人心,因而不会在他们面前讲什么知心话,特别是一些很需要保密的心里话。

当某位"朋友"因忌妒你的才华或是其他什么原因要造成你和朋友之间的隔阂,往往是利用"扩音器"来使用反间计。他会做出一副真心为你的样子向你转述不知从哪里听来的朋友对你的诸多不满。你一听定会非常气愤,想起自己平时待他不薄,立刻会做出言语上的反应。你的做法恰恰落入了对方的圈套,因为他可以拿着你气愤时所说的反击语向那个朋友转述。如此一来,你和那个朋友便成为真正的仇敌了,而在中间散播谣言的人则会抱着隔岸观火的态度,看你的笑话。对于这种势利小人,一定要心有戒备。切记防人之心不可无!

在生活中随时都可能遇见市侩小人,明智的做法就是:不要与他们起正面的冲突,能避则避开。因为你根本不值得把太多的精力浪费在一些毫无意义的事上。一旦把握不好自己的行为尺度，得罪了小人，他就会想方设法来算计你，破坏你的正事，分散你的精力，使你不能安心于工作、学习和生活。

"宁得罪君子，不得罪小人"可谓是待人处世中与小人打交道的至理名言。

4. 如果趋出原则的底线绝不能忍让

在与人交往时，我们要学会隐忍，忍是中华民族传统美德之一。勤劳、质朴、吃苦、耐劳这种精神任何时代都应提倡和发扬。忍对他人来说是尊重，对自我则是一种约束和克制，有忍耐力的人实际上是有修养、有自制力、有知识的人。但是"忍"也要有一个度，我们不能没有原则地忍让。一个人如果不敢坚持原则，以牺牲根本的东西来换取一时的风平浪静，那么这样的人就只能是人们眼中的"窝囊废"，是软弱、无能的代名词，为人们所唾弃。

不敢坚持原则的人主要原因是不敢付出代价，以原则做交易，以牺牲原则来保住自己看重的那一点点其实价值不大的东西。坚持原则虽然有时可能会得罪别人，但却能保住自己的根本利益，在众人眼中树立起一个敢于维护原则的好形象，有利于工作和个人的长久发展。所以，千万不能一味地忍让，不能丢掉忍耐的最后极限。

人是应该看重原则的，虽然有时候出于一些不得已的原因，一些小的、非原则的事情可以不放在心上，但当根本原则受到侵犯时，就不能再无动于衷、麻木不仁了。

我们知道，量与质是对立统一的，质的变化是由量变引起的，事物的性质在一定的范围之内，不会出现根本性的变化。而一旦超出了这个度，事物的性质便会出现新的特点，正如水在 100 摄氏度之内仍然是液体，可一旦达到沸点便变成了气体一样。在对待忍的问题上，也有一个度。

为了帮助你掌握好忍的度，我们提供了以下几个大概的原则供你参考：

第一，不能忍无止境。

也就是说，你对同一对象的忍，可以一次、两次，但绝不可一再退让。对待这种人，在经过几次忍让之后，看清了其真面目，则不应再忍下去，可以适当地反击对方，给对方一点颜色看看。

第二，当对方的欲望膨胀到一定程度时，必须予以坚决反抗。

有时对方的一些过分之举在你看来是区区小事，不必放在心上的，但对方可能会认为你软弱可欺，因而得寸进尺，触及一个人做人做事的原则底线，这时你就不能一味忍让。否则的话，你就是没有原则之人了，也更加助长了对方的气焰，使其恶性膨胀。因此，每当遇到这种情况，你应该坚持自己的原则，予以坚决反抗。

第三，当恶棍在光天化日之下大行其恶时，不能忍让。

忍无可忍的情况有时也会出现在一些公共场合。有些人认为别人不认识自己，而且以后彼此间很难相遇，因而处于一种相对匿名者的状态中。这种场合往往使人在一定程度上淡化了责任感，也会不同程度地丧失自己的良知，因而发生和做出一些过分的行为。例如，在火车上、在公园里、在公共汽车里等。在这种公共场合，有些老实人常常抱着一种尽量少惹麻烦的心理，对于一些过分的、带有攻击性的行为持"忍"的态度。这种息事宁人的态度，有时不但不能使大事化小，小事化了，而且还可能助长了对方的气势，使其更加咄咄逼人。因此，对待这种情况下的恶人，必须以硬对硬，以毒攻毒，反正他也不知道你的底细，只要有把握，就可以坚决反击对方。这样一方是咄咄逼人，另一方却又是息事宁人，很容易造成一种有利于某些人不断膨胀其侵犯心理的环境和条件。但是，也恰恰是在这种情况下，由于有些人肆无忌惮地一意孤行，也很容易把人们逼到一种忍无可忍的地步，进而做出奋起还击的行为。

要保持自己的气度，把自己的刀剑插入刀鞘，但需要自卫时要毫不犹豫地拔出来。既然你已经躲不过去了，不如趁早解决的好。千万不要再一味地忍让下去了。

我们在人际关系中需要把握好"忍"这个度。在一些无关紧要的、不涉及原则的小事上当忍则忍。但一旦触及我们做人做事的原则，其至超过了原则的底线，我们就一定不能再忍下去，否则不仅助长了某些人的嚣张气焰，更丧失了我们的做人原则，这一点务必希望大家保持高度的警惕。

5. 办不到的事别硬撑

我们在生活中经常会遇到亲友或上司找我们帮忙办某事，这个时候请你一定不要不假思索地满口答应。就算碍于情面也要让自己冷静一下，大脑快速地考虑几分钟，掂量一下自己是否能办得到、办得好。把自己的能力与事情的难易程度以及客观条件是否具备结合起来统筹考虑，然后再作决定。

许多事并不是你想做就能做到的。有时受各种条件、能力的限制，一些事是很可能完不成的。因此当朋友提出托你办事的要求时，你首先得考虑，这事你是否有能力办成，如果办不成，你就得老老实实地说，我不行。这时，如果拉不下脸来，随便夸下海口或碍于情面不好意思拒绝都是非常有害的。我们知道，言而有信是做朋友的信条，也是友谊的基础。明明办不成的事却承诺下来，到时候不仅令人失望，还可能耽误朋友的事情。因为如果你办不成，他可能找别人办或另想其他的法子，但你答应了却没有办成，这样做，就会伤了情义。这就是平常所讲的"死要面子活受罪"。

如果为了一时的情面接受自己根本无法做到或无法做好的事情，一旦失败了，同事、亲友、上司就不会考虑到你当初的热忱，只会以这次失败的结果来评价你。

某教师刚刚师范毕业被分到某中学工作，正赶上市教委要求该校抽调人员对全市的中学实地考察，并写出调查报告。因这位年轻教师还没有安排授课，因此就选中了他。起初，他感觉为难，自己刚刚走出校门，不仅对本市教学情况不熟悉，就是对教育工作本身，又能知道多少呢？本不想参加，无奈校长已经开口，实在不好拒绝，只好勉强服从。

　　一个半月过去了，别人都按分工交了调查报告，唯有他一个，由于不谙世故，又缺乏经验，对自己分工调查的三个中学连情况都没摸准，更不用说分析了。市教委主任很恼火，责备校长，怎么推荐这么一个人。某教师面子受不了，又是气又是羞愧，最后只好以辞职来解脱自己。

　　这位教师由于当初不好意思拒绝，最终面子难保，身心都受到了伤害。这对他是个值得吸取的教训。

　　如果你认为这是上级交给你的事不好拒绝，或者害怕因拒绝会引起上司不高兴而接受下来，那么，此后你的处境就会更艰难。所以，无论做什么，都要量力而行，自己感到难以做到的事，要勇敢地鼓起勇气，很巧妙地告诉上司，这已经超出了你的能力范围，既不让上司觉得你缺少能力，也别让自己硬接下来，若到时完不成更加损害自己在上司心中的地位和价值。

　　在这个世界上，我们毕竟与他人有着千丝万缕的联系。做自己的事情时，有时会涉及别人的利益。因此，我们在人际交往的过程中，必须全盘衡量，把握分寸，协调好各方面的利害关系。

　　有些事情，不该做时就不能做，一旦做了，可能就违情、违理、违法，使自己或别人遭受名誉、经济或地位的损害。当有人托你办风险很大的事时，你也绝不能贪图一时之利，而不负责任地答应他、纵容他，一定要慎重考虑可能引起的后果。如果有人想整治别人，编造假的事实，求你出面作伪证，或者有人想让你同他一起干违法乱纪的勾当，如果你不想与其同流合污，就应有勇气拒绝这类对自己不利的要求。

　　另外，有人请你代其完成工作时，如你的同事把自己分内的工作往你身上推，此类情况，都应拒绝。因为，形形色色的人们在社会舞台上都扮演了不同的角色，每一个人都有自己的责任和义务。既然承担了某种社会责任或契约，就应该践约。

　　的确，拒绝别人的要求是件不容易的事，大家都有体会。而当别人央求你，你又不得不拒绝时，更是叫人左右为难，因为每个人都有自尊心，希望得到别人的重视，同时也不希望别人不愉快，因而，也就难以说出拒绝的话了。

　　不过，当你经过深思熟虑，知道答应对方的要求将会给你或他带来伤害时，那么，就应该拒绝，而不要为了面子问题，做出违心的事来，结果对双方都无好处。

　　人际交往中，遇到那些办也不是不办也不是的为难之事时，聪明人的做法是多一事不如少一事，推一推、拖一拖，把事儿推掉、"拖黄"。虽然有时也会惹人不高兴，但于己却不会有太大损失。

　　我们每个人的能力毕竟是有限的，当有人找我们办某件事时，如果超出了自己的能力之外，就要果断地予以拒绝，否则其结果只能是害人害己。

 # 6. 拆掉沟通时的 "架子"

　　现实生活中，常有一些人，在与他人交往时总喜欢摆出一种高高在上、令人难以接近的姿态，与他人保持着相当的情感上的距离，也就是所谓的"架子"。"架子"这东西，最好不要放在心里，更不要把它当成"脸谱"，尤其是在与人建立友好关系时，因为它最容易使人产生反感情绪，造成不够良好的人际关系。它最能阻碍你与他人之间的成功交往。对于一些人来说，平心而论，他们并不想摆出架子，只是一种心理的惯性使然。如果这种心理惯性已经影响到与他人之间的关系，那就必须毫不犹豫地把它当成枷锁一样砸烂。

　　一个调查表明，不愿被接近的人中，有三分之一的人"架子大"；百分之七十的人认为，双方关系不融洽的主要责任在对方，这很能说明一些问题。刚进入一个新的人际场，较为容易引起别人注意，大家会在暗中观察、分析他。例如，他的能力如何，他的思想修养怎样，他的言谈举止是否恰当，他怎样处理与他人的关系。对自己缺乏自信的人，会因此而形成一种心理上的压力，认为别人不尊重自己，于是，当他不知如何调整自己的心理距离时，往往就在行为上来一个反抗——表面化的威严，这在别人眼里可能就是"架子"。另一方面如果过多考虑自己如何如何，忽略了与大家感情上的沟通，都会使人认为你摆架子。给人的印象，以及在人情绪上造成的影响都是很不好的。有自尊心的人会尽量避免与你接触。所以，千万不能忽视这看起来不甚重要的行为，放下架子，不仅能赢得建立关系时的畅通无阻，更重要的是能获得思想感情上的相通和互相信任与尊重。

王某办一个手续，连跑了几个地方，不知为什么，总是解决不了问题。有人说要送礼，他不懂送礼也不愿送礼，只有愤愤然骂上两句，自己苦恼不堪。

朋友了解此事后，指点他去直接找某主任。可他到办公室却扑了个空，追到家里也没人——还被势利的保姆"损"了几句。他顿时火起，却又"好男不跟女斗"，只得裹着满腹懊恼回到家，发誓再也不去找人办事儿了。

朋友知晓后，哈哈大笑，说："你呀，就这么不济事！在外边办事情哪有这么容易的！现在，我做什么事情都没有架子了！"

一席话深深地触动了王某。第二天，他又去找某主任。虽然没带任何礼物，但结果却是出人意料地顺利，主任只照例问了一些问题便为他办了手续，烟都未抽一支。

初涉世事的年轻人，往往"脸皮薄"，放不下"清高"的架子，自然也就不能为社会所接纳，不能与环境相适应，自然也就难以真正迈出走向社会的第一步。

说话办事，放下自己的架子，将使我们更易被他人理解，也更易被他人接受。

 # 7. 杜绝不给别人说话机会的毛病

大多数人，为了让别人同意他自己的观点，把话说得太多了。尤其是推销员，常犯这种划不来的错误。尽量让对方说话吧，他对自己的事业和他的问题了解得比你多。所以向他提出问题吧，让他告诉你几件事。

当他有许多话急着说出来的时候，即使你试图打断他，他也不会理你

的。因此你要耐心地听着，抱着一种开放的心胸。要做到诚恳，让他充分
地说出他的看法。

每个人都重视自己，喜欢谈论自己，即使你的好朋友也一样，他们可
不愿听你唠唠叨叨地在那儿自吹自擂。

法国一位哲学家曾说过："如果你想树立敌人，只要处处压过他、超
越他就行了。但是，如果你想得到朋友，你就必须让朋友超越你。"

这是什么道理呢？当朋友优于我们、超越我们时，可以给他们一种优
越感。但是当我们处在压过他们、凌驾他们之上时，就会使他们产生自卑
而导致嫉妒与不悦。

所以让我们谦虚地对待周围的人、事、物。鼓励别人畅谈他们的成
就，自己不要喋喋不休地自吹自擂。每个人都有相同的需求，都希望别人
重视自己、关心自己，为什么不肯牺牲一点点，让别人得到愉快的感
受呢？

所以如果你希望别人的看法与你一致，达到说服的目的，别忘了给他
人说话的机会，使之能畅所欲言，让他们充分地表达出自己的心声。

 ## 8. 消除强迫别人的怪癖

任何人都不喜欢被强迫着去做事或者接受他人的意见，都喜欢按自己
的心愿去做。同时，人们都喜欢有人来征求自己的意见、愿望和想法。

韦森是一家服装图样设计公司的推销员，他几乎每星期都去找纽约某
位著名的设计师，这样已经有 3 年的时间了。每次这位设计师都不拒绝见
韦森，而且还总是把韦森带去的图案仔细看一遍，但就是不买。

经过了 150 次的失败后，韦森觉得自己必是过于墨守成规。所以他决
定每星期利用一个晚上的时间，去研究一下人际关系的法则，以帮助自己
获得一些新的思想，产生新的热情。

不久，他决定采用另一种方法。他拿了几张那些设计师们尚未完成的

图样，走进那位买主的办公室。这次，他并没有像往常那样请求买主购买这些图案，而是请求设计师提出自己的意见，然后拿回去把它完成。设计师把草图留了下来，让韦森三天后去找他。

三天后，韦森又去他那里，听了建议后，把图样拿回去，按照那位买主的意思画完。这笔交易结果如何？不用说，这位买主完全接受了。

那是 9 个月以前的事，自从那笔生意完成后，这位买主又订了 10 张图样，都完全是照着他的意思画的，韦森就这样赚了 1600 多元的佣金。

韦森过去失败的原因——总是强迫设计师买他认为对方需要的图样。可是现在韦森所做的，跟过去完全不一样了。韦森请设计师提出他自己的意见，使设计师觉得那些图样是自己设计的。现在韦森不用要求他买，他自己也会来向韦森买。

长岛有一位汽车经销商，用了同样的方法把一辆旧汽车卖给了一对苏格兰夫妇。过去这位汽车经销商，把汽车一辆又一辆地给那对苏格兰夫妇看，但他们总是认为有问题，不是嫌这辆不合适，就是嫌那辆什么地方有了损坏，再不就是价钱太高。

同事建议别强迫那种意志不定的人买他的汽车，要让他自己来买，也不必建议他买哪一种牌子的汽车。总之，要让顾客觉得这是他自己的意愿。

几天后，有一位顾客想把他的旧汽车换一辆新的，那位汽车商就想到了那个苏格兰人，也许他喜欢这辆旧式的汽车。于是他打了个电话给那个苏格兰人，说是有个问题想请教他。

那位苏格兰人接到他的电话后，马上就来了。汽车商请他帮忙评估一下车子的价格。

那位苏格兰人听到这些话后，满面笑容，终于有人来请教他了。驾着这部车子兜了一圈，回来后他建议商人以某个价格元买进这辆车子。

于是汽车商问他愿不愿意以这样的价格购买这辆车。他当然愿意，因为这是他的意思、他的估价。所以这笔生意立刻就成交了。

人与人之间的理解，一向是人际沟通当中最重要也是最容易被忽略的关键。每个人都有自己既定的立场，也因此而习惯于执著在自己的领域当中，却忘了别人也和自己一样，有着他固执的一面。

9. 改掉优柔寡断的缺点

纵观许多成功人士，他们的一个共同特点就是能够果断地处理一切事情，因为成功人士深刻地意识到优柔寡断的个性只会带来灾难性的后果。那些遇事总是摇摆不定，犹豫不决的人一定是个性软弱、没有主见的人，他们最终的结果就是一事无成。

机不可失，时不再来，这是一个浅显而深刻的道理。但生活中总有一些人做事前要么是犹犹豫豫，无法决断，要么就一定要去和他人商量。这种主意不定、意志不坚的人，自己都不相信自己，更不会成就一番事业了。

有些人的优柔寡断简直到了没有主观见解的地步，他们不敢决定任何事情，更不敢承担风险。而他们之所以这样，是因为他们不知道事情的结果会怎样——究竟是好还是坏，是凶还是吉。他们常常对自己的决断产生怀疑，不敢相信他们自己能解决重要的事情。因为犹豫不决，很多人使自己美好的愿望陷于破灭。

有这样一位女士，当她要买一样东西的时候，她一定要把全城所有的商场都跑遍，从一个柜台跑到另一个柜台。

她要买一套保暖的衣帽，不喜欢穿戴得太笨重，又不喜欢过分暖和。她要买一件衣物，既便于夏天，又便于冬天；既适用于高山，又适用于海滨；不仅可用于正规场所，又可用于休闲。心中带着这种不现实的苛求，还能从哪里买到这样的东西呢？万一碰巧她买到了这样一件衣物，她心中还是怀疑所买的东西是否真的不错，是否要带回去询问他人的意见，然后再回店中调换。无论买哪一样东西，她总要调换两三次，最后还是感到不满意，抱怨货物不是这里不好就是那里不好，但就是不认为自己太挑剔。

曾经有一位担任著名公司要职的女士，一直以来她工作很投入、很卖力，成绩突出，因此深受上级的赏识，不断地被提拔并被委以新的重任。上任伊始，她就面临着许多重要的工作，有些是自己没有经历过的，但她不畏惧，非常努力地工作着。她什么事都亲历亲为，唯恐事情办不好。

即使这样，有些需要即刻作出处理的问题在她案头仍然堆积成山，这倒并不是因为她办事效率低，而是有些问题她拿不定主意，便希望放一段时间，等事态更明朗一些再作决定。

所以，许多需要十万火急解决的问题就飞快地在她的案头沉淀起来，老板和同事看待她的工作时，眼中都有了异色。大家对她的评价，也逐渐由赞扬、欣赏转为了办事拖沓、优柔寡断。她为此受到困扰和痛苦，夜不能寐，烦躁不安，工作效率也开始下降，这种情况更加重了她的担心和恐惧，当面对未决问题时，她更加感到难以自控。

令她觉得心理上不平衡的是，她办事的出发点是想再等等看，观察事情有何变化再作决定，没想到，大家的评价竟是"优柔寡断"。

她承认她从不担心会把事情搞糟，但是，有时候她也会担心没有把事情做得更好。

一旦发觉自己某方面的工作有可能做得不尽如人意，则焦虑不安，犹豫不决，久而久之，"前怕狼后怕虎"的状态出现了，用完了创业初期那种"初生牛犊不怕虎"的气概，事业走下坡路的苗头出现，焦虑症状产生了，各种躯体的症状也随之表现出来，一连串的生理、心理疾病就不免产生了。

这位女士想等事态变得更明朗时再作决策，以避免做出错误的决策，原本有一定道理，但在瞬息万变的现代社会，机会是稍纵即逝的，所谓"机不可失，时不再来"就是这个道理，而她在等待与拖延中极有可能白白错过机会。何况，公司的工作有一定的流程与安排，她的这种解决问题的办法的确会产生危机。

行事果断，是在克服优柔寡断的过程中不断增强的。人有发达的大脑，行动具有目的性、计划性，但过多的事前考虑，往往使人们犹豫不决，陷入优柔寡断的境地。许多人在做一件事时，常常感到这样做也有不妥，那样做也有困难，无休止地纠缠于细节问题，在诸条选择中徘徊犹豫，陷入束手无策和茫然不知所措的境地，这就是事前思虑过多的缘故。

大事情是需要深思熟虑的，然而生活中真正称得上大事的并不多。况且，任何事情，总不能等到形势完全明朗时才作决定。事前多想固然重要，但"多谋"还要"善断"，要放弃在事前追求万全之策的想法。实际上，事前追求百分之百的把握，结果却常常是一个真正有把握的办法也拿不出来。果断的人做任何事情都绝不犹犹豫豫，他们会大刀阔斧地去做，然后再根据变化了的情况适时调整自己的行为。

尼古拉斯在对圣彼得堡和莫斯科之间的铁路线进行初次勘测时意识到，那些对此次任务信心不足的官员，其原因多数是出于对自身利益的考虑而不是对技术问题的担心。于是他决定快刀斩乱麻，以大刀阔斧的做法来解决这一复杂问题。当部长把铁路路线勘察的地图摆在他的面前，试图解释铁路的铺设方案时，他拿出了一把尺子，在起点和终点之间画了一条直线，然后用不容辩驳的语气斩钉截铁地宣布："你们必须这样铺设铁路！"于是，路线就这样确定了。

行事果断的确让人受惠无穷。也许一开始，你做的事情不免有错误，但是你从中得到的经验和益处，足以补偿你因错误而蒙受的损失。而且更为重要的是，你在关键时刻放开手脚去做，会赢得他人的信任。拿破仑在紧急情况下总是立即抓住自己认为最明智的做法，而牺牲其他所有可能的计划和目标，因为他从不允许其他的计划和目标来不断地扰乱自己的思维和行动。这是一种有效的方法，充分体现了勇敢决断的力量。换句话说，也就是要立即选择最明智的做法和计划，而放弃其他所有可能的行动方案。

优柔寡断的人遇事总是徘徊在取舍之间，无法定夺，这样不仅白白浪费了许多精力和时间，而且还会坐失良机。人生很多时候，只有及时抓住机遇，大刀阔斧地去做，才能取得成功。优柔寡断的做事方式到头来只能害人害己，一事无成。

10. 谎言使自己的信用打折

真话与假话是相对立的，它会导致与人交往的两个不同结果，想要获得众人的信任，铸就自己的信誉，必须靠讲真话来赢得。真话假话表面看来是说话方式的选择，实际代表的是两种不同的处世态度。假话纵然能蒙蔽一时，但最终必将真相大白，说假话者只能处于一种窘迫的境地。

说真话，即用真挚诚恳的语言去打动对方的一种语言表达方式。这里的"真"不仅仅只是"真实"的意思，更重要的还在于要有"真情"。

笃诚和真情是说真话时尤需注意的要素，以真实为基础，以真情动人、以真情感人，才能达到说服对方的目的。

人是有情感的高级动物，情感是人的心理过程的重要组成部分，它是人对他人和外物是否符合自己的需要所产生的内心体验。这种内心体验具有情境性和直接性，情感的产生需要外界的刺激。在人际交往之中，饱含真情实感的言语是唤起情感的一种最具神力的武器。运用真情的言语策略，可以顺利促使双方产生情感共鸣，融洽关系，形成良好的交际氛围；可以较快地促使双方强化相应的感性认识，形成并巩固某种态度倾向和观念信仰；可以有力地推动人们将某种行为动机付诸实施，并为成功积极奋斗。

而另有些人不管什么情况都以说谎来解决，这种人可说是心态上已经有了病症。但是，不论任何时候，一旦有了骗人的想法，就会一发不可收拾地继续下去，因为"谎言就像是滚雪球一样，愈滚愈大"。

一些人企图以谎话连篇取得别人的信任，而且大多数人也都以为说谎没什么大不了的。虽然几乎没有人是真正地绝对诚实，但朋友之间切记不可互相欺骗。

我们常听人家说"出家人不打诳语"，由此可以知道说谎是清修得道的障碍。

虽然每个人或多或少都说过谎话，而且要自诩做到绝不说谎，也的确不是件容易的事，然而，不管怎么说，朋友交往的时候还是要努力由内心做到不说谎。因为朋友相交最重要的前提，还是要抓住对方的心。因此，朋友之间绝对不容许有背信的行为。

当你对某一个人说谎的时候，第三者正在冷眼旁观地看这件事，或许就因此产生了绝望的心情。因此，你虽然只是欺骗了一个人，但感到你不诚实的人却可能包括其他人。你只要有欺骗的行为，人格就会遭到质疑，而且会迅速地散布到你周围的其他朋友。朋友是你费了好大的力气才得到的资产，却因为说谎而轻易地毁弃掉，岂不是大错特错了吗？

有些人非常喜欢说大话，也常对别人大吹大擂地宣称某位社会名流是他的好朋友。当别人前来拜托他帮忙拉关系的时候，他又要制造出其他的谎言来自圆其说，结果却是一点忙也帮不上。这种人纵然是费尽心思拓展自己的人际关系，但所能得到的成效却十分有限。

有时你说假话即使并没有直接伤害到他人，却已经破坏了自己的信用。所以尽管生活中谎言不可避免，但有损于自己信誉的谎言还是少说、不说为好。

第三章

说话办事细节的把握标准

表达能力往往不在于你是否能口若悬河、滔滔不绝，在特定环境下，更在于对细节的把握，从细节入手提高语言表达的水平，可以让你成为一个说话的高手。

上篇：在说话的环节上展示自我素养

1. 给人留下良好的第一印象

我们每个人要想在社会上立足，就不可避免地要去求人。穷人就不用说了，而富人再富，也有一时钱紧的时候，权势再大也有求人办事的时候，连封建王朝的皇帝也在所难免。因此，无论社会的发展有多么快，人必求人已经是一个不争的事实。

在我们这个社会上，容易办成事的人，往往都是那些能给对方留下好印象的人，只有给别人留下了良好的印象，对方才会接受你、认同你，你才能顺利地进入对方的世界，轻松自如地与对方周旋和交往，从而把自己的事情办成和办好，而这一切的获得在很大程度上与你的个人形象有关。

俗话说："人靠衣装，佛靠金装。"讲究仪表是求人前的必要准备。一个人的仪表是给对方留下好印象的基本要素之一。试想，一个衣冠不整、邋邋遢遢的人和一个装束典雅、整洁利落的人在其他条件差不多的情况下，同去求一个人，恐怕前者很可能受到冷落，而后者更容易得到善待，特别是当相求的对象是陌生人时。因此怎样给别人留下一个美好的第一印象就显得尤为重要。

有一个求人办事的乡下人，穿着普普通通的衣裳没能走进一个大机关的大门，因为那门卫一见他的穿戴就把他拦住了。他于是返身出来，到一个朋友家里换上一身西装革履，然后大摇大摆地走进了那个大机关的大门。有人曾经告诫他说：你想进那个大门吗？你千万不要穿着皱巴巴的衣裳，更不能露出一副谦恭的样子去那个门卫传达室自报家门，或是询问什么，你只要穿着西装革履旁若无人地照门直进就是了。你能旁若无人地往大门里闯，门卫就会以为你是这里的熟客，再不会来干扰和拦阻你了。

人们常常强调"不要以衣帽取人"，但实际上处处都是"以衣帽取人"。还是那句话，形象好，求人易。世上早有"人靠衣服马靠鞍"之说，一个人若有一套得体的衣装相配，不仅能让你的身份提高一个档次，而且在心理上和气势上增强了自己求人办事儿的信心。

美国商人希尔在创业之始是个没有任何资本的人，他有一本《希尔的黄金定律》的书要出版，却苦于没有资金，这时他将目光瞄上了一位富裕的出版商。他知道在上流社会服饰对人际交往与成功求人办事的作用，多年的社会阅历告诉他，在商业社会中，一般人是根据对方的气质形象来判断他的实力的，因此，他首先去拜访裁缝。靠着往日的信用，希尔定做了三套昂贵的西服，共花了275美元，而当时他的口袋里仅有不到1美元的零钱。然后他又买了一整套最好的衬衫、衣领、领带、吊带及内衣裤，而这时他的债务已经达到了675美元。

此后，每天早上，他都会身穿一套全新的衣服，在同一个时间里，同一条街道上，同那位富裕的出版商"偶然相遇"，希尔每天都和他打招呼，并偶尔聊上几分钟。

这种例行性会面大约进行了一星期之后，出版商开始主动与希尔搭话，并说："你看来混得相当不错啊。"

接着出版商便想知道希尔从事哪种行业。因为希尔身上所表现出来的那种极有成就的气质，再加上每天一套不同的新衣服，已引起了出版商极大的好奇心，这正是希尔期望发生的情况。

希尔于是很轻松地告诉出版商："我手头有一本书打算在近期内争取出版，书的名称为《希尔的黄金定律》。"

出版商说："我是从事杂志印刷及发行的。也许，我可以帮你的忙。"这正是希尔所等候的那一刻，长时间的心血没有白费。

这位出版商邀请希尔到他的俱乐部，和他共进午餐，在咖啡和香烟尚未送上桌前，出版商已"说服了希尔"答应和他签合约，由他负责印刷及发行希尔的书籍。希尔甚至"答应"允许他提供资金并不收取任何利息。

终于在出版商的帮助下，希尔的书成功出版发行了，希尔因此获得了巨大的经济效益。发行《希尔的黄金定律》这本书所需要的资金至少在3万美元以上，而其中的每一分钱都是从漂亮衣服创造的"幌子"上筹集来的。

我们之所以强调第一印象的重要性是因为没人喜欢衣冠不整、蓬头垢面的形象。而完美无缺的修饰和宜人的体味，能大大提高你在任何团体中的形象。有些人从来没有真正养成过一个良好的自我保养的习惯，这可能是不修边幅的学生时代留下的后遗症，或者父母的示范性不好，或者他们对自己的重视不够造成的。这些人往往"对自己的要求很低"，只要基本上还算干净，没有人瞧不起，能走得出去便了事了。如果你经常激发自己的兴趣，良好的修饰习惯很快就能形成。如果你天生是一个络腮胡子，那也没有办法，但至少你要给人一种干净、整洁的印象。牙齿、皮肤、头发、指甲的状况和你的仪态都一一表明你的自尊程度。如果，你从头到脚修饰一新，一身裁剪得体的衣服，一头健康干净的头发，一双擦得发亮的高级皮鞋——哇，简直太帅了！

穿着得体犹如一支美丽的乐曲，一首由关系密切，却又成对比的乐章所组成的交响曲，基本主题贯穿全曲，使得每一乐章都截然分明，却又一脉相承。所以，怡人悦人的仪表也是一种艺术。

别人对你的第一印象，往往是从服饰和仪表上得来的，因为穿着服饰往往可以表现一个人的身份和个性。毕竟，要对方了解你的内在美，需要长久的过程，只有仪表能一目了然。

求人办事的顺利和成功与否，第一印象至关重要，不讲究仪表就是自己给自己打了折扣，自己给自己设置了成功的障碍，不讲究仪表就是人为地给要办的事情增加了难度。

2. 平时积累你的口才

许多人以为口才只是口上之才，他们以为口才好的人，只是因为他们很会说话，而自己却是不会说话的。他们看见许多口才好的人什么都可以说，谈什么都很动听，只是因为他们的口齿伶俐，这种看法是片面的、肤浅的。固然，口才的能力有赖于相当的训练，但口才的实际基础是建立在他们善于思考、善于观察、兴趣广泛、常识丰富，以及强烈的同情心和责任心之上的。没有上述所列举的基础，光是口齿伶俐，也不能成为一个口才好的人。俗话说：巧妇难为无米之炊。

追本溯源，一个口才好的人，必须经常地在观察和思考上面下工夫。他们不断地扩充他们的兴趣，积累他们的知识，培养他们的同情心和责任心。他们谈话的题材源泉是非常充实的，那你呢？是不是每天看报纸？你看报纸的时候，是不是只看看副刊上的小说消遣而已？是不是同时也很注意重要的国际及本地的新闻呢？是不是很留心地去选择节目？是不是随便听听就算了呢？你是不是选择有意义的、精彩的电影和戏剧？是不是看戏时集中精神地去欣赏它们，而不是坐在戏院里打瞌睡？

著名剧作家曹禺曾说，哪一天我们对语言着了魔，那才算是进了大门，以后才有可能登堂入室，成为语言方面的富翁。那么，我们应该怎样来具体学习、锤炼语言呢？下面介绍几种可行、有效的方法。

(1) 深入生活

生活是语言最丰富的源泉。要使自己的语言丰富起来，一个闭门造车、与外面世界无接触的人，是很难如愿的。老舍曾说："从生活中找语言，语言就有了根。"这话含有很深刻的道理。比如改革开放，神州巨变，即使是村姑野叟、市井平民，也能滔滔不绝地讲述一些自己耳闻目睹的新鲜事：联产承包、农民进城、别出心裁的广告、奇形怪状的楼房、五光十色的舞厅、色彩斑斓的服装、"老九"下海、孔雀东南飞……我们就应该及时学习、了解这些方面的语言。

俄国伟大的批判现实主义作家托尔斯泰称赞人民是语言的"大家"。语言的天才的确存在于人民群众之中。比如我们讲话常用程度副词——"特",如"特棒"、"特靓"、"特正"、"特红"、"特香"、"特佳"……数不胜数。通常,广大群众所使用的生活用语更是数量惊人,丰富多彩,活泼动人,这一切也都是我们平时要注意的。

（2）扩大知识面

知识贫乏是造成语言贫乏,特别是词汇贫乏的一个重要原因。如果《红楼梦》的作者曹雪芹没有相应的词汇来描写贾府上上下下的规矩、内内外外的礼教,王熙凤的泼辣、干练、狠毒性格就肯定难以描写得惟妙惟肖。如今,人们都喜欢用"爆炸"这个词来形容某一方面的快速增长,比如:信息爆炸、知识爆炸、人口爆炸等。改革开放这些年来,新词语铺天盖地而至,令人目不暇接,大有"爆炸"之势。语言学研究工作者李宇明先生在其《改革开放大潮下语言大变幻》一文中,信手举了如下许多例子:

交通:巴士、的士、打的、面的;

通讯:邮政专递、大哥大;

商贸:跳蚤市场、人才市场、信息市场、星期天夜市、皮包公司、倒爷;

服装:牛仔服、文化衫、蝙蝠衫、休闲衫、迷你裙、三点式、时装表演;

娱乐:迪斯科、霹雳舞、贴面舞、卡拉OK、摇滚乐、镭射电影、闭路电视;

教育:电大、夜大、函大、委培、五大生、自费生、博士后、无围墙大学、文凭热、流失生、希望工程;

其他:特区、三资企业、第二职业、炒鱿鱼、停薪留职、打工仔、外来妹、桑拿浴、修长城、电脑红娘……

甚至还有一些特别能生成词语的格式，如："××迷"、"××热"、"××王"、"迷你××"等，利用这些格式可以生成一大批词语。这些词语或者从国外引进，或者是时尚的创造，或者是旧词的复活。有些词语，如 AA 制、B 超、BB 机、T 恤衫、卡拉 OK，汉字与洋文夹杂，就是词典专家也被它们弄得不知所措，不知道该怎么把它们放在词典中排序。

词语是社会生活最敏感的反应器，新词爆炸反映了新生事物的层出不穷，反映了当今社会在改革大潮中的迅猛发展，反映了我们当今生活在开放洪流中的日新月异，我们对这些新的词语应及时掌握，学会运用。

（3）阅读名著

"熟读唐诗三百首，不会作诗也会吟"的经验之谈，是大家所熟悉的，它告诉人们要想学习口头语，提高说话的技巧，就应多读名著。"穷书万卷常暗诵"，吟咏其中，则可心领神会，产生强烈的兴味。摸熟语言的精微之处，则会唤起灵敏的感觉；熟悉名篇佳作的精彩妙笔，则会获得丰富的词汇，自己演说和讲话时，优美的语言亦会不召自来，这并非天方夜谭之事。只要我们潜心苦读，勤记善想，揣摩寻味，持之以恒，就能尝到醇香厚味，如果反复地用，不断地学，久而久之就可以像郭沫若所说的那样："于无法之中求得法，有法之后求其化"了。

3. 自我介绍要得体

在求人办事时，自我介绍是必不可少的。从交际心理上看，人们初次见面，彼此都有一种了解对方，并渴望得到对方尊重的心理。这时，如果你能及时、简明地进行自我介绍，不仅满足了对方的渴望，而且对方也会以礼相待，自我介绍。这样，双方以诚相见，就为彼此的沟通及进一步交往奠定了良好的基础。

而且，在参加社交集会时，主人不可能把每一个人的情况都介绍得很详细。为了增进了解，你不妨抓住时机，多作几句自我介绍。时机有两种：一是主人介绍话音刚落时，你可接过话头再补充几句；二是如果有人表示出想进一步了解你的意向时，你可做详细的自我介绍。

自我介绍时应注意以下几点：

（1）要有自信心。在日常交往尤其是求人办事时，有些人怕见陌生人，见到陌生人，似乎思维也凝固了，手脚也僵硬了。本来伶牙俐齿的，变得说话结巴；本来拙嘴笨舌的，嘴巴更像贴了封条。这种状况怎能介绍好自己呢？要克服这种胆怯心理，关键是要自信。有了自信心，才能介绍好自己，给别人留下好的印象。

（2）要真诚自然。有人把自我介绍称为自我推销。既然推销产品时需要在货真价实的基础上做宣传，那么推销自我时也不能不顾事实而自我炫耀。因此，做自我介绍时，最好不要用"很"、"最"、"极"等极端的词汇，给人留下"狂"的印象；相反，真诚自然的自我介绍，往往能使自己的特色更闪闪发光，引起人们的注意。

（3）要考虑对象。自我介绍的根本目的是要给对方留下一个印象，因此要站在对方理解的角度来说话。

所以，在介绍自己时，一定要重视那个或那群与你打交道的人，要随机应变。如你面对的是年长、严肃的人，你最好认真规矩些；如与你打交道的人随和而具有幽默感，你不妨也比较放松地展示自己的特点，做出有特色的自我介绍来。

总之一句话，要在自我介绍中表现出你的口才，使它成为与人沟通和进一步交往的前提。

4. 清楚地表达出自己的想法

清楚地表达自己的想法，要求你必须细心揣摩一些表达细节。

（1）讲话的快慢要合度，声音要适中

在交谈过程中，首先要留意自己，说话是不是太快了？如果因说话快而导致字音不清，就会使人听了等于没听。即使快而清楚，也不足效仿。说话的目的在于使人全部明了，别人听不清，听不懂，就是浪费时间。故我们要训练自己，讲话的声音要清楚，快慢要合度。说一句，人家就能听懂一句，不必再问。要清楚，陌生人或地位比你低的人是不敢一再请你重说的。

其次，说话的声音不要太响。在火车里，在飞机上，或者是在有严重噪声干扰的地方，提高声音说话是不得已的。但是平时就没必要也不能太大声，在公共场所或在会客室里，过高的声音会使对方感到不舒服。

说话虽不能太快也不能太响，但在谈话中，每句话声调也该有高有低，有快有慢。说话有节奏，快慢合适，这可使你的谈话充满情感。你可留心那些使人听而忘倦的人的说话方法，留心舞台上的名角念台词的方法。

（2）要揣摩如何用词，说话越简练越好

有些人在叙述一件事情时，拼命说许多话，还是无法把他的意思表达出来，结果对方费了很多时间与精力，却抓不到他话中的意思。所以，话未说出时，应先在脑里打好一个草稿，拟几个要点。

沟通，是人与人之间特有的联系方式，而企业与外部环境的沟通，是人与人之间关系的一种放大。管理沟通既是一门技术，又是一门艺术，它有特定的规律和技巧。学习和掌握这些技巧，不仅会使人工作心情舒畅，而且会使人人缘极好，生活美满。对公司来说，有效的内外沟通是确立良好的社会形象、获取成功的秘诀之一。

良好的沟通能力，从某种意义上讲可能比知识水平、分析能力和智力程度更为重要，良好的沟通，应注意以下几点：

①你必须机灵一些，创意要能提起人的兴趣。如果你总是向老板唠叨一些婆婆妈妈的琐事，你的前途就无望了。

②与人沟通必须带有自信，不说废话才是懂得沟通的干练之才。

③轻松潇洒的态度对于沟通的成功至关重要。你如果过于紧张，别人看着也会难受。

④说话人的诚实会给对方一个好的印象。因为世上说谎行骗的人太多了，诚实一定会有助于你的成功。

⑤对方的兴趣所在是关注的焦点，对对方的好恶要敏感。

⑥保持适当的幽默感。

⑦不要让情绪左右信息的传递。不要心里不同意对方的话，或是另有看法，就打断别人的话。倾听并不等于完全同意对方，它只是一个"听"的动作。

⑧不要马上下结论。未经仔细考虑而下的结论，即使当时双方都很满意，日后也有可能造成麻烦。例如，太快决定雇用某人，很可能造成日后各方面时间、金钱及精力上的浪费。

⑨决定你反应的方式。除非确定对方的话已经快要讲完了，否则不要太早下结论。第一个反应一定要对对方做正面肯定的回答，就算你完全不同意对方的观点，至少要感谢他愿意花时间和你一谈。

5. 社交中巧妙提问

我们在社会交际中，要学会经常向别人提问。提问对于促进交流、获取信息、了解对方有重要的作用。一个善于提问的人，不仅能掌握会话的进程，控制会话的方向，同时还能开启对方的心扉，拨动对方的心弦。

要使提问达到预期目的，必须做到以下几点：

①一般提问。据社会学家的分析，任何发问都适用于一般提问方式。这种提问方式可以调动对方回答的积极性，满足对方渴求社会评价嘉许与肯定的心理。一般提问方式如果能配以赞许的笑容，效果就会更好。

②选择提问。提问要有所选择，不要提出明知对方不能或不愿作答的问题。一开始提问不要限定对方的回答，也不应随意搅乱对方的想法。

③真诚提问。不要故作高深、盛气凌人、卖弄学识，要给人以真诚和信任的印象，形成坦诚信赖的心理感应和交谈气氛，交谈才能正常愉快地进行。

④续接提问。如果一次提问没有达到问话的目的，续接提问是较为有效的。例如，你可以继续问"你是如何想办法的"、"为什么会这样呢"，或者以适当的沉默表示你正在等待他进一步回答，使对方在宽松的气氛中更详尽地讲述你想知道的内容。

⑤因时提问。提问要看时机。亚里士多德说过："思想使人说出当时当地可能说的和应当说的话。"说话的时机，就是说话的环境。它包括谈话者所处的自然环境、社会环境、语言环境和心理环境。一般说来，当对方很忙时，不宜提与此无关的问题；当对方伤心或失意时，不要提会引起对方伤感的问题；在业余时间里同医生、律师等谈话，也不要动辄请教有什么病该怎么治或有什么纠纷该如何处理，对于这类过于具体的问题，人们在大部分情况下，往往是不愿涉及的。所以提问要像屠格涅夫所说的那样："在开口之前，先把舌头在嘴里转 10 个圈。"这样你的提问才能得到满意的回答。

⑥因人提问。人有男女老幼之分，有千差万别的个性，有不同的工作岗位和生活环境，有不同的知识水平和社会阅历等，所以，提问必须以对象的具体情况为准。对象不同，提问的内容和方式自然会有所区别。

⑦适当提问。提问一定要讲究得体，便于对方回答。提问能否得到完满的答复，在很大程度上取决于怎样问。适当的提问，能使人明知其难也

喜欢回答。当我们需要对方毫不含糊地作明确答复时，适当提问是一种较理想的方式。

⑧诱导提问。这种提问方式巧妙地诱导对方说出自己的心里话，同时它也是一种"迂回"对策。

总之，提问是开启对方话题的金钥匙。提问要形象、贴切，不可生搬硬套，提问是主要，说明问题为次要，说明问题只是为提问服务。

6. 注重细节：消除沟通中的障碍

沟通障碍多因细节处考虑不周而造成，消除沟通障碍，可以从以下几个方面着手。

（1）不要把别人当"机器人"

心理学教授坎贝尔说："我始终不明白，为什么要有'机器人'这个说法。只要词语中带有人字，无疑意味着人为地拔高物质的高度。我认为应该把'机器人'称为'机器鬼'，这样就不至于把机器和人搅和在一起。反正'机器人'这个说法令人觉得别扭。"

不要以为他人是机器人，可以由你想怎样操纵就怎样操纵。只有学会尊重他人，意识到对方也拥有充分的潜能，能够从他人的角度理解问题，才会有真正意义上的沟通。

永远没有完美的技巧，但经由技巧却可能有完美的结果。这也是果实优于枝条的道理。

沟通是彼此的事，一个巴掌拍不响。当你运用技巧时，别人也会运用技巧。当然，沟通是有目标的，你可以使自己的愿望处于优势，并且尽可能达到这个对自己有利的结果。但这多少有些一厢情愿，因为别人也运用技巧，彼此力量的消长有一个合适的中点，那是双方都可以接受的结果。沟通能达到这个目的，双方都应该满意，虽然这个结果跟你渴望的结果有些差别，但也应该坦然接受。

（2）**尽量多采用含蓄的暗示方法**

既然他人不是机器人，他人就理所当然应该受到你的尊重。而尊重他人的妙招应该算是暗示吧。暗示就是为了保全他人的自尊而采取的一种比较含蓄的不直接指责、指使他人的方法。也就是间接地让人做出你希望其做的事。

暗示可以成为他人行动的动力，别人在接受暗示时，已经感到了受尊重的意味，就会主动帮你达到你渴望的结果。暗示可以让人心甘情愿地和你沟通。

（3）**运用漂亮的语法**

世上每一种语言都有其特殊的美，其中都有很漂亮的语法。沟通也是一种语言交流，漂亮语法的运用就很必要。

当然，漂亮的语法绝不是指滥用形容词。它的的确确是一种语法，它将各种词语巧妙地运用，但不仅仅限于形容词。

"然后……"、"这时……"等语法可以给人流畅感，容易使人顺着你的思路，在承启转合之间，自然而然地形成沟通。使用"因为……"、"所以……"等连接词，则给人很讲逻辑、很讲道理的感觉，他人就会心服，谁愿意跟一塌糊涂不讲理的家伙打交道呢？

语法是有玄机的，成功地运用玄机的语法都是漂亮的语法。在漂亮语法当中，先尊重对方的态度，然后说出自己的要求，只要语法得当，就算有些唐突，对方也不会觉得受到伤害，可以接受你的观点和建议，并愿意合作。

（4）**移动他人的观点**

在沟通时，接纳对方的观点，然后再削弱他的观点，是一个尊重他人的好办法。生活中，多种多样的观点，纷繁复杂地围绕在你周围。这些观点有容易理解的，也有令人摸不着头脑难以把握的。观点是容易冲突的，人都不愿放弃自己的观点，所以，沟通时不要破坏对方的观点，只能悄无声息地移动他人的观点，让它靠拢自己的观点。记住：移动，不是改变。

移动他人的观点，可以采用游戏性质的做法，让别人感觉不到严肃的压力，因为观点是个严肃的问题。而在游戏中，观点稍有移动和变化，他人是不会觉察的。

（5）运用动作进行暗示

我们的身体是有语言的，我们的动作往往可以暴露我们的心情。同样地，他人的动作也会泄密。所以，沟通中的人对他人的动作是很敏感的，你正好可以利用它。

如果与人交谈时，你做侧头深思的动作，你的体语就告诉对方，这个问题你有疑问，这比直接打断别人的语流更有效，不至于立刻和对方抵触。别人一定会问："有什么不懂吗？"这样由别人自己中断表达，可以有效地保证他人自尊心不受伤害。

如果想中断谈话，急于离开去做别的，你可以不停地偷看手表。手表有时候可能就是心理时间的外壳。别人会问："有事吗？你可以先走。"你就可以很有礼貌地全身而退。

体语的运用，很讲究空间。在宽敞的房间里交谈，彼此可以做到公平。但要达到亲密关系的程度，还是狭窄房间为好。谈话时中间不隔着桌子更容易融洽。距离上的靠近也会造成精神的靠近。

体语也可以保全自己的尊严。迟到时气吁吁地表现急忙赶来的样子，他人容易原谅。

（6）乔装弱者

世上总有很多人喜欢表现自己的力量和能耐，在他们眼中，他人总不如自己。这种人很可能令你讨厌，但你可以利用他们。他们喜欢表现就给他们表现的机会嘛。

最简单的办法就是，在他们面前故意表现得笨手笨脚，他们会哼着鼻孔走过来说："真是差劲，让我来！"于是，他们就自己动手做起来。这个方法儿童们都会用，何况成人。

最聪明的办法是询问，表现得很虚心的样子去求教，他人一定会理睬，说不定还一边做一边教你呢。

（7）注意谈话时的礼节

适当的礼节，不仅对于人与人之间的交往是十分重要的，而且在谈话中，它也起着不可忽视的作用。因此，一个有经验的谈话者总是保持着恰如其分的礼节。

①谈话的表情要自然，语气和气亲切，表达得体。说话时可适当做些手势，但动作不要过大，更不要手舞足蹈，不要用手指指人。与人谈话时，不宜与对方离得太远，但也不要离得太近，不要拉拉扯扯，拍拍打打。谈话时不要唾沫四溅。

②参加别人谈话要先打招呼，别人在个别谈话时，不要凑前旁听。若有事想与某人说话，应待别人说完。有人与自己主动说话，应乐于与其交谈。第三者参与谈话，应以握手、点头或微笑表示欢迎。发现有人欲与自己谈话，可主动询问。谈话中遇有急事需要处理或要离开，应向谈话对方打招呼，表示歉意。

③谈话现场超过三人时，应不时地与在场的人都谈上几句，不要只与一两个人说话而不理会在场的其他人，也不要与某人只谈两个人知道的事情而冷落第三者。如所谈问题不便让旁人知道，则应另找场合。

④在交际场合，自己讲话要给别人发表意见的机会，也应适时发表个人看法。要善于聆听对方谈话，不轻易打断别人的发言。一般不提与谈话内容无关的问题。如对方谈到一些不便谈论的问题，不对此轻易表态，可转移话题。在相互交谈时，目光应注视对方，以示专心。对方发言时，不要左顾右盼，心不在焉，或者注视别处，显出不耐烦的样子，也不要老看手表，或做出伸懒腰、玩东西等漫不经心的动作。

⑤注意谈话内容。尽量不要涉及疾病、死亡等事例，不谈一些荒诞离奇、耸人听闻或者黄色淫秽的事情。一般不要询问妇女的年龄、婚姻状况。所谓"见了男士不问钱，见了女士不问年"是也。不要径直询问对方履历、工资收入、家庭财产、首饰价格等私人生活方面的问题。与妇女谈话不要说她长得胖等，对方不愿回答的问题不要追问，也不要究根问底。对方反感的问题应表示歉意，或立即转移话题。

⑥男子一般不要打扰或参与妇女圈内的议论，也不要与妇女无休止地攀谈而引起旁人的反感侧目。与妇女谈话更要谦让、谨慎，不开有伤大雅的玩笑。争论问题要有节制。

⑦谈话中要使用礼貌语言，如："你好，请!""谢谢，对不起，再见……"在社交场合中谈话，一般不过多纠缠，不高声辩论，更不能恶语伤人，出言不逊。即使争吵起来，也不要斥责，不讥讽辱骂，最后还要握手而别。

7. 抑扬顿挫：让你的声音更有魅力

声音是一个人的个性特征之一，电话中我们往往从对方的第一句话就能判断出他是谁，同样，声音对语言有着强大的辅助作用。比如，同样的话面对一位年轻女性去说，一个清晰、带有磁性的男中音比一个公鸭嗓或是尖利的高音其效果会大有不同。

对一个正常人来讲，其发音有 12~20 个音阶。当然，那些职业演员和歌唱家要更高一些，有的可达到 36 个音阶。但不幸的是，有些人的声音可能只有 5 个音阶，他们发出来的声音让人听起来就像一根弦在拨动，十分单调，令听者感到头脑发胀。由此可见，一个人发出的声音是否能吸引住你谈话的对象，这对你的交往是否成功非常重要，在商务交往中更是如此。当你与他人讲话时，你所发出的每一个声音应首先给他人留下良好的印象，力求让人更好地了解你，更加充分地展示自己的征服力。

苏珊是一家广告公司的资深业务经理，她最关心和留意客户的销售问题，并总是乐于帮助他人解决难题，但她的声音却让人听来讨厌，她那尖利的声音就像一个小女孩发出的叫声。她的老板私下说，我很想提升她，但她的声音又尖又孩子气，让人感到她说的话缺乏诚意。我不得不找一个声音听来成熟果断的人来担任此职。显然，苏珊就是因为自己说话的音调不合适而失去了提升的机会。

事实上，一个人的声音不是一成不变的，通过一些技巧训练，可以克服平时的一些怪癖和不良习惯，从而改善你说话时的语调、发音、音量、节奏、速度等：①为了更加准确地了解自己的声音，你可以将录音机放在电话旁边，听听你每天打电话时的声音。②请家人或朋友对你的声音做出一个真实的评述。③将你在停顿或静默时反复使用的语气词记下来，在今后的谈话中尽量避免使用。④进行发音训练。你可以在图书馆找到一些有关的书籍，针对自己的特点进行训练。或者找一些语言磁带和录像带进行训练。⑤进修一门公共言谈或演讲的课程。

总之，让我们变得更加成功的许多优异的东西不是与生俱来的，而是需要通过训练改变自身原有的东西。声音就是这样，你试着改变一下，也许你会看到一个意想不到的结果。

8. 快慢适中：控制自己的语言

一位广告部经理给一位语言培训专家打来电话，请他培训其手下的一位员工，以使其能保留现在的这份工作，经理向这位专家抱怨道："她已40多岁，并担任我的秘书15年之久，我很喜欢她的工作，可是她说话的速度快得令我紧张不安、无法跟上。对她的语速问题，几年前我不会像现在如此在意，可是随着工作压力与负担的加重，她的声音对我的刺激也愈来愈大。我并不想辞退她，可是要是她说话不放慢速度，我只好让她离开，以保持自己神志清醒。"

事实上，说话的快慢确实可以通过练习来调适，声音的调适具有双重因素，如果你说话的速度太快，下列几点可以使你减慢速度：

①从1数到10，第一次5秒钟数完，第二次10秒，第三次20秒。

②经常练习高声朗诵报纸上的文章，先用铅笔将你认为要连贯的字词

做个记号，朗读时，同时移动铅笔，引导你的声音。要是你觉得自己平常说话的速度太慢，就加快一些；要是太快，就放慢些。

③以录音机录音，然后倒回重放，检查自己的速度，是否流畅，是否跳跃停顿。

④录下一些好的新闻报道，试着模仿播音员的播音。

有时，我们还可以发现，即使是同一个国家的人，他们讲同一种语言，不同地域的人说话的速度也不一样，某一速度对南方人十分恰当，但到了北方，就显得太快了。

有一位推销员，他发现自己经常无法把要说的话在限定的时间内说完。他也许行驶了100里的路程赶到一位顾客家中，后来却只有15分钟介绍自己的产品。他发现自己最大的困难之一是如何组织自己应该说出的话。后来，他请教一位语言专家，专家听了他的情况之后，建议他从学会调整自己的语速开始。在他开始练习调整语速之前，一般人只需要10分钟便可轻易讨论完的问题，他却要花15分钟。通过训练，他可以在10分钟内有效地讨论别人要花20分钟的问题，他可以随意地加快或减慢语速。

一旦你控制住了自己的语言，它就会乖乖地听你驾驭了。你可以放慢自己的语速，以满足听众的需要；你可以根据一天的工作安排、听众的类别、当时的气氛等因素来调整自己说话的声音、说话的速度，以应付不同情景的需要。

9. 遣词造句：运用手中的"调色盘"

词汇是人说话的基本元素，我们从小学起就学习用词造句，现实生活中我们无时无刻不在用词造句。一个人词汇量丰富并善于运用，自然可以使自己的表达更加顺畅和有效。人们成年后往往忽视遣词造句方面的学习，就是因为看不到说话对一个人是何等重要。认为用词、造句都是小学生考试用的小把戏，从而造成这样一种现象：一方面努力想改变事情的结果，有的甚至也了解说话对于改变结果的意义，另一方面又不愿下工夫解决自己词汇贫乏的问题。

用对了字眼不仅能打动人心，同时更能带出行动，而行动的结果便是展现出另一种人生。马克·吐温说："恰当地用字极具威力，每当我们用对了字眼……我们的精神和肉体都会有很大的转变。"

历史上许多伟大人物就是因为善于运用词汇的力量，大大地激励了那个时代的人们。当帕特里克·亨利站在十三州代表之前慷慨激昂地说道："我不知道其他的人要怎么做，但就我而言，不自由毋宁死。"这句话激发了几代美国人的决心，发誓推翻长久以来压在他们头上的苛政，结果形成燎原之火，美利坚合众国由此诞生。

美国一位伟人演讲道："当我们今天得以享受到充分的自由时，不要忘了《独立宣言》，虽然那没有几句话，却是二百多年来所给予我们每个人自由的保障。同样地，当我们这些年致力于种族平等时，不要忘了那也是因为某些词汇的组合而激发出来的行动所致，请问谁能忘记美国马丁·路德金博士打动人心的那一次演讲。他说：'我有一个梦，期望有一天这个国家能真的站立起来，信守它立国的原则和精神……'"

当然，话语的影响力并不只限于美国。第二次世界大战期间，英国正处于风雨飘摇之际，有一个人的话激起了英国全民抵抗纳粹的决心，结果英国人民以无比的勇气挺过了最艰苦的时刻，打破了希特勒军队所向无敌的神话，这个人就是丘吉尔。

许多人都知道人类的历史包含着许许多多具有威力的话，然而却鲜有人知道那些伟人所拥有的语言力量也能够在我们的身上找到。这能改变我们的情绪、振奋意志，乃至于有胆量敢于面对一切挑战，使人生丰富多彩。

我们在跟别人说话时用词常常十分谨慎，然而却不留意自己习惯用的词汇，殊不知我们所用的词汇会深深影响我们的情绪，也会影响我们的感受。因此，如果我们不能好好掌握怎样用词，如果我们随着以往的习惯继续不加选择地用词，很可能就会扭曲事实。譬如说当你要形容一个很了不起的成就时，用的词汇是"不错的成就"，那对你的情绪就很难造成兴奋的感觉，这全是因为你用了具有局限性的词汇所致。一个人若是只拥有有限的词汇，那么他就只能体验有限的情绪。反之若是他拥有丰富的词汇，那就有如手中握着一个可以调出多种颜色的调色盘，可以尽情挥洒人生经验，不仅为别人，更可以为自己。

10. 摆正心态：像对平常人一样与名人交谈

与名人说话时，不要有害羞畏怯的心情，只要真正表现你内心的意思，你就能与任何名人开口说话。有些人对名人只是一味地说些奉承话及空洞话，这样是不能使对方愉快的。如果你是真诚的，那你就把深烙在内心的印象说给他听，他会感到愉快，但所用的措词和说话的态度要得体。你可以把他视为一位有血有肉的人来对待，对他提出一些能够表达感情的问题，不要把他视为什么超人。他也实实在在像任何人一样，敌不过疲倦，承受不住伤害。他可能比你更脆弱，而且与你一样害羞。不要认为他的人格真的就如他借以出名的职业一样。他向公众所投射的信心、睿智、仁慈、滑稽或性感等影像，实际上往往是杜撰的。

当你同时应付两位名流时，不要只顾你所景仰的一位，而置另一位于不顾，这会使他们两位都不自在。你应该说，遇见两位，真是使人兴奋，如果你想和他们继续交谈，那么你必须保证话题是他们二位都能发表意见的。如果你对另一位名人并不熟悉，而且在经过介绍之后，你仍想不起有关他的任何事迹，你也不能对他有所疏忽。你必须一视同仁地表现同样的热情和友善。

不喜欢说话的名流，包括外貌滑稽突出而似乎容易亲近的喜剧演员在内，他们在舞台上已经笑到了极限，因此，在真实生活中是再也无法幽默的。作家、诗人、画家、音乐家等，从事创作性工作的人，虽不大喜欢说话，但这些人往往对政治乃至于宗教，都有广泛的兴趣。他们在社交场合也许不活跃、不自在，但他们有启发人们思想的独到之处，你和他们说话，必须耐心，不要轻易动怒，也不要太热切，要温和、冷静和体贴，就像应付任何敏感的人一样。

名人往往比寻常人有更多的成就，而且也有私人的嗜好。当你准备去拜访某位名流时，你可以预先做点谈话内容的准备，如果他是位知名度很高的名人，那么，你可以向有关方面的人去打听。比如他被邀来本地作演讲，而你想与他结识，那么你即可向邀请他的单位或个人索取有关他的资料，他们不会拒绝你索取资料的要求。

名气一般的名人，总是生活在情绪不稳定的状态中，他们内在的恐惧，使他们脆弱敏感，别人稍有疏忽就会激怒他们，而且他们也容易傲慢。然而，他绝对需要你的尊重和顺从，他的名气愈小，对于亲切、尊重的需要也就愈大。

对褪了色的名人，也就是过时的名人，最好采取迂回的战术，也即通过第三者来了解他的情况。你的开场白应当是积极的，如这些日子以来你是如何打发的呀，或我们很久没有见你在公众场合露面，你去哪儿了？或这么久不在舞台上露面，觉不觉得无聊呢？这些话等于当头泼他一盆凉水。消极的开场白，要尽量避免。

在多数情形下，与名人谈孩子是不会错的话题。你可以问对方有几个孩子，多大了，他们现在在哪儿，以及孩子读的学校好不好，学习成绩如何。如果你也当了爸爸或妈妈，那么，你就更具备和他们谈孩子的资格了。你可以告诉他们，你的孩子已经长大，或和对方的孩子同龄，你也可以向他们表达，你对孩子蓄长发的感觉，或孩子喜欢搜集小动物等。且话题不要扯得太远，要适可而止。更不要把所有的私密都抖出来。

我们与大人物接近，最重要的就是不要忽略了他们也是人，对待他们，完全要像对待平常人一样，他们也有欢乐、有悲伤、有缺点、有痛恨、有惊恐，有和平常人一样的感情，他们并不是上帝或神的傀儡，他们并不因为有了地位就不再是人。他们是和你一样的，这即是你和他们接触最坚实的基础。

11. 消除距离感：用平常心与富人交谈

有钱人比名流还要敏感，他的富有往往是别人与他谈话发生困难的关键，他的财富使你对他敬而远之——不只是心理上，实际上你的生活方式就和他有很长的一段距离。

他和你之间的谈话材料，由于你对他缺乏了解甚至完全无知，而变得很有限。或者你可能认为，你和他之间没有谈话的余地了。你当然可以这样使自己获得心理上的平衡，不能谈就不谈，反正于己也无损失。不过，假定你偏巧遇上了一位富翁，不管他是不是你的老板，你不知所措地呆站一旁，总是不好的。

当你遇到有钱人时，你可以设法让他说往事。过去的工作是否比现在更有趣？他爬到现在这个地位的关键是什么？谁是早年助他成功的英雄？当年的老板是否使他紧张？他的百万财富是不是自己创造的，以及他怎样赚到他的第一笔百万财富的。如果这个问题问得他不大自在，你就准备跳到其他问题上去吧。不要盯着问，那会使彼此很不愉快的。

如果他不愿意打开他的记忆之门，你就问他的工作时间，问他如何承担那么重大的责任，问他爱好哪些休闲活动，以及怎样布置他的办公室，很多有钱人的办公室，布置得就像豪华气派的皇宫一样，很有一谈的余地。同时要记住，特别是当对方是一位医生时，不要忘了他也是血肉之躯，也是一个普通的人，你也可以和他谈谈他的健康问题。

富贵的人如果是一位妇女时，不管她出于哪一行，人们对富婆的看法往往有失公平，甚至流于残酷。她们的背后有很多流言，比如说她的成功靠的是无情，她是一个残忍、掠夺成性的怪物。纵然同是女人也一样，她们对富婆往往持有偏见。

在社交场合，我们不宜向各种专业人员要求提供免费的建议。即使你的问法很有技巧，那也是一种冒犯，而且你问得再有技巧也瞒不过专业人员。男人常喜欢在交易场合和律师谈他们与敌手之间的问题，女人则喜欢在公共场合和医生谈她们的孩子和丈夫。这其实与我们向遇到的电器商人索取免费的电器并无不同。各种专业人员的职业，便是向他们的客户出售商品。我们应该在他们营业时再向他们提出各种请求。

对富翁们事业上的意见，以尽量避免为宜，如果确实有提出的必要，也许可以这样表白你的意见：这次能认识您，真令人高兴，我有一个困扰很久的小问题，我想您也许能解开我的迷惑。我发现有些公司生产的酱油瓶盖很难打开，我奇怪何以要封得那么紧呢？你所表达的是同一个意见，但其中有很大的不同。这种表达的方式，既显示出你对问题的关切，又未指名道姓地说出是他的产品。你请他解答你的迷惑，你的立场是消费者，是外行人，而他是非常能干的大富翁。他会乐意答复你的问题，因为你是他的听客，不是来向他来挑战的。

当你和银行家、鞋店老板或任何孩子的母亲谈话时，你均不宜过分直率。坦率是无可厚非的，但适当的含蓄更值得学习。当我们说，你是怎么使这么多人来光顾你这里的，和我们说你这地方何以总是乱成一团，所表示的意思往往是一致的，但是，你要知道，前者不会使人难堪，而后者常会引起听者的羞怒。那么，我们何不取前者呢？

说话不是竞争，不是斗嘴。商人把他的时间和金钱都投资在他的事业之中，并与其他的同行竞争，这是他们为生存所付的代价，其中有些人发达起来，有些人奋力维持。如果他们能遇见一位能和他们交换意见而没有敌意的人，他们会觉得幸福和快慰。如果你能发现他可引为尊荣的地方，以及他觉得有成就和有价值的地方，那么，他在你的眼前会"开花结果"，你们就能形成很好的友谊。

12. 互通融合：以请教之心与老年人交谈

不听老人言，吃亏在眼前。这句中国老百姓耳熟能详的俗语，从一个侧面证明了人们对老年人智慧的肯定。所以与老年人交谈往往能给我们许多人生的体验和启示。所谓老人的智慧，通常都是在与他们的谈话中体会到的。

但是仔细观察就会发现，喜欢与老年人交谈的青年，甚至中年人都太少了。他们或者埋怨老人说话啰唆，或者认为他们所说的话题陈旧，或者认为他们思想保守，殊不知他们错过了分享老人智慧和经验的大好时机。

一般人是很难跟比自己年长 30 岁以上的人谈得来的。30 年是一段很长的时间，在这么长的时间内，生活方式、兴趣爱好、教育程度、社会风俗以及思想观念都发生了剧烈的变化。各方面距离都那么远的人，实在很难有共同志趣。

在这种情况下，同情和了解可以产生良好的融合作用。老年人多半喜欢追忆往事。如果你能引导他谈谈自己的过去，不但对他是一件很快乐的事，对你又何尝不是一个难得的机会？能够听到一个人亲口告诉你 30 年前，或是 50 年前的事情，这是十分难得的。

经过时间的淘洗和岁月的流逝，那些仍然深刻地留在老人们心中的记忆，多半是一些印象深刻而生动有趣的故事。

有些老年人生命力还相当旺盛，仍然关心着现在的社会，对报纸上的新闻仍然产生着浓厚的兴趣。那么，最好是让他们把现在的事情和过去作个比较。这不但是他们最喜欢的，同时也是年轻人最感兴趣的。

因此，年轻人在与老人谈话时要了解老年人以上的这些特点，并做好充分的聆听准备。一般来说，采取以下几种方法是比较受老年人欢迎的：

其一，从老年人光荣的历史谈起。例如谈谈老年人过去得到的荣誉、老年人最喜爱的纪念品、老年人最清楚的历史事件等。

其二，从老年人感触最深的话题谈起。例如老年人的经历和今昔对比，老年人过去唱过的歌，老年人的日记或他们所读过的书等。

其三，从老年人最关心的问题谈起。例如老年人的衣食住行，老年人的保健及体育活动等。

其四，从老年人最尊敬和最关心的人谈起。例如老年人所尊敬的爱国英雄，无产阶级革命家，他们的老上级，他们的老师等。

下篇：丢掉有损个人魅力的不良小节

 ## 1. 对人不满不必形于言辞

在日常生活中，在单位上下级关系、同事中，感到自己受到了不公平待遇时，许多不够聪明的老实人，就立刻表现出不满、愤怒的情绪，甚至会暴跳如雷，大骂一通，而这些行为，只是简单发泄了一下自己激动的情绪，于对方却无丝毫的影响，反而白白耗费了力气，还可能会引来别人的误会，让自己受到更深的伤害。

刘宁是一家公司的行政助理，同事们都把她当成公司的"管家"，公司里事无巨细，都要找她才行，这样一来，刘宁每天事务繁杂，忙得团团转，牢骚和抱怨也就成了家常便饭。

这天一大早，又听她抱怨"烦死了，烦死了！"一位同事皱皱眉头，不高兴地嘀咕着："本来心情好好的，被你一吵也烦了。"

其实，刘宁性格开朗外向，工作起来认真负责。虽说牢骚满腹，该做的事情，一点也不曾怠慢。设备维护、办公用品购买、交电话费、买机票、订客房……刘宁整天忙得晕头转向，恨不得长出8只手来。再加上为人热情，中午懒得下楼吃饭的人还请她帮忙叫外卖。

刚交完电话费，财务部的小李来领胶水，刘宁不高兴地说："昨天不是刚领过吗？怎么就你事情多，今儿这个、明儿那个的？"抽屉开得噼里啪啦响，翻出一个胶棒，往桌子上一扔："以后东西一起领！"小李有些尴尬，又不好说什么，忙赔笑脸："你看你，每次找人家报销都叫亲爱的，一有点事求你，脸马上就长了。"

大家正笑着呢，销售部的王娜风风火火地冲进来，原来复印机卡纸了。刘宁脸上立刻晴转多云，不耐烦地挥挥手："知道了。烦死了！和你说一百遍了，先填保修单。"单子一甩："填一下，我去看看。"刘宁边往外走边嘟囔："综合部的人都死光了，什么事情都找我！"对桌的小张气坏了："这叫什么话啊？我招你惹你了？"

态度虽然不好，可整个公司的正常运转真是离不开刘宁。虽然有时候被她抢白得下不来台，也没有人说什么。怎么说呢？她不是应该做的都尽心尽力做好了吗？可是，那些"讨厌"、"烦死了"、"不是说过了吗"……实在是让人不舒服。特别是同办公室的人，刘宁一叫，他们头都大了。"拜托，你不知道什么叫情绪污染吗？"这是大家的一致反应。

年末的时候公司民意选举先进工作者，大家虽然都觉得这种活动老套可笑，暗地里却都希望自己能榜上有名。奖金倒是小事，谁不希望自己的工作得到肯定呢？领导们认为先进工作者非刘宁莫属，可一看投票结果，50多份选票，刘宁只得12张。

有人私下说："刘宁是不错，就是嘴巴太厉害了。"

刘宁很委屈：我累死累活的，却没有人体谅……

什么叫费力不讨好？像刘宁这样，工作都替别人做到家了，嘴上为逞一时之快，抱怨上几句，结果前功尽弃。冷语伤人，说者无心，听者有意，所以，既然做了，就心甘情愿些吧，抱怨是无济于事的，相反，还会埋没你的功劳。

2. 空头支票开不得

当今社会，开空头支票已成为一些人的习惯，嘴上说的好听，做起来却是另一套。

"空头支票"是一个人信用的组成部分，一旦开出而不能兑现，必然使自己的信誉度降低，因此，"空头支票"还是少开为佳。

在交际场上，说出去的话就像泼出去的水一样，无法收回，比如做生意的你信誓旦旦地承诺：

"不管怎么样，这次价格让你便宜两成！"

"无论什么时候都免费进行维修！"

"这个和那个就白送给你了！"

在总想卖出，让对方买下的心态支配下，很容易无意中说出多余的话来，而让对方抓住意外的许诺。

在说出没有商量余地的话之前，一定要在脑子里盘算几下，必须明确表明：在某种范围内自己要承担一定的责任。

处理纠纷时更须注意不要做口头上的许诺，千万不要为了安慰对方而说出对自己、对公司不利的话，如果对纠纷处理没有十分的把握，就不要依对方所说的去办。

"我方将很快做出处理，请原谅"、"那件事，我会负责的"、"这个，我知道怎么处理"等应慎用。在弄清事情的前因后果，判明自己的确有责任以后再说也不迟，虽然有必要倾听对方的发言，但是并不意味着就可以轻率地承诺，否则很容易被对方抓住这样的把柄：

"那时你曾发话责任由你承担的！""你向我们承诺过！"

不要在纠纷的当场许下诺言，而应该采用以下的话来平息纠纷：

"我们一定会努力查明问题的真相！""待和上司商量后，我们将酌情做出妥善处理!""这件事还是让我考虑考虑吧。""我试着干干看吧。"

但有时语言表达容易含糊不清,所以一旦找到对方能理解的妥协点,就要清楚说明哪些可做,哪些不能做,而认真地予以解决。如果有可能的话,最好将其付诸书面形式,处理纠纷也是商业交涉,最后一定要弄得一清二楚。

如果你总是对朋友开"空头支票",这个"行"那个"没问题"而不付诸实际行动,你将失去朋友的信赖,这样,你与对方的关系就难以维持下去了。

3. 客气话太多招人烦

客气是一把双刃剑,一方面能让不熟悉和不那么亲近的人感受到你的礼节和敬意;另一方面如果熟人之间客气,就会拉大你们之间的距离。因此过度客气是熟人间的大忌。

假如你到一个朋友家里拜访,你的朋友对你异常客气,你每说一句话,他只是"是是"地应答,唯恐你不高兴。如此一来,你一定觉得如芒刺背,坐立不安,最终逃之夭夭。

过度的客气显然是令人痛苦的,己所不欲,勿施于人,请大家谨记这句至理名言。

谈话的目的在于沟通双方的情感,在于增加双方的兴趣,而客气话则恰恰是横挡在双方中间的墙,如果不把这堵墙搬走,人们只能隔着墙做极简单的敷衍应答。

朋友初次见面略谈客套话后,第二、第三次的见面就应竭力少用那些"阁下"、"府上"等名词,如果一直用下去,则真挚的友谊是无法建立的。客气话的堆砌必致损害融洽的气氛。

客气话是表示你的恭敬或感激,不是用来敷衍朋友的,所以要适可而止。多用就流于迂腐、浮华、虚伪了。有人替你做一点小小的事情，譬如说递过一杯茶吧，你说"谢谢"也就够了。要是在特殊的情形下，那么最多说"对不起，这事情要麻烦你"也就够了。但是有些人却要说："呵，谢谢你，真对不起，我不该把这些小事情麻烦你，真使我觉得难过，实在太感激了……"等一大串，你在旁边看见也会觉得不舒服的，可是你自己不也有这样的毛病吗？

说客气话的时候要充满真诚，像背熟了的成语似的流水般泻出来的客气话，显然是在敷衍应酬，容易使人产生不快。

4. 幽默不能太随意

再好的东西多了也会贱卖。幽默是大家都喜欢的语言"调料"，但如果放多了，放的不是地方，恐怕也会"呛嗓子"。

在沟通中，要很好地使用幽默的技巧，就要具有一定的智慧。一个才疏学浅、举止轻浮、孤陋寡闻的人，是很难生出幽默感来的。具体来说，产生幽默的条件至少应有以下几个方面：广博的知识和丰富的社会经验；敏锐的洞察力和想象力；高尚优雅的风度和镇定自信、乐观轻松的情绪；良好的文化素养和语言表达能力。

但是人们都知道，任何调味料都不可滥用，就好比用盐，用得合适可以使菜味鲜美；用得太多，便会难以下咽；用得太少，食之无味。我们在使用幽默技巧时切忌滥用，用多了照样会伤害别人，其效果便会适得其反。

萧伯纳少年时已很懂幽默，人又聪明，所以出语尖刻，人们被他说过一句，便有"体无完肤"之感。有一次，他的一位朋友在散步时对他说："你现在常常出语幽默，不错，非常可喜。但是大家总觉得，如果你不在场，他们会更快乐，因为他们都比不上你，有你在，大家便都不敢开口了。自然，你的才干确实比他们略胜一筹，但这么一来，朋友将逐渐离开你，这对你又有什么益处呢?"朋友的这番话，使萧伯纳如梦初醒，从此他立下誓言，改掉滥用幽默的习惯，而把这些天才发挥在文学上，取得了令人瞩目的成绩，确立了自己在文坛上的地位。

使用幽默一方面要看准对象，另一方面还要抓住时机。发挥幽默也需要"素材"，比如场合、情境等，这些就像我们所说的"机遇"一样，可遇而不可求，关键在于我们能否随机应变。千万不要为幽默而幽默，那会显得生硬、不合时宜、不伦不类，不但不能成为我们沟通的重要方式，反而还可能增加我们沟通的不快。

5. 不要当面揭人短

短处，人人都有，有的可能自己心里也很清楚，可是由别人嘴里说出来就让人不舒服。俗话说：打人不打脸，骂人不揭短。没有一个人愿意让别人攻击自己的短处。若不分青红皂白，一味说对方的短处，很容易引发唇枪舌剑，两败俱伤。

"当着矬子不说矮话"，是告诫人们在应酬中不要伤他人自尊的意思。人生在世，各有所长，各有所短。若以己之长，较人之短，则会目中无人；若以己之短，较人之长，则会失去自信。这是应酬中尤其要注意的一点。

春秋时期，齐国宰相晏子是个矮子，有一次到楚国去出访。楚国的国君故意要以晏子的矮来要笑一番，于是吩咐只开大门旁的小门。晏子一看，便知楚王的用意，于是晏子说道："只有出使狗国的人，才从狗洞中进去。今天我出使的是楚国，应该不是从此门中入城吧。"楚国国君本想羞辱晏子，却反过来被晏子好一顿羞辱。

因此在应酬中，尽可能地避开对方的短处，是应酬成功与否的关键之一。有一句话叫做"矮男如何不丈夫"，矮个子男人常被称为"三等残废"，几乎很少有姑娘愿意嫁给一个矮于自己的男人，这是一种社会心态。但是在某一方面矮，可能在另一方面长，如果紧紧抓住一个短处当小辫子，那么人人都会被抓个头仰体翻。所以我们说，当着矬子说矮话，只会自取其辱。如果我们老是把眼光盯在别人的弱点上，在应酬中总是将别人的弱点当成攻击的对象，那么只会出现两种情况：一是别人不愿意再与你交往。如此一来，你的朋友会越来越少，别人都躲着你，避开你，不与你交往，直到剩下你自己孤家寡人一个。二是别人也对你进行反攻，揭露你的短处。这样势必造成互相揭短，互相嘲笑的局面，进而发展到互相仇视。如此，你在应酬中便会彻底失败，你在人们的印象及评价中，也不可能好到哪里去。

大凡有短处的人都怕人提及。在日常应酬中，我们一方面要尽可能地避免提及对方的短处，一方面也完全可以从真正关心对方的角度出发，善意地为对方出谋划策，使他的短处变为长处，或者使他不为自己的短处而自卑，这样，你同样会得到别人的认可，而且还会因此得到别人的信任乃至感激。

不要将他人的不足放在嘴边，即使非说不可，也可以变通一下再说，这是应酬的技巧，是获得友谊的技巧。俗话说："会说话的让人笑，不会说话的使人跳"，意思就是说语言的变通能达到不同的效果。

6. 改掉不良的谈吐习惯

不良的谈吐习惯是社交场合与人交谈时较为忌讳的。如果你是一个男人，谈吐障碍将会让你的能力、权威及说服力大大受损；如果你是一个女人，它会使你失去自己应有的魅力和吸引力，使人在初次听到你的声音时退避三舍。

(1) 使用鼻音说话

这是一种常见且影响极坏的缺点，当你使用鼻腔说话时，你就会发出鼻音。如果你使用大拇指和食指捏住鼻子，你所发出的声音就是一种鼻音。

如果你使用鼻音说话，当你第一次与人见面时，就不可能吸引他人的注意。你让人听起来像在抱怨、毫无生气、十分消极。不过，如果你说话时嘴巴张得不够，声音也会从鼻腔而出。当你说话时，上下齿之间最好保持半寸的距离。鼻音对于女人的伤害比对男人更大，你不可能见到一位不断发出鼻音，却显得迷人的女子，如果你期望自己在他人面前具有极大的说服力，或者令人心旷神怡，那么你最好不要使用鼻音，而应使用胸腔发音。

(2) 有口头禅

在我们平常与人讲话或听人讲话之时，经常可以听到"那个、你知道、他说、我说"之类词语，如果你在说话中反复不断地使用这些词语，那就是口头禅。口头禅的种类繁多，即使是一些伟大的政治家在电视访谈中也会出现这种毛病。

有时，我们在谈话中还可以不断听到"啊"、"呃"等声音，这也会变成一种口头禅，请记住奥利佛·霍姆斯的忠告——切勿在谈话中散布那些可怕的"呃"音。如果你有录音机，不妨将自己打电话时的声音录下来，听听自己是否有这一毛病。一旦弄清自己的毛病，那么在以后与人讲话的过程中就要时时提醒自己注意这一点，当你发现他人使用口头禅时，你会感到这些词语是多么令人烦躁，多么单调乏味。

（3）小动作过多

检查一下自己，你是否在说话时不停地出现以下动作：坐立不安、蹙眉、扬眉、扭鼻、歪嘴、拉耳朵、扯下巴、搔头发、转动铅笔、拉领带、弄指头、摇腿等。这些都是一些影响你说话效果的不良因素。当你说话时，听众就会被你的这些动作所吸引，他们会看着你的这些可笑的动作，根本不可能认真听你讲话。

有一位公司老板，当他面对公众讲话时，总是让自己的秘书与观众站在一起，如果他的手势太多，秘书就会将一支铅笔夹在耳朵之上以示提醒。当然我们不可能人人做到如此，但在你讲话时，完全可以自我提示，一旦意识到自己出现这些多余的动作时，要赶紧改正。

（4）你的眼神心不在焉

当你与别人握手致意时，你们彼此便建立了一种身体的接触，眼神的交汇作用也同样重要，通过相互传递一种眼神，你们便可以建立一种人际关系。

眼神不仅可以向他人传递信息，你也可以从他人的眼神中接收到某些信息。你似乎听到他们在说：

"真有意思！"

"真令人讨厌。"

"我明白了。"

"我被你给弄糊涂了。"

"我准备结束了。"

"我十分乐意听你讲话。"

"我不想和你讲话。"

……

当你说话的时候，你的眼睛是否在说话？或者你故意回避他人的视线，而不敢与人相对而视，因为那会令你觉得不适？你是否会边说边将眼睛盯在天花板上？你是否低头看着自己的双脚？你看到的是一簇簇的人群，还是一个个的人？总之，再没有比避开他人视线更易失去听众的了。

7. 用语得当：避免你的赞语引起误解

不要突然没头没脑地就大放颂辞。你对顾客的赞赏应该与你们眼下所谈的话题有所联系。请留意你应在何时以什么事为引子开始称赞对方。对方提及的一个话题，他讲述的一个经历，他列举的某个数字，或是他向你解释的一种结果，都可以用来作为引子。

一男青年晚上在饭店碰到一位认识的女士，她正在和一位女伴用餐，两人刚听完歌剧，穿戴漂亮。这位男青年觉得眼前一亮，很想恭维一下对方："噢，康斯坦泽，今晚你看上去真漂亮，很像个女人。"对方难免生气："我平常看上去像什么样呢？像个清洁工吗？"

在一次管理层会议上，一位报告人登台了。会议主持人向略显吃惊的观众介绍："这位就是刘女士，这几年来她的销售培训工作做得非常出色，也算有点儿名气了。"这末尾的一句话显然画蛇添足地让人不太舒心，什么叫"也算有点儿名气"呢？

这些称赞的话会由于用词不当，让对方听来不像赞美，更像是贬低或侮辱。结果自然是事与愿违，不欢而散。

所以在表扬或称赞他人时也请谨慎小心。请注意你的措辞，尤其要注意以下几条基本原则：

（1）列举对方的优点或成绩时，不要举出让听者觉得无足轻重的内容，比如向客户介绍自己的销售员时说他"很和气"或"纪律观念强"之类和推销工作无甚干系的事。

（2）你的赞扬不可暗含对对方缺点的影射。比如一句口无遮拦的话："太好了，在一次次半途而废、错误和失败之后，您终于大获成功了一回！"

（3）不能以你曾经不相信对方能取得今日的成绩为由来称赞他。比如："我从来没想到你能做成这件事"，或是"能取得这样的成绩，你恐怕自己都没想到吧"。

另外，你的赞词不能是对待小孩或晚辈的口吻，比如："小伙子，你做得很棒啊，这可是个了不起的成绩，就这样好好干！"

总之，赞美就像空气清新剂，可以振奋对方的精神，"美化"你身边的气氛，但你也必须清楚，再好的清新剂也有过敏甚至反感者，更何况人与人之间的关系如此复杂。如果不首先练达人情，不根据所赞对象的心情及当时的具体情况而乱赞一通，恐怕真的会拍马屁拍到马蹄上。

 # 8. 真诚不敷衍：夸人要夸到点子

抽象的东西往往很难确定它的范围，难以给人留下深刻印象；赞美的东西应该是看得见、摸得着的，这就是具体。如果要称赞某人是个好推销员，可以说："老王有一点非常难得，就是无论给他多少货，只要他肯接，就绝不会延期。"所谓深入、细致就是在赞美别人的时候，要挖掘对方不太显著的、处在萌芽状态的优点。因为这样更能发掘对方的潜质，增加对方的价值感，赞美所起的作用会更大。

某市文化公司要建造一座影剧院。这一天，文化公司王经理正在办公，家具公司的李经理找上门来推销座椅。

"哟！好气派。我从未见过这样漂亮的办公室，如果我有一间这样的办公室，我这一生的心愿都满足了。"李经理这样开始了他的谈话。他用手摸了摸办公椅扶手："这不是香山红木吗？难得一寻的上等木料哇！"

"是吗？"王经理的自豪感油然而生。他说："整个办公室是请深圳的装修专家装修的。"说罢，不无炫耀地带着李经理参观了整个办公室，兴致勃勃地介绍设计比例、装修材料、色彩调配，兴奋之情，溢于言表。

不用说，李经理顺利地拿到了王经理签字的座椅订购合同。他得到了满足，也给了王经理一种满足。

在这里，李经理最有亲和力的一句赞语恐怕就是那句"这不是香山红木吗？难得一寻的上等木料哇！"显得既内行又点到了对方的最爱，算是赞到了点儿上，也才使那位王经理敞开了心扉。

9. 因人制宜：赞美应区别不同的对象

因为其自身心理特点不同，对男人、女人的赞美也不能采用相同的语言方式。

男人要面子好虚荣，多表现在追逐功名、显示能力、展示个性等方面，而女人则表现在对容貌、衣着的刻意追求或身边伴个白马王子以示魅力方面。

男人要面子，好虚荣，毫不遮掩，有时甚至坦率得令人吃惊，而女子则总是遮遮掩掩、羞羞答答，"犹抱琵琶半遮面"。

女性对于面子、虚荣还有几分保留，而大多数男子则是全力以赴去追求面子，好似他的人生目的就是面子一般。

男人为了面子可以大动干戈，有权力的甚至可以轻则杀一儆百，重则发动战争；女人为了面子则会大喊大叫或者在家里放声痛哭几声。

对于男人的面子千万不要去伤害、破坏，否则便万事皆休，一切都了——友谊中断，恋爱告吹，生意不成，升官无望，职称泡汤。

恭维异性，绝对要讲究技巧，否则稍有不慎便会招致不必要的误解。如果是初次见面，恭维还可能被理解成过于露骨的奉承甚至给人留下低俗讨厌的印象，无法将自己要表达的意思正确地传递给对方。

初次与异性会面，使用含糊的恭维之词是一种好办法。因为对于含意模糊的词句，人们多半会往好的方面理解。

对女性还应该注意下面的情形：

（1）加班时，如果对女职员说"你可以回去了"，不但没有讨好，反而容易使对方认为你轻视她。

某汽车厂的营业科长发牢骚："女孩子真是难以捉摸，没批两句就哭，夸奖其中一个却得罪其他女孩子，这真让我头痛。"日前决算，他轻声告诉两个不必留下来加班的女职员："你们可以回去了。"想不到对方却不高兴地说："别人都留下来，我们为什么回去。"看来他的一番好意被她们当做轻视自己的话了。

其实，这是没有把握女性的心理特点所致，越是认真工作的女性越痛恨被歧视。遇到这种情形，不要只说："你们可以回去了。"最好用安慰的口吻说："你们每天很辛苦，今天可以早一点回去。"如用这样的好言相劝，那么对方肯定会感谢你的一番好意，高高兴兴地回家。

（2）千万不要在女性面前称赞其他女性。有人说："女人的敌人就是女人。"对女性而言，其他女性全都是永远的敌人。

据说某市女中，有位男老师在课堂上总是以相同的速度走动，倘若中途不经意停下来，那么全班同学便认为老师对旁边的女孩子有意思。对此，也许有人会觉得很荒谬，但实际上却有男老师因不堪其扰而辞职。

女性在男女关系中没有所谓洒脱的状态，亦即没有所谓中立的状态。例如情侣相偕上街，男的看着迎面而过的漂亮小姐，说道："哇！好漂亮的女孩。"这种出于男性本能而又无心的一句话，其后果是深深刺伤女朋友的心，她会为此记仇不再理他。

即使是因为相同的事由，你也不应以同样的方式来称赞所有的人。不要试图寻找在任何时间、任何场合下对任何人都适用的"赞赏万金油"，它是不存在的。避免给对方留下"这人对谁都讲那么一套"的坏印象。

在很多人的聚会中，你千万不要搬出前不久刚称赞过其中某一位的话，再次恭维其他人。还是仔细想一想，这个人与他人相比，到底有何突出之处，这样就能因人制宜、恰到好处地赞扬别人。

第四章

说话办事的进退方略

说话的目的是为了办事，所以解决具体问题是说话的出发点和落脚点。但是具体的问题总是复杂而多变的，总要与各种各样的人和事纠缠在一起，不讲求说话的方法和技巧，就不能以最恰当的方式，把话说到最恰当的地方，其结果就是让说话毁了办事的实效。

上篇：掌握以退为进的说话办事技巧

1. 学会倾听

我们很多人在与陌生人谈话时，都不自觉地犯这样的错误：总喜欢说自己的事情，长篇大论、喋喋不休。完全忽略了对方是不是对我们的谈话感兴趣，这是很不明智的。正确的做法应该是让对方尽情地说话，说得越多越好。你应该学会向他提出问题，最好能让他把自己的一切都向你和盘托出，这样你们之间的距离就会越拉越近，直至成为好的朋友。

你在和别人谈话时如果你不同意他的话，你也许很想打断他。不要那样做，那样做很危险。当他有许多话急着要说的时候，他不会理你的。因此，你要耐心地听着，抱着一种开阔的心胸，诚恳地鼓励他充分地说出自己的看法。

唐太宗李世民曾以诚恳诱导他人说出自己的看法著称。

宰相魏征在当时是朝野上下都敬佩的官吏。满朝文武既敬佩他的博学多才，又敬佩他的直言进谏，他因此一时名噪朝野。然而唐太宗却不相信，总想找机会试探魏征，有一次，魏征进谏，太宗问道："魏爱卿，你是忠臣还是良臣？"魏征就深深地低着头说："老臣一向为国鞠躬尽瘁，往后当然也会尽职尽责，不负陛下所托。但，请陛下不要把老臣视为忠臣，就当做是良臣吧！"

于是，唐太宗便问道："忠臣与良臣有何不同呢？"

"自然有所不同。所谓良臣非但其本身可受世人称赞，而且也可以为君主带来明君的隆誉，这样明君和良臣不仅世代平安幸福，还能名垂青史，让后人铭记他们。但忠臣非但自己会遭受诛杀的横祸，而且君主也会背上暴虐无道的罪名，国家也会灭亡，最后也许只留下'曾经有位忠臣'的名声流传后代。由此可见，良臣与忠臣有如天地之别呢！"唐太宗听后深感佩服，从此不再对魏征有不良看法了。

王凯是一家天然食品公司的推销员。一天，他还是一如既往，把芦荟精的功能、效用告诉一位陌生的家庭主妇，对方同样没有兴趣。王凯自己嘀咕："今天又无功而返了。"当王凯正准备向对方告辞时，突然看到阳台上摆着一盆美丽的盆栽，上面种着紫色的植物。王凯于是请教对方说："好漂亮的盆栽啊！平常似乎很少见到。"

"确实很罕见。这种植物叫嘉德里亚，属于兰花的一种。它的美，在于那种优雅的风情。"陌生的家庭主妇从容地解释道。

"的确如此。会不会很贵呢？"王凯接着问道。

"很昂贵。这盆盆栽就要 800 元呢！"家庭主妇口气当中有炫耀的成分。

"什么？800 元……"王凯故作惊讶地问道。

王凯心里想："芦荟精也是 800 元，大概有希望成交。"于是慢慢地把话题转入重点："每天都要浇水吗？"

"是的，每天都要很细心养育。"

"那么，这盆花也算是家中的一分子喽？"这位家庭主妇觉得王凯真是有心人，于是开始倾囊传授所有关于兰花的学问，而王凯也聚精会神地听。

过了一会儿，王凯很自然地把刚才心里所想的事情提出来："太太，您这么喜欢兰花，您一定对植物很有研究，您是一个高雅的人。同时您肯定也知道植物带给人类的种种好处，带给您的温馨、健康和喜悦。我们的天然食品正是从植物里提取的精华，是纯粹的绿色食品。太太，今天就当作买一盆兰花把天然食品买下来吧！"

结果对方竟爽快地答应下来。她一边打开钱包，一边还说道："即使是我丈夫，也不愿听我唠唠叨叨讲这么多；而你却愿意听我说，甚至能够理解我这番话。希望改天再来听我谈兰花，好吗？"

这一结果出人意料，但并非在情理之外。实际上，只要你善于以话语诱导陌生人，你要办的事情往往会柳暗花明，甚至在你毫无思想准备的情况下骤然成功。

我们每个人说话的目的是为了表达个人的思想和意念。谁都具有想要表现自己，说出自己主张的强烈欲望，倘若有人能够满足他的自我表现欲望，则听者对说者而言，必将其引为知己而大受欢迎。

打个比方，你是一个商人，若接到顾客的投诉时，该怎么办呢？首先必须站在顾客的立场上，冷静且耐心地倾听，一直等对方把要说的说完。训练有素的推销员戴维曾经说过："处理顾客投诉，推销员要用80%的时间来听话，用20%的时间说话。"

任何一个顾客来投诉，无论开始脾气有多大，只要我们耐心地听，鼓励他把心里的不满都发泄出来，那么，他的脾气会越来越小，直到让自己完全平静下来。只有恢复了理智，才能正确地着手处理面前的问题。而且因情绪激动而失礼的顾客冷静下来以后，必然有些后悔，这比我们迎头批评他们要有效得多。

有一位姓马的先生在他订的牛奶中发现了一小块玻璃碎片，于是前往牛奶公司投诉。不用说，他的情绪是愤怒的。一路上他已经打好腹稿，并想出了许多尖刻的词语。一到总经理办公室，连自我介绍都省略了，把李经理伸出的友谊之手也拨向一旁，把自己的不满情绪一股脑地发泄出来：

"你们牛奶公司，简直是要命公司！你们都掉进钱眼里去了，为了自己多赚钱，多分奖金，把我们千百万消费者的生死置之度外……"

好在这位李经理经验丰富，面对这么强大的刺激，毫不动怒，仍旧诚恳地对他说："先生，究竟发生了什么事？请您快点告诉我，好吗？"

马先生继续激动地说："你放心，我来这里正是为了告诉你这件事的。"说完，从提袋中拿出一瓶牛奶，"砰"的一声，重重地往办公桌上一放，说："你自己看看，你们做了什么样的好事！"

李经理拿起奶瓶仔细一看，什么都明白了。他变得严肃起来，有些激动，说："这是怎么搞的，人吃下这东西是要命的！特别是老人和孩子若吃到肚子里去，后果不堪设想！"

　　说到这里，李经理一把拉住马先生的手，急切地问："请你赶快告诉我，家中是否有人误吞了玻璃片，或被它刺伤口腔。咱们现在马上要车送他们去医院治疗。"说着，抄起电话准备叫车。

　　这时候，马先生心中怒火已消了一大半了，他告诉李经理说，并没有人受伤，李经理这才放下心来，掏出手帕，擦擦额头上渗出的汗珠说："哎呀！真是谢天谢地。"

　　接着李经理又对马先生说："我代表全公司的干部职工向您表示感谢。因为您为我们指出了工作中的一个巨大的事故隐患。我要将此事立刻向全公司通报，采取措施，今后务必杜绝此类事情发生。还有，您的这瓶牛奶，我们要照价赔偿。"

　　李经理的这番话，一下子缓解了紧张气氛。马先生接过那瓶奶钱的时候，气已经全消了，而且还有点内疚："经理是个这么好的人，我开始真不该给他扣那么多的帽子。"

　　接下去，他便开始向李经理建议，该采取什么样的措施才能避免此类事故继续发生。结果越谈越融洽，原来双方都是站在一个立场上。

　　李经理处理这起顾客投诉，有几点做得很好：

　　第一，当顾客发火时，他很冷静；第二，用询问法鼓励顾客把真正的原因讲出来；第三，当顾客讲清原因后，站在顾客的立场上考虑问题，当即采取措施；第四，对顾客前来投诉表示诚挚的感谢，并就搞好工作的问题，继续听取顾客的意见。

　　耐心听取对方的倾诉是很重要的。一个人一分钟能听 600 个字，而在一分钟内只能讲 120 个字，所以当一方滔滔不绝地说话时，另一方有充裕的时间去考虑问题。不要在未听完对方的全部投诉之前就作解释，或急于表态、下结论。

　　一名真正懂得谈话艺术的人，首先是一个注意倾听别人说话的人。倾听别人说话表示敞开自己的心扉，坦诚地接受对方，宽容对方，体贴对方，因而才能让彼此心灵相通，获得成功与友情。

2. 制造谈话中的共同话题

当一个人试图与对方交谈时，他最先需要选择的就是谈话的主题。通俗地讲，就是你要与对方谈什么，从什么开始交谈。如果你常常觉得与人谈话很吃力，恐怕最重要的原因，就是你对应该谈什么话题这个问题有很深的误解。

人们对交谈有一个最普遍的误解是：以为只有那些最不平凡的事件才是值得谈的。这样的结果使他们把彼此的交谈搞得索然无味。他们在搜肠刮肚地寻找重大事件的同时，却忽略了谈话本身所应具有的意义。你是否有过这样的体会，当你见到熟人的时候，你在脑子里苦苦地搜索，想找一些怪诞的奇闻，惊心动魄的事件，或是令人神往的经历，以及令人兴奋刺激的事情。

自然，这一类事情是一般人最感兴趣的了。能够在谈话的时候，讲出这样动听的事情，无论对听的人，还是对讲的人，都是一种满足。

但是，这一类的事情在我们的生活中毕竟不多。有些轰动社会的新闻，是用不着你来说别人就已经听说过的。即使是你亲身经历过的比较特殊的事情，也不必一讲再讲。此外，你在某一个场合讲的故事很受欢迎，在另外一些场合就不一定受欢迎。因此，你若认为只有那些最不平凡的事情才值得谈，那你就会经常觉得无话可谈了。

其实，人们除了爱听一些奇闻轶事以外，也很愿意和朋友们谈一些有关日常生活的普通话题。比如，小孩子长大了，要进哪一所学校比较好啦，花木被虫子咬了应该买哪一种杀虫药啦，这个周末有什么好电影看啦，等等，这些都是良好的谈话题材，也都能使谈话双方感到有兴趣。总之，当你选择谈话的主题时，你要了解对方是否对此感兴趣，对方所具备的知识和经验是否能够将这次谈话进行到底。如果你能做到这一点，那么，你就可以称得上是一个优秀的谈话者。

3. 运用非语言传递信息

自从孩提时代起，我们在学会说话的同时，就开始懂得如何去"读"懂他人的意思。如，当我们做错了某一事情而看到父母满脸怒色时，我们会赶紧避而远之。而当我们成年以后，我们需要的是人类的相互合作，通过一些错综复杂的词语和手势，我们就能明白他人所示之意。为了说服、劝说他人，为了与人交流，仅仅靠我们所用的语言还远远不够。我们还必须借助于自己的面部表情、手势、肢体运动，以增强我们的口头表达效果。有时，我们会将这些东西与语言结合起来使用。在我们说话时，可能会伴随着点头、皱眉、耸肩或竖起大拇指等动作。当我们极度紧张、害怕或充满爱慕之情时，我们想尽力掩盖自己的感情，但事实上，我们无法控制的身体语言却将我们的内心表露无遗。

专家研究表明，视觉的影响不可低估和忽视。他们的调查显示：无论是两个私下谈话的人，还是一个在大庭广众之下的演讲者，有50%以上的信息是通过说话者的个人形象传递出来的，只有40%是经由性格和声音等来传递。他们调查的一个很有意思的结果是，与声音有关的因素比语言本身更为重要，只有不足10%是受语言本身的影响。还有些研究的结果更为惊人：在两个人的对话中，表达意思的方式中语言与非语言的比率为35:65。正如面部表情可以向他人告知你的喜怒哀乐一样，如果你试图以一种单调乏味的声音说出自己要表达的内容，并且毫无面部表情，那听者一定会感到厌烦，而且你所传递的信息可能不会让他人真正理解。专家们做过一次实验，当我们以一种与实际信息相反的非语言方式发出信息时，非语言表达的效果是语言效果的5倍。如果以敌意的方式给出一种友好的信息，那么让对方留有印象和保持记忆的不会是你所说的内容，而是你的表情。因此，当我们要表达出一种十分准确的信息，而又担心会以一种不当的方式令人产生误解时，一定要对自己的表情和神态格外注意。

当我们皱眉、做怪相、微笑、目光呆滞时，都会给他人传递一种相关的信息，我们的身体语言，如耸肩、挥手、跺脚等对我们的语言谈话都有着极大的影响。

4. "含糊法" 的交际要诀

愚蠢的人什么话都说，但什么都说不清楚；普通人说话留三分，说得清楚明白；聪明的人不是把心里话都抖出来，而是把该说的说到明面上，不该说的换一种方法含糊地说。

含糊法是运用不确定的或不精确的语言进行交际的妙法。在人际交往中运用适当的含糊法，这是一种必不可少的艺术。交际需要语词的模糊性，这听起来似乎有些不合逻辑。但是，假如我们通过约定的方法完全消除了语词的模糊性，那么，就会使我们的语言变得非常贫乏，就会使它的交际和表达的作用受到严重的限制，而其结果就损害了语言的目的，人们的交际就很难进行，因为我们用以交流的工具——语言遭到了损害。

例如某经理在给员工做报告时说："我们企业内绝大多数的青年是好学、要求上进的。"这里的"绝大多数"是一个尽量接近被反映对象的模糊判断，是主观对客观的一种认识，而这种认识往往带来很大的模糊性。因此，用含糊语言"绝大多数"比用精确的数字的适应性强。即使在严肃的对外关系中，也需要含糊语言，如"由于众所周知的原因"，"不受欢迎的人"等。究竟是什么原因，为什么不受欢迎，其具体内容，不受欢迎的程度，均是模糊的。平时，你要求别人到办公室找一个他所不认识的人，你只需要用模糊语言说明那个人高个儿、有些微胖、高鼻梁、戴眼镜，便不难找到了。倘若你具体地说出他的身高、腰围精确尺寸，他倒反而很难找到这个人。因此，我们必须至少在日常交际说话时放弃说话力求准确这样一种观念。

下面，介绍几种常见的语言含糊法：

（1）宽泛式含糊法

宽泛式含糊法，是用含义宽泛、富有弹性的语言传递主要信息的方法，例如：

现代文学大师钱钟书先生，是个自甘寂寞的人。居家研读，闭门谢客，最怕被人宣传，尤其不愿在报刊、电视中扬名露面。他的《围城》再版以后，又被拍成了电视，在国内外引起轰动。不少新闻机构的记者，都想约见采访他，均被钱老执意谢绝了。一天，一位英国女士，好不容易打通了他家的电话，恳请让她登门拜见钱老。钱老一再婉言谢绝没有效果，他就妙语惊人地对英国女士说："假如你看了《围城》，像吃了一只鸡蛋觉得不错，何必要认识那只下蛋的母鸡呢？"洋女士终被说服了。

钱先生的回话，首句语义明确，后续两句："像吃了一只鸡蛋觉得不错"和"何必要认识那只下蛋的母鸡呢？"虽是借喻，但从语言效果上看，却是达到了"一石三鸟"的奇效：其一，是属于语义宽泛，富有弹性的模糊语言，给听话人留下深入思考的余地；其二，与外宾女士交际中，不宜直接明拒，采用宽泛含蓄的语言，尤显得有礼有节；其三，更反映了钱先生超脱盛誉之累、自比"母鸡"的这种谦逊淳朴的人格之美。一言既出，不仅无懈可击，且又引人领悟话语中的深意，格外令人敬仰。

（2）回避转移法

在许多交际场合中，成功的狡辩所产生的幽默效果也非常好。用适当的含糊，可以使你在表面上显得又痴又傻，可实际的机智又非常人能比，分明是大智若愚。

一次，乾隆皇帝突然问刘墉："京城共有多少人？"刘墉猝不及防，却非常冷静地回了一句："只有两人。"乾隆问："此话何意？"刘墉答曰："人再多，其实只有男女两种，不是只有两人？"皇帝又问："今年京城里有几人出生？有几人去世？"刘墉回答："只有一人出生，却有十二人去世。"乾隆问："此话怎讲？"刘墉妙答曰："今年出生的人再多，也都是一个属相，岂不是只出世一人？今年去世的人十二种属相皆有，岂不是死去十二人？"乾隆听了大笑，对刘墉的巧妙回答很是佩服。

确实，刘墉的回答极妙，皇上发问，不回答显然不妥，答吧，心中无数又不能乱说，这才急中生智，以含糊的回避转移法趣对皇上。

（3）幽默法

在人际交往中，幽默法是高度机智的产物，尽管对方和自己都知道其中的"痴"和"傻"，但客观上会因"痴言傻语"的俏皮味而引发幽默谐趣。

一位青年骑自行车不小心骑到了道路的左边，正巧和迎面驶来的一位老人骑的自行车相撞，那青年火冒三丈，张嘴就嚷："你学过交通规则没有？骑车为什么不靠右边走？"

面对青年的盛怒，老人用一句话笑着答复对方："如果所有的人都靠右行，那么左边的路不就会空着了！"

这句违背常情的"痴言傻语"，引得对方"噗哧"一笑，满肚子的火气在笑声中消散了。

含糊其辞可以避免把话说死，给自己留下一个较大的回旋空间。这样说话既不得罪人，又可保全自身，实在是一种难得的智慧。

5. 灵活运用沟通潜能

如果你很难开口跟陌生人交谈，或是你觉得无论到哪里都很孤独，没有人想跟你说话，以下就是一些协助你建立自信的练习方法。你可以在任何地方、任何时间做练习。这样就可以灵活地运用你的沟通潜能。

（1）练习在电梯里和人谈话

你有没有注意过，在电梯里人人皆是噤声站着、直视前方？这似乎是个不成文的规定，限制我们在电梯中彼此交谈。其实这是谁定的规矩？难道是大楼的管理办法吗？

其实，电梯提供了一个让人简短招呼的绝佳场所。只需要简单的眼神接触、微笑，同时说"嗨，今天天气真好"或"这电梯真慢"，无论什么话都能打破沉寂。这是一招零风险的练习，你大可以满怀自信地去做。因为你很明白，待在电梯里就那么一分钟，或许你永远不会再跟这些人碰面。这个点子是针对"与陌生人交谈"的练习。

下次你进了电梯后，可以来一个最大胆的"亮相"尝试：你不要直着走进去、立刻转身对众人——把你的背紧贴着电梯门，脸正对着整个电梯里的人。大家会以为你发神经了，但是你可以直接告诉大家："我正在上一门名为'如何克服羞怯'的课，其中有一项作业就是要在电梯里练习面对众人。"保证你能博得众人一笑，而且你会充满自信地离开电梯。

（2）练习长一点的会话

从今天起，请在银行或超市排队时跟别人说话。在超市结账时，你可以指着画报上的小道消息说："我前几天在一家自助洗衣店看见过××。"有时候交谈也可以仅止于一声"嗨"，当然，你可能不会以这种方式找到你所爱的人或是你梦想的工作，但是经常做这种练习，会让你习惯与陌生人搭讪。

（3）练习和不胆怯的人谈话

你可以在快递公司的收货员、邮差、接线员、承办宴会的服务生或是修车厂技工的身上，练习你的胆量和口才。这些人由于职责所在，理当很有礼貌，你可以和他们做有趣的交谈。他们和你生活中的任何人一样重要，同时也可以变成你珍贵的伙伴。

（4）请尝试单刀直入的方式

为何要躲开那些胆怯的人呢？你可以大胆走向他们，说："我一直想跟你说话，但是我很怕接近你。"此语单刀直入，切入对方的自我中心，他们会无法抗拒地问你何以如此。这不仅让你开始了一段对话，还是一种最有效率的沟通方式，省了一堆繁文缛节。

（5）学会去冒险

多去参加艺廊的开业典礼，并向艺术家道贺；在商场上一旦你听到什么人做了什么有趣的事，便拨打个电话给他（你可以从期刊上得知消息）；你也可以去听一场你熟悉的主题演讲，主动向主讲人介绍自己；尽量接近成功的人，向他们表达赞美恭维之意。如此就能为你开启机会之门。

(6) 从谈话中去寻找乐趣

生命充满乐趣，没有什么事必须严阵以待。我们生而为人，是为了要拓展自己、自由思考、全心相爱，这个过程满是乐趣。

积极把新朋友带进你的生活，其收获是让生活得以扩展。这意味着，你的生活将满是新点子、新朋友和新机会；如果你不开金口、不说一声"嗨"，是无法得到的。所以，不要害怕，勇敢地运用你的沟通潜能。

6. 找到一位替你穿针引线的朋友

如果你在求人时，能够找到一位替你穿针引线的朋友，让他尽其所能，从中撮合，传递信息，论理说情，真是再好不过了。

战国时代有位有名的人物——孟尝君。提到孟尝君自然令人想到他的豪侠仗义、食客三千。孟尝君是齐国的名门贵族，几度出任相职，是政界的实力派。但有一次他与齐闵王意见不合，一气之下辞去相职回到了私人领地——一个叫薛的地方。

到薛不久发生了一件大事，使孟尝君始料不及。

战国时代各国之间的互相攻伐，犹如儿戏，十分频繁，邻国之间的关系常处于不稳定状态。这时与薛接邻的南方大国楚正待举兵攻薛。与楚相比，薛不过是弹丸之地，兵力粮草等均不能与之相比，楚兵一旦到来，薛地后果不堪设想。

燃眉之急，唯有求救于齐。但孟尝君刚刚与闵王闹了意见，没有面子去求，去了也怕闵王不答应。为此他伤透了脑筋，几乎一筹莫展。

绝路之中老天给他降下了一线希望，齐国大夫淳于髡来薛地拜访。他是奉闵王之命去楚国交涉国事，归途顺便来看望孟尝君的。孟尝君抚额称庆。他早已想好了主意，亲自到城外迎接淳于髡，并以盛宴款待。

淳于髡是何许人也？

《史记·滑稽列传》载：淳于髡，身高五尺，其貌不扬，然善临机应变，常为诸侯效力，多以不辱使命而归。又有《孟子·荀卿列传》载：淳于髡，齐国人，博闻强记，善顺人意，是观察对方脸色而应付自如的高手。

而且淳于髡不仅个人资质好，与王室也有密切的关系。威、宣、闵三代齐王都很器重他。威王时代威王全权委托他招待诸侯；宣王时代他负责研究学问，是"稷下学"的中心人物；闵王时代他成了王室的政治顾问，且与孟尝君本人也有私交。

"对，只有委托他穿针引线了。"

孟尝君决心已下，开口直言相求："我将遭楚国攻击，危在旦夕，请君助我。"

淳于髡也很干脆："承蒙不弃，从命就是。"

后人猜测，淳于髡此行，可能是有目的而来，专为朋友解危的，只不过须孟尝君亲自当面求他罢了。朋友之交，有许多心照不宣的东西，古来如此。

却说淳于髡赶回齐国进宫觐见闵王。正面的话题当然是要相告出国履行公务的结果，他真正要办的事情也早已盘算在心。

闵王问道："楚国的情况如何？"

闵王的话题正投淳于髡的所好，顺着这个话题，淳于髡要开始展开攻心术，履行对朋友的承诺了。

"事情很糟。楚国太顽固，自恃强大，满脑子想以强凌弱；而薛呢，也不自量……"

闵王一听，马上就问："薛又怎么样？"

淳于髡眼见闵王入了圈套，便捉住机会说：

"薛对自己的力量缺乏分析，没有远虑，建筑了一座祭拜祖先的祠庙，规模宏大，却不问自己是否有保卫它的能力。目前楚王出兵攻击这一祠庙，咳，真不知后果怎样！所以我说薛不自量，楚也太顽固。"

齐王表情大变："喔，原来薛有那么大的祠庙？"随即下令派兵救薛。

守护先祖之祠庙，是国君最大义务之一。为了保护祖先祠庙就必须出兵救薛，薛的危机就是齐的危机，在这种危机面前，闵王就完全不会再计较与孟尝君的个人恩怨了。整个过程，淳于髡没有提到一句请闵王发兵救孟尝君的话，而是抓住闵王最关心的问题——也就是最大的弱点，旁敲侧击，点到痛处，令闵王自己主动发兵救薛，实际上是救了孟尝君。淳于髡的纵横术真是到了炉火纯青的境界。

孟尝君之所以成功是因为有了淳于髡的"媒妁之言"，他的这种"穿针引线，媒妁之言"的求人技巧的确是高明。

这里还有一个精彩的故事。

孟尝君之父是靖郭君，父子两代在齐国任相职，是当时的名门望族。孟尝君有食客三千，其父靖郭君也食客众多。

齐貌弁在靖郭君的食客中是位缺点最多、最不合群的人。可是靖郭君出于他的独到观察力，不以此为意，反而对齐貌弁给予更多的怜惜，对他的饮食起居也给予超乎一般人的关心。

数年之后，齐威王过世，齐宣王即位。宣王与靖郭君是异母兄弟，王室间复杂的血缘关系与权力争斗，使他们二人感情不和。宣王一即位，靖郭君只好辞掉相职回到封地叫做薛的地方隐居去了。齐貌弁也跟随主人到了薛。

一次，两人坐在茶桌前，以兄弟相称，一起品茶高谈国事。齐貌弁与靖郭君神交已久，早已明白了对方的请求。于是，主动提出要回国都帮助靖郭君。靖郭君知道齐貌弁去意已决，只好诚恳地说："宣王不但恨我，对你的印象也很恶劣，这次你回国都，怕是凶多吉少。"

齐貌弁平淡地说："我已决定了，我不怕死，请不要为我担心。"

齐貌弁经过一番周折，终于得见宣王。

齐宣王说："据说靖郭君最宠爱你，对你是言听计从呀！"

齐貌弁对此早有准备，好像专等这句话入题："是的，他关心我，并很重视我。但我最关键性的主意他并不采纳。事到了今天，我不想隐瞒什么，那是大王还当太子时候的事。"

"我说太子其貌不扬，下颚突出，眼里带有邪恶的凶光，有谋反之相。我为主人着想，提议他早点下手，废立太子，以免将来不测。

可是靖郭君大声指责我，不许我再胡说，否则逐我出门。哎，他不听我之进言，果有今日，也是天命。

还有一次，靖郭君回到薛以后，楚国大臣昭阳提议将一块面积两倍于薛的土地与靖郭君交换。我力主交换，一是面积更大，二是可远避宣王你的迫害，为什么不换呢？

可是靖郭君说薛地是先王赠送的，虽然现在与宣王交恶，但不愿做对不起先王的事。更何况先王的宗祠在薛地，怎么能连祖宗的宗祠都交给别人呢？

如此，我的两次重要建议都给他否决掉了。我只有离开他回京都另谋出路。"

齐貌弁所述两件事，都是陷害宣王或对齐国不利的事，出自齐貌弁之口，自己认账，就使宣王确信有此事。宣王因受他一席话所感，决定与靖郭君恢复兄弟情谊。

要达到这种求人的目的，以普通的方法说服，十分苍白，几乎没有什么希望。宣王十分清楚，齐貌弁是靖郭君忠实的部下，你替他说好话，说得越好，宣王越不信；反过来，以一个背弃主子、又知道很多底细的人的身份说坏话，难免不打动宣王怀念兄弟之情。

7. 拉近与陌生人的距离：没话找话说的诀窍

不善言谈在交际场中很容易陷入尴尬局面。要想成为求人办事的高手，首先必须掌握善于没话找话的诀窍。

没话找话说的关键是要善于找话题，或者根据某事引出话题。因为话题是初步交谈的媒介，是深入细谈的基础，是纵情畅谈的开端。没有话题，谈话是很难顺利进行下去的。

好话题的标准是：至少有一方熟悉，能谈；大家感兴趣，爱谈；有展开探讨的余地，好谈。

那么，怎么找到话题呢？

（1）众人都关心的话题

面对众多的陌生人，要选择众人关心的事件为话题，把话题对准大家的兴奋中心。这类话题是大家想谈、爱谈又能谈的，人人有话，自然能说个不停了，以致引起许多人的议论和发言，导致"语花"飞溅。

（2）借用新闻或身边的材料

巧妙地以彼时、彼地、彼人的某些材料为题，借此引发交谈。有人善于借助对方的姓名、籍贯、年龄、服饰、居室等，即兴引出话题，常常收到好的效果。"即兴引入"法的优点是灵活自然，就地取材，其关键是要思维敏捷，能做由此及彼的联想。

（3）提问的方式

向河水中投块石子，探明水的深浅再前进，就能有把握地过河；与陌生人交谈，先提一些"投石"式的问题，在略有了解后再有目的地交谈，便能谈得更为自如。如"老兄在哪儿发财"、"您孩子多大了"等。

（4）找到共同爱好

问明陌生人的兴趣，循趣发问，能顺利地进入话题。如对方喜爱足球，便可以此为话题，谈最近的精彩赛事，某球星在场上的表现，以及中国队与外国队的差距等，都可以作为话题而引起对方的谈兴。引发话题，类似"抽线头"、"插路标"，重点在引，目的在导出对方的话茬儿。

（5）搭上关系，由浅入深

孔子说，"道不同，不相为谋"，只有志同道合，才能谈得拢。我国有许多"一见如故"的美谈。陌生人要能谈得投机，要在"故"字上做文章，变"陌生"为"故知"。下面是变"陌生"为"故知"的几个方法：

①适时切入。看准情势，不放过应当说话的机会，适时插入交谈，适时地"自我表现"，能让对方充分了解自己。

交谈是双方活动，光了解对方，不让对方了解自己，同样难以深谈。陌生人如能从你切入式的谈话中获取收益，双方会更亲近。适时切入，能把你的知识主动有效地献给对方，符合互补原则，奠定了双方"情投意合"的基础。

②借用媒介。寻找自己与陌生人之间的媒介物，以此找出共同语言，缩短双方距离。如见一位陌生人手里拿着一件什么东西，可问："这是什么？……看来你在这方面一定是个行家。正巧我有个问题想向你请教。"对别人的一切显出浓厚兴趣，通过媒介物引发表露自我，交谈也会顺利进行。

③留有余地。留些空缺让对方接口，使对方感到双方的心是相通的，交谈是和谐的，进而缩短距离。因此，和陌生人交谈，千万不要把话讲完，把自己的观点讲死，而应虚怀若谷，欢迎探讨。

8. 出奇制胜，巧妙运用激将法

树怕剥皮，人怕激气。许多事情可以凭借这一"激"而办成功。

我们在与人共事的过程中，在方法上决不可死套一个模式，应该随着共事的对象及其思想的变化而变化。有些方法，适合于某人某事，但不一定适合于所有的人所有的事。对有些人，只要动之以情，晓之以理，以诚相待，就能打动他，但在同样情况下，另外一些人可能"就不吃你这一套"，你磨破嘴皮，他就是不答应你的请求。此刻如果你改变策略，突然给他一个强烈的反刺激，用超常的手段去激励他，说不定就轻而易举地达到了你的目的。

张仪因久不得志，穷困潦倒，一日到苏秦府上拜见苏秦。好几天后，苏秦才出来见他，并只让他坐在家仆们坐的堂下，仅赐给他仆妾们吃的饭食，而且还几次故意责备张仪，说他穷酸，不想和他打交道。张仪听后气愤不已，离开了苏秦，前往秦国。

在张仪去秦国的途中，有一个素不相识的人与他结伴同行，还送给他许多金钱。张仪到达秦国后，依靠陌生人资助的钱财得以拜见了秦惠王，并很快被秦惠王拜为客卿。这时，那位同伴向张仪告辞要走了，张仪问其缘由，那人说："我并不了解你，真正了解和关心你的是苏君（即苏秦）。他当时担心秦国伐赵而破坏了合纵抗秦的计划，认为只有你才有能力去左右秦国的国策，所以他当时用语言刺激你，使你来到秦国。尔后又私下派我跟着并接近你，供给你日常生活所需。现在你已被秦王聘用，我就算完成了任务，该回去告诉苏君了。"张仪听后大为感慨。张仪后来凭他的智慧和才能，说服秦王，使秦军 15 年未越函谷关一步，为苏秦合纵之策赢得了很高的声誉。可见激将法只要使用得恰到好处，适时适度，效果是妙不可言的。

激将法有两种形式。

一种是直接刺激。这种方法通过故意贬低对方，看不起他，说他不行，借以激起对方求胜的欲望，也能使其超常发挥自己的能力，从而达到我们的目的。

当马超领兵攻打葭萌关时，诸葛亮告诉刘备，只有张飞、赵云二人是马超的对手。刘备建议让张飞去迎战。诸葛亮说："主公先别说话，让我去激激翼德。"

二人正在谈话间，张飞主动请缨去迎战马超，诸葛亮却假装没有听见，只是对刘备说："马超智勇双全，无人能敌，除非往荆州关云长来，方能对敌。"

张飞说："军师为何小瞧我？我曾经一人独对曹操百万大军，难道还畏惧马超这个匹夫？"

诸葛亮笑着说："你在当阳拒水断桥，是因为曹操不知虚实，他若知道虚实，你岂能占到便宜？马超英勇无比，他渭桥之战差点杀了曹操，我看就是云长来了也未必能胜得了他。"

张飞说："我现在就去取马超项上人头，如若不胜，甘当军令。"

诸葛亮见激将法起了作用，便顺水推舟地点头答应了。张飞得令，与马超在葭萌关下酣战了二百多个回合，当时虽未决出胜负，却使马超产生敬畏之心，几天后，率众归顺了刘备。

激将法的第二种形式，是间接刺激。它以张扬、称赞他人他物的方式，间接贬低对方，以激发对方压倒、超过第三者的决心，从而为我所用。

还是诸葛亮的故事。曹操北定中原，举兵南下时，刘备派诸葛亮去吴国拜见孙权，游说吴国与蜀国两家合力抗魏。诸葛亮深知，如果直接要求吴蜀联兵，一定使孙权以为刘备有求于他，事情会不好办。最好的方法是用激将法激他。

诸葛亮在柴桑见到孙权后，说："我看曹操兵多势众，东吴弹丸之地不是对手，将军何不向曹操投降称臣，以求暂时的安宁？"孙权听了很不高兴，反问诸葛亮，为什么刘备不向曹操投降称臣？诸葛亮回答道："古代的田横仅仅是齐的壮士，尚能守义不辱，何况我主是帝王之后，盖世英才，岂能屈居奸贼屋檐之下？"诸葛亮这一招果然管用，孙权最终同意孙刘联盟，共抗曹操。而诸葛亮也就此圆满完成了出使江东的使命。

有一句俗话说："点将不如激将"。这句话用在军事作战方面，效果非常好，同时它也适用于我们平常办事的过程中。有时候，我们从正面引导说服没有什么效果，采用激将法反而能达到出奇制胜的效果。朋友们不妨一试。

9. 有礼有节，灵活应对非常情况

我们在生活中会遇到这样的事：说话的对象跟自己格格不入，甚至站在与我们敌对的立场上，要说服他们就要讲究说话的技巧。这时可以用一些"软中带硬"的话，因势利导，让他顺着自己的思路来思考问题，最终说服对方，达到自己的目的。

有一年楚国攻打吴国，吴国势单力薄，吴王派沮卫给楚军送一份厚礼，顺便了解一点军情。谁知沮卫一到楚国就给楚兵抓住了，被绑得紧紧的，说要杀了他，拿来衅鼓（即用血涂在新鼓上的缝隙，以求出师大吉）。

面对死神，沮卫不慌不忙，面无惧色。楚将惊奇地问他："你出发前占卜过吗？"

"占卜过的。"

"吉凶如何？"楚将望着被五花大绑的沮卫，洋洋得意地问道。

"大吉。"沮卫的答案正和楚将问话的原意相反。

楚将高声大笑："如今就要杀掉你了，还有什么大吉啊！"

沮卫的答话仍和楚将想的完全相反："吴王派我来，目的就是要试探你们的态度。如果你们对我以礼相待，那么，吴国就会放松戒备；如果你们杀了我，还拿我的血衅鼓，吴国一定会百倍警惕。这对吴国不正是件天大的好事吗？"

"你自己完蛋啦，这怎么能说是大吉呢？"楚将追问道。

沮卫的第三次应答还是和问者意思相反的："我占卜是问国家前途，并非为我个人。如果杀了我就能保全整个国家，这怎么不是大吉呢？更何况人死了便没有知觉了，拿我来衅鼓对你们有何好处？要是人死了仍有灵魂，那么，我肯定要附在你们的鼓上，在战斗最激烈的时候显灵，让你们的战鼓发不出响声，使你们一败涂地！"

楚将听了不知所措，思考再三，总感到杀沮卫衅鼓已一无好处，只得长叹一声说："算了，放了他吧！"

沮卫以软中带硬的说话技巧保住了自己的性命。当然并不是非要在性命攸关的时候才使用这一技巧，其要点是让对方觉察不到你的"硬"与"软"，而"硬"与"软"这两手都已经包含在你的娓娓劝导中了。深谙此道经验丰富的老李正是用了这一说话技巧才得以维护自己的利益。

老李从河南出差到武汉，有位年轻同事正准备结婚，想买一台高档进口彩电，便托老李去南华街帮忙带回一台大屏幕彩电。

到了南华街，老李发现这里果然名不虚传，商品丰富。便想先去给小孙子买几件衣服，再到商场替同事看电视机。终于替小孙子选了几套衣服，付完钱老李正准备走，忽然发现钱包不翼而飞了。这下老李可着急了，包里有同事的几千元钱！明明刚才付款时才拿出来的，怎么可能一下子就不见了？刚才旁边也没什么人，只有卖衣服的姑娘和自己两人。老李思考，十有八九是卖衣服的姑娘随手把钱包塞进了衣服堆里。

老李问姑娘："小同志，看见我的钱包没有？"

姑娘一听，翻了脸："噢，这人怎么说话呢？你是说我拿了？那你去叫警察呀！"

老李一听，姑娘的口气不对，自己并没有说她拿了，只是询问一下，她这不是"此地无银三百两"吗？

老李明白，自己只有一个人，一旦离开小摊，赃物转移，那就再没希望了。如果和她来"硬"的，只会把关系弄僵。于是，他决定来"软"的，他笑了笑说："我也没说是你拿了，是不是忙中出错，混到衣服堆里去了。"这话很有分寸，给姑娘下台准备了台阶。

这时来人买东西，打断了说话。老李摆出了打"持久战"的架势，姑娘终于动摇了，趁没客人时在衣服堆里翻了起来。

老李说："我就知道你会帮我的。"

果然，姑娘就坡下驴，翻了一阵子，在衣服堆里"找"出了钱包，羞答答地递给了他。

所以，在某些特定的情况下，即使你占着十分理，也不能把话说得太硬，要具体情况具体分析，软硬兼施地因势利导，可能效果更好。

10. 妙语反击无理的行为

赠人以言，重如珠玉；伤人以言，甚于剑戟。

我们总难免碰到一些无理取闹的事情。你对某人的不良或错误行为进行直接责备，他却反过来与你顶撞，这时就要有良好的语言应变能力。语气是言词的包装，反击别人不可向对方泄露你所要说的真实目的。

在一外国球场里，一个年轻人的视线完全被前面一个中年妇女的帽子挡住了，于是他说："请您摘下帽子。"可妇女连头也不回。"请您摘下帽子。"年轻人气冲冲地重复了一遍，"为了这个位子，我破费了 15 个里拉，却什么也看不见！"

"为了这顶帽子，我破费了 115 个里拉。我要让所有的人都看它。"中年妇女说完，一动也不动地坐着。她违反公共道德，却反而振振有词地反驳年轻人的正当要求。

碰到这种无理行为，许多人常常大发一通怒火，大骂一顿无赖，可到头来，对方还是振振有词地为自己辩解，你自己倒气得手脚发颤，只会说："岂有此理，岂有此理。"

怎样说话才能反击这种无理的行为，使得对方理屈词穷、无言以对呢？有几点值得注意：

（1）情绪平和

遇到无理的行为，首先要做的就是不要激动，要控制情绪。这个时候的心境平和，对反击对方有重要作用：一是表现自己的涵养与气量，以"骤然临之而不惊，无故加之而不怒"的大无畏气概在气势上镇住对方，如一下子就犯颜动怒，变脸作色，这不是勇敢的行为。古人曰："匹夫见辱，拔剑而起，挺身而斗，此不足为勇也。"对方对此不但不会惧怕，反而会对你的失态感到得意。二是能够冷静地考虑对策，只有平静情绪，才能从容选出最佳对策，否则人都气糊涂了，就可能做出莽撞之举来，更不要说什么最佳对策了。萧伯纳的名剧《武器与人》首演时，获得极大成功。他应观众的要求来到台前谢幕。这时，有人在座位上高喊"实在不怎么样，简直糟透了"，对于这种无理的语言，萧伯纳没有怒气冲冲，他微笑地对那人鞠了一躬，彬彬有礼地说道："我的朋友，我同意你的意见。"他耸了耸肩，又指着正在热烈喝彩的观众说道："但是，我们俩反对这么多观众又有什么用呢？"观众中顿时爆发出更为热烈的掌声。萧伯纳在反击对方的过程中无论是那温文尔雅的举动，还是那调侃戏弄的言辞，都显示出一种情绪的平和，单就这种情绪的力量，即足以压倒对方。

（2）含蓄地讽刺

对无理行为进行反击，可直言相告，但有时不宜锋芒毕露，露则太刚，刚则易折。旁敲侧击，绵里藏针，反而更见力量，它使对方张口结舌、无话可讲，只得自己种的苦果往肚里吞，在心中暗暗叫苦，苏格兰诗人彭斯就是善用讽刺反击对方的语言能手。

有一天，彭斯在泰晤士河畔见到一个富翁被人从河里救起。富翁给了那个冒着生命危险救他的人一块钱作为报酬。围观的路人都为富翁会吝啬到如此程度而愤怒，要把富翁再投到河里去。彭斯上前阻止道："放了他吧，他自己很了解他生命的价值。"

(3) 巧妙借用

对无理的行为进行语言反击，是正义的语言与无理的语言相互较量。所以，反击的语言一定要与对方的语言表现出某种关联，正是在这种关联中，才会充分表现出自己的机智与力量。要做到双方语言的巧妙关联，方法有三：

第一，顺其言，反其意。这种方法的效果在于使人感到那个无理的人是引火烧身，搬起石头砸自己的脚。德国大诗人海涅是个犹太人，常遭到一些无耻之徒的攻击。在一个晚会上，一个人对他说："我发现了一个小岛，这个小岛上竟然没有驴子和犹太人。"海涅白了他一眼，不动声色地说："看来，只有你我一起去那个岛上，才会弥补这个缺陷。"

"驴子"在德语中，常常是"傻瓜，笨蛋"的代词。面对是犹太人的海涅，对方将犹太人与驴子并称，无疑是侮辱人。可海涅没有对他大骂，对这种说法也没有异议，相反，他把这种并称换上"你和我"，这样就一下子把"你"与"驴"相等了。

第二，结构相仿，意义相对。这种方法是在双方语言的相仿与相对中，表现出极其鲜明的对抗性。丹麦著名童话作家安徒生一生简朴，常常戴顶破旧的帽子在街上行走。有个不怀好意的人嘲笑道："脑袋上面的那个玩意儿是个什么东西，能算是顶帽子吗？"安徒生回敬道："你帽子下面那玩意儿是个什么东西，能算是个脑袋吗？"安徒生的话语和对方的话语结构、语词都相仿，只是几个关键词的位置颠倒了一下，显得对立色彩格外鲜明。

第三，佯装进入，大智若愚。即假装没识破对方的圈套，照直钻进去。这种方法的效果是显出自己完全不在乎对方的那种小伎俩。例如，一个嫉妒的人写了一封讽刺信给美国著名作家海明威，信上说："我知道你现在是一字千金，现在附上一块美元，请你寄个样品来看看。"海明威收下钱，回答一个字——"谢！"海明威完全识破对方的刁难、侮辱人的行为，但他根本不将此放在眼里，他就照那人的刁难要求办，结果也真搞得那人狼狈不堪。

对于无理取闹的人，我们就要学会"以其人之道还治其人之身"，用巧妙的方式给对方以迎头痛击，以维护自己的利益和做人的尊严。

 ## 11. 了解对方的弱点

我们在与别人共事时，别人有什么需要，我们应该尽量去满足，那么他会很容易地接纳我们。当然也包括满足我们的要求。

无论是政治家，还是圣贤哲士、凡夫俗子，每个人都有弱点，办事时，你掌握了对方的弱点而利用之，一切都将得心应手，称心如意。

人们无时不在为名而生存，无时不在为利而生存。世间有为名甚于为利的人，有为利甚于为名的人，有既为名又为利的人。有名义上是为名，实际为利的人；有名义上是为利，实际是为名的人。你需要做周密而细致的观察，使办事的技巧有新的提高。

楚汉之争时，楚、汉双方在荥阳一带展开拉锯战，谁也没有占到多大优势。于是双方约定，以鸿沟为界，中分天下，其西归汉，其东归楚。

后来，项羽解围东撤，刘邦也要引兵西归。张良充分认识到此时的项羽因刚愎自用，到了众叛亲离、濒临灭亡的地步。于是，张良、陈平二人同谏刘邦，希望他趁机灭楚，免得养虎遗患。刘邦从谏，亲统大军追击项羽，另遣人约韩信、彭越合围楚军。

汉军追至固陵，却不见韩信、彭越二人前来驰援。项羽回击汉军，刘邦又复败北。刘邦躲在山洞中，不胜焦躁，询问张良道："诸侯不来践约，那将怎么办？"张良是一位工于心计的谋略家，他时刻关注着几个影响时局的重要角色的一举一动，试图探究他们心灵深处的隐秘，并筹划着应对之策。

当时，虽然韩信名义上是淮阴侯，彭越是建成侯，实际却只是空头衔，没有一点实权。因此，张良回答刘邦道："楚兵即将败亡，韩信、彭越虽然受封为王，却未有确定疆界，二人不来赴援，原因就在于此。您若能与之共分天下，当可立招二将。若不能，成败之事尚无法预料。我请您将陈地到东海的土地尽划归给韩信，淮阳以北到谷城的土地尽划归给彭越，让他们各自为战，楚军将会很容易被攻破。"刘邦一心要解燃眉之急，听从了张良的劝谏，不久，韩信、彭越果然率兵来援。十二月，各路兵马会集垓下，韩信设下十面埋伏大阵，与楚决战。项羽兵败，逃至乌江自刎。长达四年之久的楚汉战争，以刘邦的胜利而告终。

在处理韩信、彭越索要实惠这件事情上，张良做得十分周到，也充分利用了人性的弱点——好名、好利。划归一些封地给他们，就满足了他们的心愿，使他们各自为战，尽力而战。

人没有不自私的，与其让他为你办事，不如让他为自己办事。后者比前者的成功率要高得多。

周文王在渭水北岸见到了正在直钩钓鱼的姜太公，太公说，用人办事的道理和钓鱼有点相似之处：一是禄等以权，即用厚禄聘人与用诱饵钓鱼一样；二是死等以权，即用重赏收买死士与用香饵钓鱼一样；三是官等以权，即用不同的官职封赏不同的人才，就像用不同的钓饵钓取不同的鱼一样。姜太公接着说："钓丝细微，饵食可见时，小鱼就会来吃；钓丝适中，饵食味香时，中鱼就会来吃；钓丝粗长，饵食丰富时，大鱼就会来吃。鱼贪吃饵食，就会被钓丝牵住；人食君禄，就会服从君主。所以，用饵钓鱼时，鱼就被捕杀；用爵禄收罗人时，人就会尽力办事。"

我们在与人共事时，应该掌握人们的共同心理，了解对方的心理弱点，集中攻取一点，从而成功达到自己的目的。

12. 暗示比直接批评更有效

当面指责别人，这会造成对方顽强的反抗；而巧妙地暗示对方注意自己的错误，他反而会真诚地去改正。

华纳梅克每天都到他费城的大商店去巡视一遍。有一次他看见一名顾客站在台前等待，没有一个人对她稍加注意。那些售货员在柜台远处的另一头挤成一堆，彼此又说又笑。华纳梅克不说一句话，他默默站到柜台后面，亲自招呼那位女顾客，然后把货品交给售货员包装，接着他就走开了。这件事让售货员感触颇深，他们及时改正了服务态度。

官员们常被批评不接待民众。他们非常忙碌，但有时候，是由于助理们过度保护他的主管，为了不使主管见太多的访客造成负担。卡尔·兰福特佛罗里达州奥兰多布市，当了许多年的市长。他时常告诫他的部属，要让民众来见他。他宣称施行"开门政策"。然而他所在社区的民众来拜访他时，都被他的秘书和行政官员挡在了门外。

这位市长知道这件事后，为了解决这个问题，他把办公室的大门给拆了。这位市长真正做到了"行政公开"。

若要不惹恼人而改变他，只要换一种方式，就会产生不同的结果。

确实那些直接的批评会令人非常愤怒，间接地让别人去面对自己的错误，会有非常神奇的效果。玛姬·杰各是这样提到她如何使得一群懒惰的建筑工人在帮她盖房子之后清理干净现场的。

最初几天，当杰各太太下班回家之后，发现满院子都是锯木屑子。她不想去跟工人们抗议，因为他们工程做得很好。所以等工人走了之后，她跟孩子们把这些碎木块捡起来，并整整齐齐地堆放在屋角。次日早晨，她把领班叫到旁边说："我很高兴昨天晚上草地上这么干净，又没有冒犯到邻居。"从那天起，工人每天都把木屑捡起来放在一边堆好，领班也每天都来察看草地的状况。

在后备役军人和正规军士兵的训练之间，最不同的地方就是理发，后备役军人认为他们是老百姓，因此非常痛恨把他们的头发剪短。

当陆军第 542 分校的士官长哈雷·凯塞带领了一群后备役军官时，他要求自己解决这个问题，跟以前正规军的士官长一样，他可以向他的部队吼几声或威胁他们，但他不想直接说出他要说的话。

他开始说了："各位先生们，你们都是领导者。你们必须为尊重你的人做个榜样。你们该了解军队对理发的规定。我现在也要去理发，而它却比某些人的头发要短得多。你们可以对着镜子看看，你要做个榜样的话，是不是需要理发了，我会帮你们安排时间到营区理发部理发。"

结果是可以预料的，有几个人自愿到镜子前看了看，然后下午就到理发部去按规定理了发。次日，凯塞士官长讲评时说，他已经看到，在队伍中有些人已具备了领导者的气质。

下篇：远离得寸进尺的说话办事误区

1. 丧失本色：唯唯诺诺未必能讨好人

石慧很在意别人对自己的看法，她希望自己能得到每一个朋友的喜欢。大学毕业后，她来到北京，有了两个新室友和一群新同事。在合租的房子里，石慧勤快地打扫卫生，收拾房间，有空就下厨；在单位里，石慧热心地给同事帮忙，当有同事说石慧脚步太重时，石慧很担心惹人讨厌，从此走起路来轻手轻脚，尽管很不习惯，但她还是坚持了下去。集体看电影时，她是绝不会违背同事们的想法的……一段时间后，石慧看到了自己努力的"成果"：两个室友被石慧惯坏了，她们把石慧当成了免费的保姆，逛街时却不会叫上石慧；同事们把石慧呼来唤去，推给她很多工作，什么事也不问她的意见，但对石慧却没有好感或歉疚，始终把石慧当成一个可有可无的人。石慧难过极了，她怎么也没想到事情会变成这样。

石慧对人一味地唯唯诺诺，却无法获得别人的好感，这是为什么呢？这是因为她缺少个性，缺乏自我。不要以为交往中始终对人和和气气满脸堆笑，就能赢得对方的好感。要使自己被人喜欢，就应该培养自己的特质，哪怕这些特质是有棱角的。

与人交往时，即便你的意见与对方是一样的，也不能只一味逢迎对方而说"是"、"对的"之类的话，要不然，很容易给对方留下一个"懵懂不智"的印象。你应该亮出你的真正的"底色"，适时适度地敞开胸怀，袒示你的真诚，而不要无原则地唯唯诺诺，不然，你得到的将不是对方的喜爱、欢迎，而是疏远、冷淡、不感兴趣，因为对方也同样地希望你能有可以供他汲取的智慧呀！你曾听说过刘伯温刘大军师的论人之道吗？他说王者御王者之臣，贤士御贤士之仆，而贱者则御贱者之奴了。很明显，一个高明的领导者，不会对一个平庸的附和者特施青睐的。你一味唯唯诺诺只会使别人看不起你，又怎会把你当做平等的朋友呢？

许多社交指南方面的书籍和文章，无一例外地教导人们待人处世应态度谦恭、忍让大度，并且还要赞美别人，这些要求当然不错，但必须要在表现真实自我、能够自由选择的基础上去做，而不能一味地适应别人，不惜失去自我。

比如说，一件对你很重要的事情，如果你和别人持相反的意见，就要准备面对他们。毫无主见、唯唯诺诺是不被人喜欢的特质。在关键的时候，要勇于表明自己的观点与主张，这样你不仅能更了解自己的目标，也让别人知道你坚强的信念和强烈的感受。

当你与别人交往时，你首先想到的是"我应该怎么表现，装出什么样子，才能让别人喜欢我呢"，还是"我本来就是这个样子，我就要真实自然地表现"，这两种不同的意识将决定你在人际交往中是否自由平等，是否具有个性魅力，是否能受到大家的欢迎。

后一种选择能使你在人际交往中取得事半功倍的效果，表现真实的自我毕竟比矫情、虚饰要容易，关键在于突破心理上的障碍。

首先，应立刻停止掩饰你的缺点，不必害怕露怯。当然，不必到处宣扬自己或自家人的缺点，只是不要竭力掩盖，以免使自己的心理受到压抑。

其次，不要为一些渺小而平凡的缺点过错而耿耿于怀，没有几个人会因为你不够完美而大惊小怪或恶意中伤。因为他们自己也不会完美无缺、一切正确。每一个人，不论他是穷是富，是美是丑，是聪明还是愚笨，都是从同一种生物衍化而来的，都有独立自主的权利。了解了这个道理，一切困窘和羞辱也就不算什么，不必计较了。每个人都有他的难言之隐，家家都有一本难念的经。在这个世界上，你并不是最糟糕、最倒霉的人。别人也没有多少时间和兴趣去想你的难题。大家本来就彼此差不多，你何必要把自己贬得那么低呢？要知道，自我贬低和压抑，不敢表现真实的自我，这和肆无忌惮地盛气凌人，强加于人的霸道表现，同样有害于人际关系与交往，唯有真实自然地表现自我，才会有自由平等的人际关系。

看着那个从宝马车里下来的"大款"，你深知他那名牌包装的躯壳里是多么空洞无物，你何必还要挤给他一个微笑？你知道你的上司有时也说得不对做得不妥，但你却从来不敢对他有丝毫不恭，即使他主观武断、指鹿为马，你何必仍要称颂他"正确英明"？你和某个朋友产生了矛盾，你很清楚这回是他冒犯了你，而不是你的过错，你何必要被该不该去主动求和的问题弄得很苦恼？又如你看见同事的小女儿，虽然那孩子眼睛小皮肤黑，你还是仔细考究其可赞赏之处，终于发现后赞叹道："看，这孩子的额头多高呀！一定很聪明！"你这样唯唯诺诺地讨好别人，结果呢？那个大款对你却是一副不屑的神情；上司可能会认为你没主见难成大器；朋友会觉得你胆小怕事太软弱；而那位同事会说：你算挑出了孩子的唯一优点，我听了真比被人揭尽了短处更难堪……这样一来，你在人们的心目中也是形象平庸，没有个性。不亮出你的个性，哪里会有人格魅力呢？

在交友之际，唯唯诺诺的状态是最要不得的。你越是表现得精彩自如，自以为讨好对方了，却越有可能走向了反面：对方以为你有求于他，或心想这家伙是靠不住的。苏东坡的好友黎𫍽"为人质木迟缓"，但"能文守道不苟随"，便赢得这位大文豪一再地称赏其难得的"不苟随"之"风味"。

即使在接触领导长者时，也不必唯唯诺诺。一位先生曾与一位知名教授谈文章，这位先生请教授斧正拙稿。教授看出其中有一篇的出处是不对的，而这位先生却不服气，坚持以为是对的。当时教授微露不悦，这位先生也不让步，还找书印证他言之不谬。教授连说后生可畏。之后教授非但不计较这番"顶撞"，而且对这位先生关怀备至。

自然，这并不是说交际中定要风风火火，飞扬跋扈，盛气凌人，这样更有悖于交际之道，因为交际是在所谓的公平原则中进行的，谁也不宜居高临下，颐指气使。那么，你还用唯唯诺诺来应和对方而使自己显得不左不右吗？走出误区吧，说你该说的吧！——即便说得不对或是显得很幼稚，又何尝不是你的真情参与呢?!

记住，唯唯诺诺无法讨好别人，也无法建立好人缘。你应该学会讨好自己，以行动维护和增强你所相信的价值、你的观点。这样做，你会感到喜欢你的人越来越多——因为你做了正确的事情，你有了自己的特色。

2. 交际之患：好争论容易伤感情

人们都喜欢和气的人，恐怕没有人会喜欢不好好商量事情，只会发脾气的人。其实做什么事都要你情我愿，大家坐下来平心静气地解决问题。何必要乱发脾气呢？

遇到不同意见时，你不能一不高兴就发脾气。

假如你在愤怒之下，对别人发作一阵，你的气随之消失，心中也高兴了。但是别人怎样呢？当你高兴时他能分享到一点吗？你那挑战的口气，敌意的态度，会使他赞同你的意见吗？前美国总统威尔逊说过："假如你握紧两只拳头来找我，我想我可以告诉你，我会把拳头握得更紧；但假如你来找我，说道：'让我们坐下商谈一番，假如我们之间的意见有不同之处，看看原因何在，主要的症结在什么地方？'我们会觉得彼此的意见相去不是十分远。我们的意见不同之处少，相同之处多，并且只需彼此有耐性、有诚意和意愿去接近，我们不难相互理解的。"

人际关系良好的人，表情自在，嘴角总带着笑意，他不说话也像是在告诉你："我正在认真听，请你说！"他不会让自己看起来了不起或者傲视一切，而常以和蔼的面貌与人接触，所以让人觉得可以推心置腹地交往。

所以，请千万不要像"斗鸡"一样，不断地与别人争斗，你应该通过一种比较平和的方式把你的意见告诉别人，或慢慢接受不同的意见，这样才能避免摩擦，搞好人际关系。

那么，面对矛盾冲突时，我们应该怎么做呢？

（1）认真听听对方的意见

首先，你不妨使对方先说出他的想法，以便仔细地听取它。否则，他总会感觉受到了伤害，态度也就变得更强硬了。而且，人有一种欲望，那就是尽量地把心中的疑惑倾吐出来。当这种欲望未得到满足时，是无法去倾听别人的意见的。因此，当你要对方接受自己的意见时，不妨先听听对方的话。如果可能的话，叫对方重复一下他的意见，并问他是否还有什么话想说。

（2）不要急于回答质问

当受到质问时，有不少人会即刻答复，速度之快，可以用"间不容发"来形容。事实上，这并非好的方法。这时，你不妨先看看对方的脸，隔一会儿才答复。如此一来，能够给对方一种满足感，他认为自己所说的话，值得你思考一番。这样当然就有利于你。不过，只要稍停顿一下就行了。如果你停顿得太久的话，对方会认为你不肯明确答复，或想避重就轻，甚至认为你无意回答他的问话。

即使你不得不反对对方的想法，亦不应"间不容发"地提出反对之词。这么一来，你无异是在告诉他："你的想法是不足取的，根本就没有考虑的价值。"

（3）不要彻底占据上风

每逢争论之时，每一个人都会认为自己的想法是正确的，认为对方的想法是荒谬的，完全错误的。其实不管是何种争论，每个人都有正确的意见，也有不正确的想法。因而，当你与别人展开争论时，不妨对对方的某一项意见表示让步，这么一来，你必定能够在某一部分找出双方一致之点。你这样做之后，对方也会对你的某些意见作出让步。

在这种场合，你不妨使用"是的……可是"的说话技巧。你可婉转地说："是啊，关于这一点，我同意你的意见，不过除此之外，不是还有这样的方法吗?""采取此种方法，不是更好一些吗?"

（4）表达自己的意见时态度要温和

与人争论时，切勿感情用事，态度不要过于激烈。换句话说，当对方反对自己的意见时，切勿不顾一切地让他们接受自己的意见，导致展开激烈的争论，甚至采取过火的态度。这种方法是不会产生很好的效果的。因为人们对这种恫吓的态度，往往会产生反感，当然就更不想改变自己的想法了。

相比之下，如果能够心平气和地分析事实的话，则更能够产生效果。同时，千万别摆出"我说的绝对没错"的态度，最好能够以"我的想法或许有错"的谦逊态度去说话。这么一来，对方将会听取你的想法，不知不觉地接受你的想法。

（5）借别人之口说自己的话

当你与别人展开争论之时，好让第三者代你说出自己想说的话。就像母亲教导孩子时，总是说"老师不许你如此做的"或者"这样做，老师会处罚你的"。总比以自己的想法教导他，效果要好得多，因为每一个人都有一种心理倾向，那就是：很难于信服"卖瓜者说瓜甜"的说法。经过第三者的透露之后情形就不同了。在这种场合里，即使你的主张与他的想法不同，你也不至于刺激了对方的自尊。

比如，你想要丈夫把工资原封不动地交给你的话，不妨如此说："据统计，把工资原封不动地交给太太的丈夫，目前已达到了97%以上……"

(6) 争论时别伤了对方情面

当你与别人展开争论时，有一件事是非记住不可的，那就是要保全对方的情面。因为一个人在讲了自己的想法之后，即使察觉到自己的想法有差错，他也坚决不会自认错误，或者改变想法，因为一旦承认了自己的错误之后，往往会疑心生暗鬼，唯恐他人会认为自己是撒谎者，或怕别人因此瞧不起自己。因此，为了保全对方的面子，你最好为他制造下台阶的机会。你可以推说："这也难怪，因为你没有真的和那个人接触过，当然会如此想了。"或者："只要不明就里，大家都会如此想的！"

又如，当对方弄错时，你不妨推说那是无可奈何的事："这不算什么，以前我也屡犯这方面的错误。只要熟悉了之后，自然就熟能生巧，再也不会有错误了。"

在争论中得罪人是一种很愚蠢的行为。生活中，不可能件件事都顺你心意，如果你事事都要跟人争，跟人吵，那么你的人际关系一定会坏到无以复加。所以，试着控制一下你争斗的欲望，在轻松的谈话间让对方认可你的意见，这才是最高明的做法。

3. 急功近利：心急难吃热豆腐

人或动物都有一个特点，对于突如其来的陌生环境或陌生关系，有一种本能的排斥感，也许还会做出激烈反应，可是如果是一种慢慢形成的环境或关系，那种排斥感就会逐渐变得麻木，甚至消失。与人进行交往时，尤其是彼此还不熟悉的情况下，这时候切忌急功近利。你越这样，就越是欲速则不达。采取循序渐进的方法，可以让你少走许多弯路。

成功人士琼斯在开始他的计划时，首先向一家银行借了50元他并不急需要用的钱。他说："我之所以借钱，是为了树立我的声誉。其实我根本就没有动过这笔借款，当借期一到，我便立即将这50元钱还给了银行。几次以后，我便得到了这家银行的信任，借给我的数目也渐渐大了起来。最后一次借款的数值是2000美元，这次我用它去发展我的业务。"

琼斯还说："后来，我计划出版一份商业方面的报纸，但办报需要一定的经济基础，我估计了一下，起码需要1.5万美元，而我手头上总共才不过5000美元。于是，我再次到那家银行，也再次去找每次借我钱的那个职员，当我将计划原原本本地告诉他以后，他愿意借给我1万美元。不过，他要我与银行的经理洽谈一下。最后，这位经理同意如数借给我1万美元，还说：'我虽然对琼斯先生不太熟悉，不过我注意到多少年以来琼斯先生一直向我们借款，并且每次都按时还清。'"

美国斯坦福大学社会心理学家弗利特曼和弗利哲两位教授，曾同学校附近一位家庭主妇巴特太太做了个有趣的实验，他们打了个电话给她：

"这儿是加州消费者联谊会，为具体了解消费者的情况，我们想请教您几个关于家庭用品的问题。"

"好吧，请问吧！"

于是他们提出了一两个例如府上使用哪一种肥皂等简单问题。当然，这个电话，不仅仅只是打给了巴特太太。

过了几天，他们又打电话：

"对不起，又打扰你了，现在，为了扩大调查，这两天将有五六位调查员到府上当面请教，希望你多多支持这件事。"

这实在是件不好办的事儿，但也被同意了，这是什么原因呢？只因为有了第一个电话的铺路。相反地，他们在没有打过第一个电话，而直接有第二个电话要求时，却遭到了拒绝。他们最后以百分比作为结论。前一种答应他们的占52.8%，后一种只有22.2%。

据此可知，人际交往应由小到大，由微至著，由浅及深，由轻加重才是，如果一开始就要求对方全盘接受，一定会遭受对方的断然拒绝。

所以，一点一点引导别人接受，一点一点诱导别人上钩，既是与人建立关系的小技巧，也是办事成功的大原则。

在一个有趣的青蛙实验里，当青蛙骤然遇到滚烫的沸水时，动物的自我保护意识使它急不可待地跳出了水锅。它拒绝了热水的"套近乎"。第二次实验中，用的是同一只青蛙，不过这回锅里的热水换成了冷水。看看这只青蛙，竟然在里面悠闲地游起泳来。实验人员开始把冷水一点点地加热，青蛙浑然不觉，冷水慢慢地变成滚烫的沸水，这时青蛙虽然已经意识到这样的水温对它会造成致命的威胁，可已经"欲拒无力"了。

与人建立关系，要懂得循序渐进，一步一步去开发。当你与他之间的渠道挖掘好了，关系之水也就会自然地流进来了。

4. 功高压帅：讲话不会察言观色

古往今来，无论君子还是小人，无不爱听好话。有时，当事人十分懊恼或不快时，只要旁人说几句得体的人情话，便云开雾散了。一次，解缙与朱元璋在金水河钓鱼，整整一个上午一无所获。朱元璋十分懊丧，便命解缙写诗记之。没钓到鱼已是够扫兴了，这诗怎么写？解缙不愧为才子，稍加思索，立刻信口念道："数尽纶丝入水中，金钩抛去永无踪，凡鱼不敢朝天子，万岁君王只钓龙。"朱元璋一听，龙颜大悦。

南朝宋文帝在天泉池钓鱼，垂钓半天没有任何收获，心中不免惆怅。王景见状便说："这实在是因为钓鱼人太清廉了，所以钓不着贪图诱饵的鱼。"一句话说得宋文帝拿起空竿高兴地回宫了。

相反，唐朝的孟浩然，早年即显示出超人的才华，且名传京师，也很想到政坛上去一展身手。却因为一时不慎，将话说错，而导致一生不第。他与王维友好，王维在内置值班时约孟浩然诵读自己的诗作。不料，诗中有"不才明主弃"一句，惹怒了玄宗。玄宗以为孟浩然是在讽刺他不分贤愚，埋没人才，孟浩然不但没得到什么官做，还惹怒了龙颜。孟浩然是个明白人，他知道这一下仕途更加无望了。"当路谁想假，知音世所稀，只应守寂寞，还掩故园扉。"于是告别友人，离开长安回到故乡过起了隐居生活。此后，孟浩然由儒而道，只有在山水田园诗作中倾诉痛苦，消磨时光，抒发"且光杯中物，谁论世上名"的心绪。

俗话说："出门观天色，进门看脸色。"观天色，可推知阴晴雨雪，携带行具，以免受日晒雨淋。看脸色，便可知其情绪。面部表情的色彩不同，其情绪也不同。学会察言观色，实在是不可忽视的说话办事之道。

《三国演义》中第七十二回诸葛亮智取汉中，曹操收兵于斜谷界口驻扎。操屯兵日久，欲要进兵，又被马超拒守；欲收兵回，又恐被蜀国耻笑，心中犹豫不决。适庖官进鸡汤。操见碗中有鸡肋，因而有感于怀。正沉吟时，夏侯惇入帐，禀请夜间口令。操随口曰："鸡肋！鸡肋！"传令众官，都称"鸡肋"。行军主簿杨修，见传"鸡肋"二字，便教随行军士，各收拾行装，准备归程。有人报知，夏侯惇大惊，遂请杨修至帐中问曰："公何收拾行装？"修曰："以今夜号令，便知魏王不日将退兵归也：鸡肋者，食之无肉，弃之可惜。今进不能胜，退恐人笑，在此无益，不如早归；来日魏王必班师矣。故先收拾行装，免得临行慌乱。"夏侯惇曰："公真知魏王肺腑也！"遂亦收拾行装。于是寨中诸将，无不准备归计。当夜曹操心乱，不能稳睡，遂手提钢斧，绕寨私行。只见夏侯惇寨内军士，各准备行装，操大惊，急回帐召惇问其故。曰："主簿杨德祖先知大王欲归之意。"操唤杨修问之，修以鸡肋之意对。操大怒曰："汝怎敢造言乱我军心！"喝刀斧手推出斩之，将首级悬于辕门外。"

通观此事，实在不是曹操之过，一方面杨修恃才放旷屡犯曹操之忌，有卖弄手段和奴高压主之嫌；另一方面，打铁看火色，曹操进退无计，正是有气无处放的时候，杨修出风头要小聪明，到头来，难免聪明反被聪明误了。

杨修因一句话丢了性命，是因为在不恰当的时机，对不合适的人说了

169

不该说的话。在曹操犹疑不定、心里烦躁的时候，即使你不能给他出主意，说两句人情话使其稍安毋躁也算恰当。杨修不说当说的人情话，偏要说犯忌的大实话，不倒霉才怪呢。

5. 心平气静：小地方让步无碍大雅

遇到别人反对你，而你又不得不跟他打交道时，须学会先从小地方让他一让，这样你才有机会大处取胜，办成自己想办的事。

在博洛莫正准备就任西方电气公司经理的时候，忽然被一家旅店的老板——一个瘦小的老头儿——大骂了一顿。博洛莫却在大骂之下发现了一个将有可能使其成功的策略。原来，这个怒气冲天的旅店老板并没有当面骂他，而是将一封措辞极其严厉的对电话公司服务不满意的信寄给该公司。于是，公司便派博洛莫去调查调解此事。后来，博洛莫回忆说："当那老头儿一听说我是电话公司派来的人，面色立刻铁青起来。我想，我的第一个任务就是让这老头儿火一样的怒气平息下来。"他接着说："当时我决定一言不发，只是静静地听，让他尽情地发泄个够。在他终于把那些埋怨电话公司的话说完后，我也知道了问题的症结所在，我有针对性地简单地说了几句。我说完之后，旅店老板拍着我的肩膀说：'小伙子，你这话倒还中听，不过我埋怨的是那混蛋的电话公司。'"

博洛莫接着说："我很感谢您中肯的意见，但是如果您不说您的问题已得到了满意的解决，我是不能回去的。

'好的，'他说，'就看在你的分上，我答应，以后我再也不写信到你们电话公司里去了。这样行不？'

那老头儿果然很守信，以后再没写信到我们公司去了。在这次经验中我得到了一个很重要的启发，那就是当一个人要发泄他的愤怒和不满情绪的时候，你千万不要中途插嘴，这样会把事情弄得更糟，最好的办法是让他去发泄好了，发泄完了，他也变得舒坦了，而我呢，却从他的言语中找到了制胜的办法。"

要知道，凡是愤懑的情绪，十有八九是夸大的，往往被一种虚荣心或者幻想所促成。当他们向你发泄时，不是认为自己的自尊心受了损害，就是在向你显示他的所谓威严。所以，不管他的怒气多么凶狠或者多么无知，唯一能使他平静的办法是：静静地听他诉说，要表示你在认真地倾听，表示你理解他的心情，即使你不能同意他的观点，也要表示极大的理解与同情。

对于一般人来讲，即使错了，也不肯轻易向当事人立即承认错误，要他们心服口服地认错，得费一番心思。他们如果是个较有地位的人，就更难使他们后退了，这完全是自尊心在作怪。如果我们一开始就急于证明他的观点是不正确的或者说是愚蠢的，那么我们自己也做了件傻事，其结果只能是使他们坚持己见。如果我们对他们表示出应有的尊敬和同情，了解他们的真实企图，然后循序渐进地指出他有可能步入的误区，我们就比较容易使他们纡尊降贵地来迁就和尊重我们的意见。

纽约电器公司的文德列斯，是官方的劳工纠纷仲裁员，他曾向人们讲述过他是怎样对付职工的愤怒和诉说的。他说："将两方面的争辩者召集起来之后，他们两方所常常渴望的是官方对他们的同情。在这种情况下，我从不说哪一方的某个人是否有错。这便使他们感到你能够了解事情怎么会弄成这个样子，承认他们所讲的有一定的价值。简单一点就是说：'如果某某人得到别人的山羊，那么，你就应该替失去山羊的人说几句贴心和惋惜的话。'"

他还说："无论是一种合法的调解还是一个合法的仲裁手续，我的态度始终是先静静地听他们诉说，鼓励双方都将自己心中要说的话全部说出来，甚至与本案关系不大或无关的内容我都让他们讲完。我认为这点很重要，这样做能使他们感到得到了一个公平的处置。末了，我还要说一句：

你们还有什么话要说？在他们还没有意识到我在解决问题的时候，我的裁决就早已确定好了。"

大多数人都特别需要别人的同情，许多有才干的统治者都深明这一点，对那些怀有不满情绪甚至敌意的下属，表示同情的心态，使他们觉得自己是被亲近的。

戈萨尔将军在开挖巴拿马运河时，专门创立了著名的"星期天法庭"，曾经被认为是"行政界的一大打击"，在他管理的3万人中，每个人都可以在法庭上发泄他们的不满，然后，找出解决这些问题的办法。

英国的大出版家诺斯克莱夫，为了使每个需要申诉的职工都能立刻见到他，不但在他的办公室里及时定好了一个约见职工的时间，而且还宣布："凡是具有申诉意见的信函，都由我自己或秘书过目。"

所以，有才干的人，常常在无形之中消除种种反对意见。然而，一旦这些事情不可避免地发生了，他们首先是倾听对方诉说，并且向对方表示自己完全理解及尊重他们的意见，然后再陈述解决的办法及自己的看法。

哈蒙曾被誉为全世界最伟大的矿产工程师。他一生有不少令人感动的故事。他从著名的耶鲁大学毕业后，又在德国弗来堡攻读了3年。他毕业回国后寻找职业的轶事，便是"让对方小获胜利"的典型例子。

回国后他去找美国西部矿业主哈司托。哈司托是个脾气执拗、注意实际经验的人。他不太信任那些文质彬彬的专讲理论的矿务工程技术人员。

当哈蒙向哈司托求职时，哈司托说："我不喜欢你的理由就因为你在弗来堡做过研究，你的脑子里我想一定装满了一大堆傻子一样的理论。因此，我不打算聘用你。"

于是，哈蒙假装胆怯，对哈司托说道："如果你不告诉我的父亲，我将告诉你一句实话。"哈司托立刻表示他可以守约。哈蒙便说道："其实在弗来堡时，我一点学问都没有学回来，我尽顾着实地工作，多挣点钱，多积累点实际经验了。"

哈司托立即哈哈大笑，连忙说："好！这很好！我就需要你这样的人，那么，你明天就来上班吧!"

敏锐的人在处理反对意见的时候常常尽量地使自己做些"小让步"。每当一个争执发生的时候，他们总是在心里盘算着："关于这一点能否做一些让步而不损害大局呢?"

在有些情况下，别人所争论不休的论点，对自己来讲反而不那么重要。比如，哈蒙对哈司托的偏见，在这种情况下，我们所需要的不是去斤斤计较，而是尊重他的意见，维护他的"自尊心"而已。

美国著名的顾问尼一韦是贺华勃及罗克法芮等许多大名鼎鼎的人物常常去咨询决策的人，他曾经很妥善地帮助他们解决了一个个非常难处理的事件。

当时，尼一韦想请著名的阿丝狄夫人参加即将在纽约动工的阿斯托尼亚大饭店的奠基典礼。

"不行，"阿丝狄夫人说："此事恕我不能遵命，你们之所以需要我，只是让我为你们旅馆做做广告而已。"

而尼一韦的话的确使人大吃一惊。"夫人，的确如此，"尼一韦接着说，"然而，你也不会一无所获的，你也可以借此接近广大群众。因为，这个典礼将由广播电视向全国转播。"后来他又向她声明，他们并不希望她发表什么演说，只是要她到场露一下面就行了，并且反复强调了此举的意义。最后阿丝狄夫人便应允下来，答应出席他们的奠基典礼。

从这里我们可以看出，尼一韦能使阿丝狄夫人答应的真正原因，还是在于他开始的时候，使夫人感到出其不意的让步。阿丝狄夫人说："他们需要我做广告这是我不愿意的，然而，他却坦白地承认了这一点。在这一点上他表示出了让步。"接下来尼一韦迎合了阿丝狄夫人的心理去劝说她，结果他终于取胜了。

英国曾有位著名的首相，名字叫劳合·乔治，他在这方面有自己的独特见解，他将之称为："圆融的劝诱术。"一个乔治的研究者对此做了如下解释："乔治常常是在别人以为他已经失败了的时候获得胜利的。他懂得什么时候应当牺牲一点而最终取得全局的胜利。"

有的时候的确要造成使人有反对余地的局面，以让对方小获胜利。碰到这种情况的时候，我们不妨故意预备好一步无伤大雅的"枝节"，让对方表示反对，然后我们再做有目的的让步。

6. 旁敲侧击：换一种批评方式

没有人愿意挨批评，不管你说的有多对，所以批评常会产生一些负效应。但是，有些人能够很恰当地把握批评的方法尺度，使批评达到春风化雨、甜口良药也治病的效果。

美国南北战争时期，属下向林肯总统打听敌人的兵力数量，林肯不假思索地答道："120万至160万之间。"下属又问其依据何在，林肯说："敌人多于我们三四倍。我军40万，敌人不就是120万至160万之间吗？"为了对军官夸大敌情、开脱责任提出批评，林肯巧妙地开了个玩笑，借调侃之语嘲笑了谎报军情的军官。这种批评显然比直言不讳地斥责要好多了。

其实，许多时候批评的效果往往并不在于言语的尖刻而在于形式的巧妙，正如一片药加上一层糖衣，不但可以减轻吃药者的痛苦，而且使人很愿意接受。批评也一样，如果我们能在必要的时候给其加上一层"外衣"，也同样可以达到"甜口良药也治病"的目的。

有一天中午，查理·夏布偶然走进他的一家钢铁厂，撞见几个工人正在吸烟，而在那些工人头顶的墙上，正悬着一面"禁止吸烟"的牌子。夏布没有直接地批评工人。

他走到那些工人面前，拿出烟盒，给他们每人一支雪茄，然后请他们到外边去抽。那些工人已知道自己破坏了规定，可是他们钦佩夏布先生不但丝毫没有责备他们，而且还给他们每人一支雪茄当礼物，工人们觉得受到了尊重，很高兴地走到外边去了。

1987年3月8日，最善于布道的彼德牧师去世了。下一周的星期日，艾鲍德牧师被邀登坛讲演。他尽其所能，想使这次讲演有完美的效果，所以他事前写了一篇演讲稿，准备到时宣读。他一再修改、润色，才把那篇稿子完成，然后，读给他太太听。可是这篇讲道的演讲稿并不理想，就像普通演讲稿一样。

如果他太太没有足够的修养和见解，一定会直接说出这篇稿子糟透了，绝对不能用，因为它听起来就像《百科全书》一样枯燥无味。

但艾鲍德太太知道间接批评别人的好处，所以她巧妙地暗示丈夫，如果把那篇演讲稿拿到《北美评论》去发表，确实是一篇极好的文章。也就是说，她边赞美丈夫的杰作，同时却又向丈夫巧妙地进行了暗示，他这篇演讲稿，并不适合讲演时用。艾鲍德明白了妻子的暗示，就把他那篇绞尽脑汁完成的演讲稿撕碎了。他什么也不准备，就去讲演了。

我们要劝阻一件事，应躲开正面的批评，这是必须要记住的。如果有这个必要的话，我们不妨旁敲侧击地去暗示对方，对人正面的批评，会损伤他的自信，伤害他的自尊，如果你旁敲侧击，对方知道你用心良苦，他不但会接受，而且还会感激你。

7. 不气不恼：求人碰钉子仍争取

俗话说："好事多磨。"求人办事，在很多时候单靠软的或硬的一种方法也是不行的，只有双管齐下才能达到办成事的目的。

汉代的大辞赋家司马相如出川漫游，一篇《子虚上林赋》，海内闻名。博雅之士无不以结识司马相如为荣。但司马相如放任不羁，又不治产业，一派浪荡公子相。

　　这一年，司马相如外游归川，回来的路上，路过临邛。临邛县令久仰司马相如之名，恭请至县衙，连日宴饮，写赋作文，好不热闹。

　　此事惊动了当地富豪卓王孙。卓王孙原是赵人，秦人移民时迁来临邛，以冶铁致富，家有万金，奴仆千人。听说来了个才子司马相如，也想结识一下，以附庸风雅。但他仍摆脱不了商人的庸俗，故而实为请司马相如，但名义上却是请县令王吉，让司马相如作陪，司马相如本看不起这种无才暴富之人，所以压根没准备去"陪宴"。

　　到了约定日期，卓王孙尽其所能，大摆宴席。县令王吉因平日倚仗卓王孙钱财之事甚多，所以早早就到了，但时辰早过，司马相如却没有来，卓王孙如热锅蚂蚁，王吉只好亲自去请。

　　司马相如正在高卧独饮，驳不过王吉面子，来到卓府。卓王孙一见其穿戴，心中便怀瞧不起之意，心想自己是要脸面之人，请来的却是这样一个放荡无礼之辈。

　　司马相如全然不顾这些，大吃大嚼，只顾与王吉谈笑，早把卓王孙冷在一边。

　　忽然，司马相如听到内室传来凄婉的琴声，那琴声不俗，司马相如一下子停止了说笑，侧耳细听起来。

　　卓王孙原被冷在一边，讪讪地毫无意思，今见琴声引住了这位狂士，于是夸耀地卖弄说这是寡女卓文君所奏。司马相如早已痴迷在那里，忙请求让卓文君出来相见。卓王孙经不住王吉撺掇，派人唤出卓文君。

　　司马相如一见卓文君，两眼直勾勾愣在那里，他万万没想到这俗不可耐的卓王孙竟有这般美丽高雅的女儿。于是要过琴来，弹了一曲《凤求凰》向卓文君表达爱意。卓文君心里明白，又爱慕司马相如的相貌和才华，当夜私奔到司马相如处，以身相许。经过商量，两人一起逃回成都。

　　卓王孙知道后，气得暴跳如雷，又是骂女儿不守礼教，又是骂司马相如衣冠禽兽，发誓不准他们返回家门。

卓文君随司马相如回到成都后才知道，她的夫君虽然名声在外，但家中却很贫寒。万般无奈，他们只好返回临邛，硬着头皮托人向卓王孙请求一些资助，不料，卓王孙破口大骂：

"我不治死这个没出息的丫头就算便宜她了，还想要我接济，一个子儿也不给！"

夫妇俩听说父亲的态度如此坚决，心都凉了半截儿，可是眼下身无分文，日子可怎么过呢？到底他们俩都有"才"，很快想出了一个"绝招"。

第二天，司马相如把自己仅有的车、马、琴、剑及卓文君的首饰卖了一笔钱，在距卓府不远的地方租了一间屋子，开了一个小酒铺。

司马相如穿上伙计的衣服，卷起袖子和裤腿，像酒保一样，又是擦桌椅，又是搬物件；卓文君穿着粗布衣裙，忙里忙外，招待来客。

酒店刚开张，就吸引了许多人来。这倒不是因为他们卖的酒菜价廉物美，而是前来目睹这两位远近闻名的落难夫妇。司马相如夫妇一点也不感到难堪，内心倒很高兴，因为这正好达到了他们的目的——给顽固不化的老爷子现现眼。

很快，临邛城里人人都在议论这件事，有的对这一对夫妇表示同情，有的责备卓王孙刻薄。卓王孙毕竟是一位有身份、有脸面的人物，十分顾忌流行一时的风言风语，居然一连几天都没有出门。

有几个朋友劝卓王孙说："令爱既然愿意嫁给他，就随她去吧。再说司马相如毕竟当过官，还是县令的朋友。尽管现在贫寒，但凭他的才华，将来一定会有出头的日子，应该接济他们一些钱财，何必与他们为难呢？"

卓王孙气撅了胡子，万般无奈，分给卓文君夫妇仆人百名，钱财百万，司马相如夫妇大喜，带上仆人和钱财，回成都生活去了。

司马相如与卓文君的求人战术，颇有几分泼皮无赖精神。

所以求人办事，千万要经得起打击，即便是亲人也是一样的。有些人脸皮太薄，自尊心太强，经不住首次拒绝的打击。只要略一受阻，他们就脸红，感到羞辱、气恼，要么与人争吵闹崩，要么拂袖而去，再不回头。这样一来，不仅办不了事，更严重的会影响亲戚之间的关系，那么以后再想求助于他们，就难了。

　　因此，我们在求人办事儿时，既要有自尊，但又不要抱着自尊不放，为了达到目的，有时脸皮不妨厚点，碰个钉子，脸不红心不跳，不气不恼，照样微笑与人周旋。只要还有一丝希望就要全力争取，不达目的决不罢休。有这样顽强的意志就能把事情办成。

第五章

懂得人情世故，说话办事才有底气

每个人不管处于什么样的地位，都自觉不自觉地与周围的人发生着关系。只有了解人，研究人，懂得所谓人情世故，你说话办事才会有底气，少出差错。

上篇：采取灵活处世的为人之道

1. 察言观色：通晓人情世故

古人说："世事洞明皆学问，人情练达即文章。"生活中离不开"人情"二字，不懂不察人情是不可以的，因为人情是无形的东西，要想掌握人情世故，就必须下工夫努力研究和读懂它，并在生活中活学活用，这样的人才能受人欢迎，才能有人缘。

通晓人情，就是要有一种设身处地、将心比心的态度。从正面讲，就是要"己欲立而立人，己欲达而达人"。就好像肚子饿了要吃饭，应该想到别人肚子也饿了，也要吃饭；身上冷了要穿衣，应想到别人也与你一样。懂得这些，你就能"推食食人"、"解衣衣人"。刘邦就知道这个道理，所以他在韩信眼中是个通晓人情的人，并且刘邦还使韩信欠下自己的人情债不忍背叛。

汉王四年，韩信平定了齐国，他向汉王刘邦上书："我愿暂代齐王。"刘邦大怒，转而一想，自己现在身处困境，需要韩信，就答应了。韩信力量更加壮大。齐国人蒯通知道楚汉相争的胜负取决于韩信，就对韩信说："相你的'面'，不过是个诸侯；相你的'背'，却是个大福大贵之人。当前，刘、项二王的命运都悬在你手上，你不如两方都不帮，与他们三分天下，以你的贤才，加上众多的兵力，还有强大的齐国，将来天下必定是你的。"

韩信说："汉王待我恩泽深厚，他的车让我坐，他的衣服让我穿，他的饭给我吃。我听说，坐人家的车要分担人家的灾难，穿人家的衣服要思虑人家的忧患，吃人家的饭要誓死为人家效力，我与汉王感情深厚，怎能为个人利益而背信弃义。"

过了几天，蒯通又去见韩信，告诉他时机失去了便不再来，韩信犹豫不决，只因汉王对他情深义重。

姑且不论刘邦以后为什么处死了韩信，但就人情世故而言，刘邦很成功，他能令韩信在想到背叛时心中产生愧疚，不忍去做。

通晓人情从反面讲，就是要"己所不欲，勿施于人"。你爱面子，就别伤别人面子；你要尊重，就不能不尊重别人。然而，"只许州官放火，不许百姓点灯"的事，并不是没有人做。

项羽就是其中之一。虽然他有"霸王"的美称，却只有霸者的习气，没有王者的风范。他自己想称王，却想不到手下的弟兄也想做官。该赐爵的时候，爵印就在他手中，棱角都磨损了，他还是舍不得颁发下去。

因此，与其说项羽败给刘邦，还不如说他输给了人情。

通晓人情还不够，有的人既通又晓，但自视清高，懒得做。人情是做出来的，需要有广泛的人缘。

有人缘的人，才会广交朋友受人欢迎。

话虽这样说，但人情得"通"，人缘得"有"，是不能守株待兔的，天上不会掉下一块馅饼，而且刚好掉到你的嘴巴里。人情要去做。

做人情，前提便是察言观色、消息灵通。

察言，便是"闻一知十"；观色，便是"见面明意"。真正地做到了这一点，让你的朋友欠个人情给你，简直太容易了。

李先生与赵先生在一家商场相遇，赵先生带着他的独生女，两人边走边谈些生意上的事情，当经过时装柜台时，李先生注意到赵先生的女儿目光专注地盯着一件红色的款式很新颖的衣服，露出欣喜、羡慕的表情。第二天，李先生来到赵先生的家，送给赵先生的女儿一件红色的款式新颖的衣服。赵先生的女儿很开心，当然她没想到，她的父亲有一天要礼尚往来，将这个人情还上。

生活中我们应该正确区别通晓人情世故与世故圆滑。世故圆滑的人多表现为玩世不恭、逢场作戏、使手段、弄权术、八面玲珑、无视原则等。

而通晓人情世故的人充分地了解人的本性、人性的弱点等，他们知道人们喜欢什么、厌恶什么。从而能扬长避短、恰如其分地处理好人际关系，也会在不损害他人利益的前提下成就己事。所以他们无论在工作中还是生活中都能做到如鱼得水、游刃有余。

2. 礼尚往来：保持联系是强化感情的"黏合剂"

保持联系是强化感情的一种重要方式。在生活中我们同朋友、同事、同学保持经常的联系，对融洽关系、建立感情、更深地增进彼此的友谊，以及不断扩展自己的社交领域都具有重大的作用。

一般来说，当我们初识一群人时，关系的进展速度跟接触的频率成正比。也就是说，如果你跟某位刚认识的朋友从开始时总是有机会接触的话，你们的关系很快就会变近，形成比较亲密的群体。道理很简单，为什么你会跟你同办公室的同事、同班的同学很快形成亲密关系，而跟其他同事或同学关系就远一层了呢？就是因为你们常常见面，常常接触，彼此很快就认识了、了解了。人与人之间需要经常互通信息、互相交流，才能保持良好的关系。亲戚之间、朋友之间，甚至刚认识的朋友，都要想办法常常联系。

为什么中国人有那么多礼节，碰上婚丧嫁娶等大事，亲戚朋友都要参加，有许多场合还得送礼？这是几千年来的传统，是很有必要的，因为这是亲朋好友经常保持联系的一种方式。如果一户人家常年关闭门户，从不和人来往，那只能是孤立了自己。

要保持良好的人际关系，你必须跟你现在所认识的人保持经常联系。有空给远在异地的亲人、朋友打打电话，通通信，询问一下对方近来的工作、学习情况，介绍一下自己的情况，互相交流一下，这是很有必要的，这点时间绝对不能节省。碰上亲戚、朋友的人生大事，如果有空最好尽量参加，如果实在脱不开身，最好也写封信或托人带点什么，不然，怎么算得上亲戚朋友。

对方有困难的时候，更应加强联系，许多人总是喜欢向亲人、朋友汇报自己的喜事，而对一些困难却不好意思开口，要去掉这些顾虑。

当自己的父母发生什么事情的时候，自然不用多说，而当听到叔叔、阿姨、舅舅等亲戚或朋友家有人生病或遇上不幸的事，应马上想办法去看看。平日尽管因工作忙学习重没有很多时间来往，但亲人朋友有困难时鼎力相助或打声招呼，才显出你们之间的深厚情谊来。"患难朋友才是真朋友"，关键时刻拉人一把，别人会铭记在心的。

另外，常常保持联系对你自己会有许多好处，和亲戚中的长辈经常联系、谈心，一旦你碰上什么事情，如找工作、找对象等，听听长辈、朋友的意见，或者找他们帮忙，对你都可能有直接或间接的帮助，如果平时没有联系，需要时很难找上门去，即使找到，别人也不会乐意帮助你。

俗话说："勿临渴而掘井，宜未雨而绸缪。"想要拥有好的人际关系，需要你用一种诚恳、主动的态度去对待别人，经常和别人保持联系，这样方能维系你们的关系，你在遇到困难时也才会有人帮你，这种做法无疑对你的工作、学习会有极大的帮助。

3. 知己知波：充分了解对方的意图

我们在日常的人际交往中，要想赢得别人的好感，就必须时刻留意对方的兴趣、爱好，充分领会对方的意图和心理，这样方可投其所好，"对症下药"。然而，对方的意图往往不是一下子就能看穿的，必须下工夫用心去揣摩他人的心理，然后尽量顺应他，甚至还可以抢先一步，将对方还没说出口的话先说了，要办而未办的事先办了。这样对方一定会很高兴，因此你一定会给他留下一个良好的印象。

在日常生活中，待人处事也应做到知己知彼，"见什么人说什么话"，对不同的人运用不同的交往之道，随机应变，才能事事顺利。比如，在和领导相处时，就要根据领导的性格特点和其好恶，对自己的为人处世方式做一些必要的修正，以便迅速赢得领导的好感，建立起一定的感情。在此基础上，领导才会有兴趣深入了解和考察你的才干，并使你"英雄有用武之地"。

刘某为人热情大方，很善于与各种各样的人打交道，在调到一个新单位后，他首先想到的是如何赢得领导的好感和赏识。在做了一番调查后，他得知领导为人保守，就毅然舍弃了长发、牛仔裤等时髦装束，而以循规蹈矩的形象出现在领导面前。

在初步赢得领导的好感后，刘某想发挥自己乐于助人、慷慨大方的优点，主动与领导交往，建立友谊。不料，领导为人孤僻多疑，喜欢独处，对刘某的热情颇不习惯。刘某碰了几次壁后，就决心改变策略，去顺应领导的性格特点，不再经常围着领导转。

后来，刘某发现领导有一个最大的爱好——打乒乓球，于是他苦练了一段时间的球艺，然后频频在领导常去的一家俱乐部露面，并每次都是和领导对阵，切磋球艺。此举果然奏效，在"球来球往"中领导渐渐放松了心理防卫，与刘某成了朋友。

经过一番交往，领导顺其自然地了解了刘某身上的优点和才干，在工作中对他予以重用。刘某投其所好，出色地把自己推销给领导，从而赢得了事业上的成功。

由此可见，投其所好，是一门高超的处世艺术。

能充分了解对方意图，掌握他人心理的人，就是我们平常所讲的"会来事儿"的人。生活中没有谁不喜欢会来事儿的人，他们办起事来往往是得心应手，无论走到哪里都是受人欢迎的人，难道你不想成为这样的人吗？

4. 以"硬"碰硬:扮"恶"保护自己

西方有一条充满哲理的谚语:"要使一条线变短,最简单的方式就是在它的旁边画一条更长的线。"以此类比做人做事,则可发现这样一个道理:要使一个恶人不敢对你作恶,就要做出比他更恶的样子。确实,在这个世界上,虽然不能说是恶人横行,但也难免遇上坏人。

有时候,装"恶"确实是自我保护的最佳武器。

有一个无赖,他仗着自己练过几天功夫,会耍几手拳脚,在一个小镇的农贸市场上为非作歹、为所欲为。最令人气愤的是,他总是拎了这个摊上的鸡,又拿了另一个案上的肉,却不给钱。谁要向他讨,他就说先赊着,以后一块儿给。可若有谁真向他讨要时,他便会大打出手或是想法子弄得你无法在此地待下去。大家对这样一个无赖可谓敢怒而不敢言。

一次,这个无赖又来到市场上,他走到一个猪肉摊前,指着一块肉要摊主割下来给他,那位摊主也是位青年,听他一说,二话不讲,操起刀就在案子边的条石上霍霍地磨了起来。这个无赖见此,只好站在那等着。此时,摊边上的人开始聚拢过来,一半是看热闹,一半是想亲眼目睹一下这个无赖如何横行霸道。岂知,这位摊主磨了好几分钟还没有罢手。此时,无赖急了,张口就骂,要摊主快点儿。只见这位摊主不紧不慢地应了一声,把磨得雪亮的刀往阳光下一摆,一道寒光直照到无赖的眼睛,无赖心中一惊,不由得打了一个冷战。他又催摊主快割肉,但语气明显缓和了一些。摊主操着刀,对着这个无赖想要的那块肉就砍下去,只听"刷"的一声,一大块肉齐整整地就被割了下来。更令人叫绝的是,就这一刀,把肉中连着的骨头也一点儿碴没掉地砍断了。见此情形,这个无赖一下子愣在那儿了。事情还没有完,摊主把肉砍好之后,并不是像往常那样,把刀搁在案子上就算了,而是出乎意料地朝身边几尺远的一块木板上扔去。随着一声响，那把剁肉刀便插在木板上，与其他几把并排。哦，原来这是他的刀板。同样令人奇怪的是，这个无赖并没有像往常那样，拿起肉便扬长而去，而是叫摊主称了称，乖乖地把钱交了。

究竟是什么力量使摊主在忍让之中征服了无赖呢？

人们自然会想到那把刀，以及摊主熟练的技艺。但是，这则故事告诉我们更多的是摊主那威武不屈的神态和玩刀的技艺，虽然摊主并没有说一句话，但他却通过这种无声的语言告诉对方：我也不是好欺负的。

很多实例证明，说话办事中，过于老实者未必就能取得好的效果。反之，如果能装一回"恶"，以硬对硬，有些时候还会逢凶化吉。

一次，小李出差去某个大城市，刚下车便有人拉客，说他们的旅店在什么位置，什么级别，有什么设施，说得天花乱坠。小李信以为真便跟拉客人打招呼，但拉客人说要先付押金，小李拿出钱来付了押金。谁知小李跟随拉客人到了那里一看，全不是那么回事。什么星级，什么现代设施，只不过是阴暗潮湿的地下室，不开灯连点光线都没有。小李很懊悔，也很气愤，小李问拉客人："怎么这么差的条件，这不是骗人吗？"老板不高兴了，看了看小李："谁骗你了，不是你自己来的吗？"小李说："那是听了你们拉客的虚假之言，再说了，我自己来的，我自己照样还可以走呀，给我钱！""怎么的？"老板样子很凶："给你钱？你以为你是谁呀？这里是大城市，不是你想来就来，想走就走的地方。"

小李见这势头真有点儿害怕，想退缩以息事宁人，但心里又不服，于是狠了狠心，决定拼出去了。他学着老板的腔调吼道："你凶什么凶，你想怎的？这个城市，不说来过十次，至少也有七八次了，我一点也不生。你别瞎叫，我想退房、要退房、坚决退房，不退我就给工商局打电话了！"听小李说要给工商局打电话，老板拨弄了一下算盘说："退房可以，但要交10元钱的手续费。"小李一听可以退房自然高兴，但平白无故地要扣10元所谓的手续费又不甘心，便说："那不行，如果不是你那拉客人把我骗来，怎么会这样？要怪只能怪你的拉客人骗错人了。还有，我受你们的骗这笔账还没算呢！"但老板咬定了那10元钱怎么也不肯松口，如此一来又僵住了。

时间在慢慢地流逝，小李有点焦躁不安，想就此罢休。正在这时，外面又来了几位不知情的受骗者，他及时送给老板一个软糖嚼，说："老板，我看还是全退了吧，你也是明白人，如果我一嚷，那几位还没登记的旅客必会自行告退，孰轻孰重，聪明的你不会不明白吧！"最后老板在无可奈何中把钱全部退还给了小李。

正常情况下，一个人出门在外，不宜惹是生非，应尽量保持沉稳一些为好。但有些时候、有些地方、有些人正是摸准了人们这一心理，才硬拿不是当理说，目的就是"宰人"。所以，面对对方的野蛮粗俗和无理的冲撞，必须以"恶"碰恶，同时坚持原则，据理力争，绝不能迁就软弱，当公理战胜了歪理的时候，问题就自然解决了。

由此可见，由于办事须立于不败之地，即便本来并不恶的人也得故意装出恶人的形象来保护自己。尤其是出门在外，人生地不熟，如果一脸老实相，看上去毫无保护自己的力量，恐怕就会被人欺负，但是你一装"恶"，效果也许就不一样了。

俗话说："人善被人欺，马善被人骑。"如果你做人做事总是以一副老实的面孔出现，就会被人认为你软弱可欺，别人就会看轻你甚至欺负你。如果你不想有这样的结果，那么就要在不同的场合来适时地装装"恶"，这也是保护自己免受伤害的措施之一。

5.未雨绸缪：在感情的账户上多存些钱

人是有感情的动物，当一个人被情感的力量感化时，他就会自动自发地做很多有益的事情，也乐于去帮助别人。处于困境当中需要帮助的人，应该学会运用情感的方法，动之以情，才能激发他人的恻隐之心，最终帮助自己完成所要做的事。

在人际交往过程中，情感是一种无形的资产，巧妙地运用这种资产，会收到意想不到的回报。

很多朋友觉得，人与人之间就是一种相互利用的关系，何必花那么多的冤枉心思去搞马拉松式的感情投资？

这是十足的目光短浅，俗话说得好，"平时多烧香，急时有人帮"，"晴天留人情，雨天好借伞"。人际关系好的人都有长远的战略眼光，早做准备，未雨绸缪，这样在急时就会得到意想不到的帮助。

好的人际关系是走向成功的基础，但好关系的建立不是一朝一夕就能做到的，必须从一点一滴入手，依靠平日情感的积累。

古人说："积土成山，风雨兴焉；积水成渊，蛟龙生焉。"只有通过不断的构建和巩固，人际关系才能牢固。情感投资，聚少成多。有了牢靠的关系垫底，何愁求助无门？

有位刚去美国的朋友来信说："我们在这儿，没有什么社交生活，我们难得去看看朋友，这当然是因为我们初到异境，认识的朋友不多，但后来我听说，其他的人也一样……"

"我们每星期工作五天，星期六和星期日都去了郊外，这是一般家庭式的生活。就是说，要去郊外，就跟自己的家人去。

我们不能利用假期去探望朋友，因为一到假期，谁都不在家，除非朋友患病在床……

这样，平时我们也不可能利用下班后的时间去看朋友，因为交通太拥挤。

但我们常常和朋友通电话，这是我们唯一可以列入社交生活的内容，我们无事也打电话，哪怕是寒暄几句，或者讲些无关紧要的事。

但如果有什么事发生，我们会立刻聚在一起的，比如上星期我儿子肚子痛，我急忙起来打电话给友人李医生想办法，他马上开车从 70 里外赶到，初步诊断，认定我儿子患了盲肠炎，他就用车子送我儿子去医院实施手术……"

看了这封信，给人的最大的感想是，他懂得无事之时经常和朋友联系，所以一有事时，朋友马上就来帮忙。

有事之时找朋友，人皆有之；无事之时找朋友，你可有过？

你有没有这样的经验：当你有了困难，你认为某人可以帮你解决，你本想马上找他，但你后来又一想，已经很久未联系了，这样贸然去找他会不会太唐突了？甚至因为太唐突而遭到他的拒绝？

在这种情形之下，你不免有些后悔没有经常打电话，保持联络了。

法国有一本名叫《小政治家必备》的书。书中教导那些有心在仕途上有所作为的人，必须起码搜集一些将来最有可能做总理的人的资料，并把它背得烂熟，然后有规律地，按时去拜访这些人，和他们保持较好的关系，这样，当这些人之中的任何一个当起总理来，自然就容易记起你来，大有可能请你担任一个部长的职位了。

这种手法看起来不大高明，却是非常合乎现实的，一本政治家的回忆录中提到：一位被委任组阁的人受命伊始，心情很是焦虑。因为一个政府的内阁起码有七八名阁员（部长级），如何去物色这么多的合适人选？这的确是一件难事，因为被选的人除了有适当的才能、经验之外，最要紧的一点，就是"和自己有些交情"。

要和别人有交情才容易得人赏识，不然的话，任你有登天的本事，别人也不知道呢！

现代人生活忙忙碌碌，没有时间进行过多的应酬，日子一长，许多原本牢靠的关系就会变得松懈，朋友之间逐渐互相淡漠。这是很可惜的。希望大家珍惜人与人之间宝贵的缘分，即使再忙，也别忘了沟通感情。否则，"急时抱佛脚"，关键时刻无人帮忙，不免会后悔。

现代社会，生活节奏的加快让人们无暇顾及周围的人，人们之间的关系变得疏远了。要改善这种状况，每个人都应该努力加强与朋友、同事、亲人的关系，多多沟通感情。这样不仅能稳固原有的朋友关系，更能交到新的朋友，会为你的生活、事业带来极大的益处。

6. "退"即是"进"：凡事退让三分

每个人都有自己的个性，都可能在某些方面与别人不同。朋友之间相处会产生很多的矛盾，怎样正确、理智地处理这些矛盾，《菜根谭》上有一句话，为人们提供了一个很好的参考："路径窄处，留一步与人行；滋味浓时，减三分让人食。"此是涉世的一种方法。

学会适度的退让，是一种谨慎的处世方法，适当的谦让不仅不会招致危险，反而是寻求安宁的有效方式。个人生活中，除了原则问题必须坚持，对于小事，对于个人利益，谦让一定会带来身心的愉快，以及和谐的人际关系。有时，这种"退"即是"进"，"让"就是"得"。

为人处世，遇事有退让一步的态度才算高明，让一步就等于为日后的进一步打下基础。给朋友方便，实际上是给自己日后留下方便。

交朋友，就像在跳交谊舞，有进有退，有退有进。有时，退一步路更宽。你是否有这样的经历：去登一座有名的山，往往会直奔主峰，一是有点"不到长城非好汉"的气魄，二是听说峰上有日出，有佛光，有云海，十分迷人。所以对沿途的景色不屑一顾，等到了峰顶，已是气喘嘘嘘满身大汗，结果没见到日出，也没见佛光，偶见云海，又觉得不过如此，扫兴而归。假如换一个角度，不要将目标定在顶峰，而是走到哪儿算哪儿，不慌不忙，一路走去，从容赏景，会觉得到处美不胜收，说不定还会有意外的发现与惊喜。

交朋友也是同样的道理。小张与小刘是同窗好友，他俩毕业后，同分在一个单位工作，有一个销售主管的位子空下来，两人只能去一个。谁都知道，这是个肥缺，但小张还是主动让给了小刘，自己在文教科做职员。闲下来，他写了几篇文章，抱着试试看的态度投到报社，居然发表了。以后，他坚持写，以致小有名气，成为单位的"一支笔"。

凡事不要强求,所谓欲速则不达。以退为进,这种曲线的生存方式,有时比直线的生存方式更有成效。小张的自我筹划,就让他找到了更广阔的天空。

朋友之间要退让一步,退一步会发现,活动空间是宽阔的,行为可以有多种的选择。

当你的事业一帆风顺时,一定要有谦让三分的胸襟,必要时,牺牲一些自己的利益。假如一个人总是利益独享,一毛不拔,本身他的好运已让朋友嫉妒,甚至不平衡,如此一来,更会引起朋友的疏远和看不起。人情冷暖,世态炎凉,用心琢磨一下便会明白,对人礼让三分,从长远看来会让人受惠无穷。

退让三分,必须在一个"忍"字上下工夫,学会忍耐朋友的小缺点、小错误,甚至忍耐朋友的不恭和无礼。

一帮朋友在一起吃饭,一朋友不小心将一碗热汤弄翻,洒了旁边一位朋友一身,弄翻汤的人连忙道歉,岂知旁边的朋友没容他说完,便对他说:"烫到你了吗?"

这一句颇关心友人的反问,其实更胜过说没关系,那只是一种容忍,而这句反问则更反映出了询问者的胸襟。倘若,你被弄了一身汤,皱了皱眉头,尽管只是一个小动作,给朋友的感觉却是不一样的。他知道自己的失误,也会道歉,但你的这个动作,会让他感到不舒服,更不用说你埋怨他几句。

假如一个朋友误解了你,当时他正在气头上,那么你最好不要去辩解,即使他口不择言,你也要学会原谅他。事后,当他知道真相时,他自然会对此表示歉意。活在世上,事情本来就千头万绪,又何必再为一些小事徒增烦恼呢?有些事,最终会让朋友明白你是无过的,学会退让三分,从长远看来,是有利而无害的,也会让你交到更多的朋友。

在现实生活中,一些人由于不善于忍让而引发的使人追悔莫及的事情很多。

比如,一个20多岁的年轻人,下班回来,脸上青一块、紫一块的,看起来狼狈不堪，一问才知道，在骑车上班的路上不小心和人撞了一下。本来没有多大问题，可两人都不冷静，互不忍让，以致恶语相加，相互厮打，最后在别人的劝阻下才算了事。待他赶到工厂已迟到半个小时，又被扣了一个月的奖金，他好不懊悔。大家不免劝他几句："就为那么一点儿小事，忍一忍不就过去了？愣把小事弄大了，年轻气盛啊！"他也后悔地说："当时就是控制不了自己，就是想发火，要是谁能发明一种能控制情绪的药就好了！"

由此使人想起另外一件同样的事情：青年拳击手王亚为，有一天骑自行车上街，在路口等红灯时，后面冲上来一个骑车的小伙子撞到了他的自行车上。小伙子不但不道歉，反而态度蛮横，要王亚为给他修车。王亚为很是恼火，但是他极力控制情绪不发作。这小伙子不自量力，口出狂言："你是运动员吧？你就是拳击运动员我也不怕，咱们练练？"一听对方要打架，王亚为连忙后退说："别打别打，我不是运动员，我也不会打架。"他如此示弱忍让后，一场冲突避免了。事后，他说："我知道，我这一拳打出去，对普通人会造成多大的伤害。我必须时时刻刻提醒自己要忍耐，示弱反而感到自己更强大。"王亚为如此处理问题，这是一种多么高深的修养！

仔细想来，这中间不就包含了一些做人的哲理吗？那就是：在无谓的冲突面前，要善于忍让，示弱即强！也就是说遇事时不要逞强，不妨有意识地调整自己的心理机制，控制和驾驭自己的情绪，避免过激行为，以示弱的方式，追求人格的强大。为此，要做到：

(1) 要善于抑制自己的好胜心理

遇事要注意抑制自己的好胜心理，提高对外界刺激的心理承受力，要能经得住不良挑战的刺激。对于这些刺激，不要过分敏感，更不要逞强好胜，学会让自己变得迟钝一些，不要被不良情绪所左右，这样就为忍让示弱创造了必要的心理基础。

(2) 要善于抑制不良的心理惯性

一般说来，人们的心理活动轨迹带有一定的习惯性。比如，那些不会忍让的人，只要遇到一点刺激，心理活动马上把自己的情绪引向对抗、冲动、急躁乃至发火动怒的轨道上。这种心理惯性是在自己长期放纵，用同一种心理模式处理矛盾，又没有人及时纠正的情况下形成的。

因此，要想改掉这种心理惯性，就需要自己给自己一种强大的力量，使心理活动冲出固有的轨道，用新的良性的心理模式取而代之。比如，用高尚的人格约束自己，以一种宽容、平和的心态对待对方，处理矛盾。这样就可以增加自己的忍耐性，自觉地退出战斗，用自己的理智牢牢地控制住自己的情绪，以避免一些不必要的事情发生。

有一句话说："退一步海阔天空，忍一时风平浪静。"真正做到这样，才是达到了做人的至高境界。一个理智的人懂得退让，因此会让他拥有更多的朋友，也会为他打开一个广阔的生活空间，从而让他的人生更加精彩。

 ## 7. 低头认错：自责换来谅解

俗话说，一句话把人说笑，一句话把人说跳。在家里、在单位、在外面办事，受到别人指责的情况谁没碰到过？也许他的指责有道理，也许他的指责根本就是小题大做甚至无中生有。这时有的人的本能反应是立即还嘴反击，结果常常是由小吵演变成大闹，最后落个互不相让又互相伤害的结局。其实细细想来，指责别人有时只是一种个人情绪的发泄，如果被指责者不去计较，而主动低头，你说我一个错我认两个错，反倒让他不好意思。人同此心，心同此理，当指责落在我们自己头上时，那就试试这一招吧。

王君是一位商业艺术家，他曾用礼貌道歉的话语得到了一个极易动怒的雇主的信任，王君在讲他这段故事时说：

做广告图时，最要紧的是简明正确，有时不免出些小错，我就知道有一位广告社主任，专喜欢在小地方挑毛病，我时常是不愉快地从他的办公室走出来，不是因为他的批评，而是他攻击的地方不当。最近我于百忙中替他赶完一幅画，他来电话叫我去，到那儿果不出所料，他显得非常愤怒，已经准备好了要批评我一顿。我却想到了用自己责备自己的方法争取主动："主任，你所说的话不假，一定是我错了，而且是不可原谅的。我替你画画多年，应该知道如何才对，我觉得很惭愧。"

他立刻为我分辩说："是的，你说得对，不过这并非大错，仅只——"我马上插嘴说："不论错的大小，都有很大的关系，别人看了会不高兴。"

他打算插嘴说话，但我却不容他。我有生以来第一次批评自己，我很愿意这样做。我继续说："我实在应该小心，你给我的工资很多，你理应得到满意的东西，所以我很想把这幅画重新画一张。"

"不！不！"他坚决地说，"我不打算再麻烦你。"他夸奖我所画的画，说只需稍加修改就可以了，而且这一点小错，亦不会使公司受损失，仅是一点小节不必太过虑了。

我急于批评自己，使他的怒气全消。最后他邀我一起吃点心，在告别之前他给我开了一张支票，并委托我画另一幅新的广告。

王君说："我承认自己错了，以显示主任的正确，抬高了他的地位，他高兴之余也不会再苛责我了。"

试想，如果王君换一种做法，尽力为自己辩解，那会怎样？所以，只要无关大局的事情，以责备自己的话堵住对方的嘴，这样他会主动伸出双手把你低下的头抬起来。

8. 谦让随和：勿得罪小人

在这个社会里，有些人的清高也许是难以改变的，但如同各人有各人的习惯一样，你没有必要也没有理由借对你看不上眼的人的污辱，来表现自己的"高尚品质"，从理论上讲，这叫蛮不讲理；从现实来看，这是没事找事，惹火烧身。

李白是唐代著名大诗人，他才高八斗、文采斐然，但又孤傲清高、放荡不羁。他有诗句："安能摧眉折腰事权贵，使我不得开心颜。"又有"天子呼来不上船，自言臣是酒中仙"之句，由此可看出他的性格几乎是恃才傲物、目空一切。所以，虽然他满怀报国热忱，唐玄宗也看重他的才华，却终未能在仕途走下去，更不用说施展身手，大有作为了。原因就在于他自恃清高、傲气太盛，使得皇帝身边的关键人物受了侮辱，以致受到暗算而丢官。

杨贵妃有闭月羞花之貌，沉鱼落雁之容，深得皇帝的宠爱。在一次宫廷酒宴中，李白曾于酒酣耳热之际，作《清平调》三首，歌颂杨玉环的美貌。诗歌是李白的强项，按说这对他是个难得的机会，可问题就出在李白眼里只有唐玄宗、杨贵妃这些大人物。他在作这三首诗时要杨国忠亲自为他磨墨，还命皇帝宠信的太监高力士为他脱靴。太监的地位是卑贱的，但得宠的太监就不同了。高力士因此深以为耻，对李白怀恨在心。

李白的三首《清平调》写得很美：云想衣裳花想容，春风拂槛露花浓。若非群玉山头见，会向瑶台月下逢。一枝红艳露凝香，云雨巫山枉断肠。借问汉宫谁得似？可怜飞燕倚新妆。名花倾国两相欢，长得君王带笑看。解释春风无限恨，沉香亭北倚阑干。

李白在诗中把杨玉环描写得花容月貌，像仙女一样。杨玉环十分喜欢，常常独自吟诵。李白在诗中提到了赵飞燕。这在李白，绝不存在丝毫讽刺的意思，他只是就赵飞燕的美丽与得宠同杨玉环相比较。然而比喻之物与被比喻之物不可能全部特征都相合。这使怀恨在心的高力士看到了报复的契机。

一天，高力士又听到杨玉环在吟诵《清平调》，便以开玩笑的口吻问道："我本来以为您会因为这几首诗把李白恨入骨髓，没想到您竟喜欢到如此地步。"杨贵妃听后吃了一惊，不解地问道："难道李翰林侮辱了我吗？"高力士说："难道你没注意？他把您比做赵飞燕。赵飞燕是什么样的女人，怎么能同娘娘您相提并论。他这是把您看得同赵飞燕一样淫贱啊！"

在当时，杨玉环已是"后宫佳丽三千人，三千宠爱在一身"，她的哥哥、姐妹也都位居显要，声势显赫。她唯一担心的便是自己的地位是否稳固。她绝不希望被人看做像赵飞燕那样淫贱，更害怕落到她那样的下场。高力士摸透了杨玉环的心思，因此也就在她最软弱处下了刀子。他轻而易举地便把李白的诗同赵飞燕的下场连接起来，一下子使赞美的诗篇成了讥嘲的证据，激起了杨玉环的反感与憎恨。后来，唐玄宗曾三次想提拔李白，但都被杨玉环阻止了。高力士靠此手段，达到了报复脱靴之辱的目的。一次小报告，葬送了诗人的前程。

在李白看来，像高力士这样的小人根本不配与自己为伍，正邪势不两立，正人君子自然疾恶如仇。正是在这一思想支配下，李白不仅没有适时地说两句低声下气套近乎的低头话，还巧借醉酒之机在大庭广众之下侮辱了高力士，没给他留丝毫面子，这样做虽可泄一时之愤，但他却没想到由此而产生的严重后果。应该说，两人相斗，笑到最后的还是高力士。

李白后来虽然被唐玄宗"赐"金放还，全身而退，但毕竟被彻底赶出了他梦想施展抱负的政治舞台。从此他借酒浇愁，赋诗抒怀，落魄于江湖。因一时气傲而耽误自己看重的大好前程，无论如何是不值得的。李白留给我们的这一教训是深刻的，也是有用的。

诚然，他这种清高值得我们去钦佩景仰，但若在处世上完全这样率性而为，不讲一点策略，其后果轻则前途遇阻，重则惹祸上身。

9. 曲尽其妙：提高自己的"语商"

所谓"语商"，就是指一个人的语言表达能力。一个人说话颠三倒四或词不达意是"语商"低下的表现，但还不至于造成大的危害，其另一种表现是总在不恰当的场合说出不恰当的话，就会对其个人以及他所做的事造成很坏的后果。

有一位专家型的部门经理，从他的业务能力来看可以干更大的事，但当他在评价和安排员工的工作时，却经常让人不知所云。他要么说一些无关紧要的事情，要么喋喋不休，因此失去了晋升机会。还有一类人是对自己所干的事和所说的话不敢承担责任，因而失去了上司和员工的信任。

有一家制造公司的部门经理，当他把事情弄糟以后，老板批评道："这到底怎么回事？你把事情全弄糟了。"这位中层经理听了老板的批评后非常生气，立即辩解道："一定是手下的员工误解了我的意图和要求，他们应该对这一后果承担主要责任。如果您对这一结果不大满意，也不应追究到我的头上。"这一回答显然让他的上司难以容忍。他的老板说道："他承受不了责备，也不能保持冷静。不管是谁的错，他都应该努力去解决问题，但你的回答中丝毫看不出这一点。"因此这位经理后来被免除了职务。

显然这些人都是因为自己"语商"较低，在试图证明自己具有很强的思考、评价和解释能力时，自断前程。他们给自己的上司、下属、合作伙伴和同事都留下了不好的印象。

在谈话中显示自己成功的自信，这并不是什么不好的行为，而且你也必须如此。但良好的言辞同自吹自擂有很大区别，关键在于你是否能以恰当的方式和技巧来表现。

当你表露自己的成功时，你所希望表达的信息不过是让他人知道你有多棒。但是你一定要注意：在传递这种信息时，必须坦率简洁。例如，如果你成功地为公司举办的一次新闻发布会写了一份报告，得到与会者的好评。你的喜悦与成功感也会溢于言表。这时，你大可不必说："瞧，我做了一件多么了不起的事情。"相反，当上司称赞你时，你倒应显得更加沉稳："这是公司分配给我的工作，也是我应该完成的。"一个人的"语商"与他的情商有很大的关系，情商高的人大半能说会道，或者至少能把话说到点子上，说的话能让人感觉舒服。所以"语商"的提高不是片面地学怎样说话，而是要从有意识地提高情商入手。

10. 难得的"证服"：笑容是一种武器

现代社会，人们终日紧张、忙碌。在不知不觉间很多人习惯了把面孔绷得紧紧的，显得死板、僵硬、毫无生气！假如你在影院门口，留心观察一下那些在业余时间看电影的人们，你会发现一种不可思议的现象：本来人们去看电影，心情应该是很轻松的，可是很多人的脸孔还是依然绷得紧紧的，让人感觉很不舒服。

假如在这样的场合里，你能看到很多轻松、自然的笑脸，那会让人感觉无比地愉悦。

知道吗，越是成功的人物，他们越是注意微笑的连锁反应。微笑是一种奇怪的电波，它会使别人在不知不觉中喜欢并接纳你，你的成功与失败，跟微笑有很大的关系！

相信吗，美国钢铁大王安德鲁·卡内基常用微笑来征服他的对手。

在一次盛大的宴会上，一个平日对卡内基很有偏见的钢铁商人，指出了卡内基全部的缺点，公然地对卡内基大肆抨击一番。当卡内基到达而且站在人群中听他高谈阔论时，那个人还不知道，仍旧滔滔不绝地述说着。宴会的主人相当尴尬，生怕卡内基忍耐不住，当面加以指责，使这个欢乐的宴会成为舌战的阵地！可是卡内基很安详地站着，脸上挂着微笑，当那个抨击他的人发觉他站在那里时,反而显得非常难堪,满面通红地闭上了嘴,想从人群中溜走。卡内基脸上却仍然挂着笑容,走上前去亲热地跟他握手,如同没有听到他在说自己的坏话般。那攻击他的人脸上一阵红一阵白,尴尬异常。卡内基赶忙笑容满面地递上一杯酒给他,使他借着喝酒掩饰自己的窘态。

第二天,那攻击卡内基的人亲自登门,再三向他道歉。从此,他便成了卡内基的好朋友,常常称赞卡内基,说他是个了不起的大人物。卡内基的每个朋友都觉得卡内基的笑容永远是那么和蔼,那么安详!

亚德洛也是个善于微笑的人。他有这样的一个习惯,每天起床,他总是对着阳台上的花草张大嘴巴大打哈欠。他的嘴巴张得很大,常常张得两边颊骨发出"咯嘣""咯嘣"的响声。这样,他的脸皮就显得松弛,使人家觉得他永远在微笑着似的。

有一次,亚德洛在美国中部一家大学演讲,这儿的学生一向以刁钻难对付著称,有不少学者在这儿吃过亏。当他到那家大学演讲时,那些学生本来就存心跟他过不去,准备使他下不了台。但当学生们看到他脸上的笑容时,心里便有了好感,等到他演讲完毕,还热烈地为他鼓掌捧场。一位学生领着他出场时,告诉他:"亚德洛先生,你的微笑把我们征服了。不然的话,你将会像其他人一般抱头鼠窜的。"

英国首相丘吉尔更是善于利用脸上的笑容。他的脸孔时时都是这样松弛,显出一种自然的微笑,特别是他在吸雪茄时,那种笑容更为轻松可爱。有人形容丘吉尔的笑容时,这样说:"丘吉尔的笑容是一种武器,使对方无法捉摸他的思想,使对手在迷茫的情况下成了他的俘虏!"

这就是微笑的作用,也可说是微笑的连锁反应。

当你学会了微笑还不够,还要研究微笑的连锁反应。下面几个原则,仅供你在研究微笑连锁反应中作参考:

①仔细、客观地听听你的朋友对你的意见。

②不妨在一两个朋友的面前试用卡内基的微笑策略,看看它的效果如何。

③不妨学学丘吉尔，在脸上终日挂上微笑，这样，再留心观察一下别人的反应。

当然，这种学习是要细心去体会的。

朋友，请注意你面部的笑容。要是你脸上挂着笑容，人们会觉得你容易相处，敢于对你说出心中的话，敢于对你说出新的建议，敢于批评你在生活中或工作中的过失。这样，你才能获得进步，才能获得更大的财富。

真心地祝愿你能够在微笑中获得成功！

下篇：抛弃不合时宜的做人做事方式

1. 做人不可一味傲慢

大千世界，众生百态。生活中不乏这样的人：他们骄傲而自负，总觉得自己高人一等，对人常常表现出冷漠而盛气凌人的表情，行为上喜欢独来独往，不爱理睬别人。这样的人看起来似乎很"潇洒"。其实，他们根本不懂人情世故或完全轻视、忽略人情世故，他们常常遭到别人的反感和疏远，其结果往往是处处碰壁而寸步难行。

人们常常注意到的所谓清高、孤傲与怠慢，其实是一种自私心理，通常这三者是结合在一起的。它们相互作用的结果往往使你孤陋寡闻，而其中危害人最深的则是傲慢。

傲慢是粗俗。它哗众取宠、盛气凌人，往往摆出"趾高气扬，不可一世"的俗态。

傲慢是无知。它庸俗浅薄、狭隘偏见，表现出夜郎自大的心态，是虚荣和一知半解结合的怪物。

傲慢是愚蠢。它故作高深，附庸风雅，其实是井底之蛙的仰望，是矫揉造作的不高明的表演。

傲慢是自负。它会使人觉得难于接近，只得敬而远之，或避而躲之。

傲慢是流沙。它常常导致事业根基的崩溃。

中国的传统文化素来鄙视傲慢，崇尚平等待人。一般来说，越是才学丰富、见多识广的人就越谦虚；文化层次越低、气量越小的人就越傲慢。被奉为千古宗师的孔子说过这样的话：不要强不知以为知，要知之为知之，不知为不知。莫忘三人行必有我师。谦逊的态度会使人感到亲切，傲慢的态度会使人感到难堪。

相传南宋时江西有一名士傲慢之极，凡人他一概不理。一次他提出要与大诗人杨万里会一会。杨万里谦和地表示欢迎，并提出希望名士带一点江西的名产配盐幽菽来。名士见到杨万里后开口就说：请先生原谅，我读书人实在不知配盐幽菽是什么乡间之物，无法带来。杨万里则不慌不忙从书架上拿下一本《韵略》，翻开当中一页递给名士，只见书上写着"豉，配盐幽菽也"。

原来杨万里让他带的就是家庭日常食用的豆豉啊！此时名士面红耳赤，方恨自己读书太少，后悔自己为人不该太傲慢。

要做到不傲慢需要注意做到如下两点：一是认识自己，二是平等待人。

防止傲慢首先要认识自己。一个人要正确认识自己是很不容易的。傲慢的人要么自以为有知识而清高，要么自以为有本事而自大，要么自以为有钱财而不可一世，要么自以为有权势而压人。殊不知，天外有天，人外有人，总有能人在前头。人贵有自知之明。古今中外成大事业者，都是虚怀若谷，好学不倦，从不傲慢的人。宋代文学家欧阳修，其晚年的文学造诣可说是达到了炉火纯青的地步，但他从不狂妄自大，仍一遍遍修改自己的文章。他的夫人怕他累坏了身体，劝他说："何必这样自讨苦吃？又不是小学生，难道还怕先生生气吗？"欧阳修回答说："不是怕先生生气，而是怕后生笑话！"虚心自知，才是医治傲慢的一剂良方。

与人交往一定要做到平等待人。平等待人不仅是文明礼貌的行为，也是人品修养的天平。平等待人是针对傲慢无理而言的。它要求人们在社会交往中，不管彼此之间的社会地位和生活条件有多大的差别，都一视同仁，不要做趋炎附势的小人。古人说"不谄上而慢下，不厌故而敬新"，就是告诉我们待人时不应用卑贱的态度去巴结逢迎有权势、有钱财的人，而怠慢经济条件较差、社会地位不高的人。人本无高低贵贱之分，每个人都有自己的人格，人格作为人的一种意识和心理深深地附着在人的身上，并时时需加以维护。人格的基本要求是不受歧视、不被侮辱，即要求平等。

傲慢之人必是无礼之人，无礼之人必将遭到别人的厌弃。如果你不愿遭到别人的反感、疏远，那你就切勿傲慢和过分强调自我。如果人人都注意加强品德修养，人人都谨防傲慢，那将会使我们的人际关系更加和谐，使我们生活得更加幸福和愉快。

2. 亲戚常走常新

"是亲三分向"，虽然亲人是比较容易求助的，但亲情也是一种不稳定的因素，必须要时刻维护好。其中最好的办法就是亲戚之间常来往，没事的时候常联系，有事的时候好帮助。

郭力今年29岁了，能力很强，做过几年的生意，小发了一笔。但他不满足，总想干个大点儿的才过瘾。刚好村里的鱼塘要对外承包，他有心把池塘承包下来，只是手头的资金还是不够。

他左思右想，想到了他的一个远方亲戚，是他母亲的表弟，按辈应该叫老舅的，在县城承包了一个企业，经营得不错，是县城有名的"土财主"。这位老舅倒是有能力拉他一把，只是关系疏远，好长时间没有走动了，贸然前去，显得突兀不说，事情肯定办不了。怎么办呢？他决定先把关系搞好，和这位老舅亲近起来。他打听到这几天老舅身体不太好，时常犯病，他看准时机，拎了一大包的滋养品，来到老舅家。

"老舅啊，有些日子不来看您了，您老人家怎么病了呢！年纪大了，可要多注意身体，别太操劳了。我这里有好东西，您好好滋补一下，身体肯定会好起来的。"郭力非常热情地说，并把东西放到了老舅的桌子上。

俗话说"礼多人不怪"，虽说两家好长时间不走动了，但今天外甥拎了那么多的东西上门，而且是在自己生病的时候，这位老舅心里格外地高兴："郭力啊，你今天能过来，老舅我别提多高兴了。今天中午咱俩喝两杯。"郭力留下热闹了一番。

自此两家关系好了起来。以后郭力隔三差五地来看他的老舅，老舅视郭力如亲生儿子一般。郭力一看时机成熟了，这天他拎了两瓶酒来到老舅那里，两人喝了起来。郭力说："老舅，您老人家对我真是太好了，我都不知道怎么说才好啊。""孩子，什么都不要说了，咱两家谁跟谁啊，我是你的长辈，往后有什么困难尽管和你老舅开口。别的不说，你老舅怎么也是个有身份的人。"郭力听后，故作激动万分之态，并连忙把承包鱼塘的事情说了。

老舅以长者的口吻说： "好啊，有志气，有魄力，老舅大力支持……做人就应该干一番事业。想法很好，不过具体做时一定慎重，年轻人千万不能急躁。"郭力连忙点头称是，接着把资金短缺的事情也说了出来。最后，郭力顺利地从老舅手里借到了3万元，承包了鱼塘。

在这个例子中，郭力干事业缺少资金，却从一个很疏远的亲戚那里得到了解决。郭力的眼光、求人的方法是很值得我们学习的。

我们都明白，亲戚有贫富远近之分，如果冒昧去求人办事，恐怕办成的几率很小；如果先设法增进双方之间的感情，待时机成熟的时候再提出要求，办成事的几率往往大于前者。

因此，亲人关系和其他关系一样，在交往中也存在一定的规律，如果遵循这些规律办事儿，彼此的关系就会越来越亲密。所以亲戚间必须常来常往，亲戚"不走不新"，"常走常新"，这是中国人一贯的观点，只有经常的礼尚往来，才能沟通联系、深化感情、成功办事。

有人说："我不缺吃不少穿，亲戚间何必要常联系找麻烦呢?"此话不对，亲戚关系是一种人情味较浓的人际关系，不能蒙上庸俗的面纱，只有建立在亲近、挚密、常联系的基础上，才能建立真诚的关系。如果彼此间少了经常性走动，那就可能会出现"远亲不如近邻"的局面了。

在现实生活中，我们都有过这样的体验：作为亲戚之间的甲方若是一味地照顾、帮助乙方，而乙方回报以不冷不热、不谢不颂的态度，时间长了，甲方必定会生气，认为乙方是不懂人情、不值得关照的冷血动物。若乙方依然以自我为中心，认为甲方帮助他是应该的，那甲方必然会终止与乙方的交往。相反，若乙方知恩懂情，虽然没有什么物质好处回报，但经常去帮助甲方，甲方肯定愿意与乙方继续交往下去的。

事实上，不论是一般关系还是亲朋好友，甚至是父母，都愿意听到一句别人对他们的感谢话，虽然他们的付出有多有寡，但受惠人一句滚烫贴切的话无疑对他们是一种心理的补偿。如果你只看重"来"，而轻视"往"，我想以后再想求助于对方也就困难了。

"常来常往"，首先表现在一个"往"字。意思就是说自身要发挥主观能动性，经常到亲戚家走走、看看、聊聊家常，这样是非常有益的。

或许，就是如此平常的常来常往，才会在以后的关键时刻，得到亲戚的一臂之力。所以，不要以为常来常往是没用的，不必要的，无论从哪个角度来看，于情、于理都要掌握和运用这个技巧。

善于办事的人总能未雨绸缪。在此之前就应该多往亲戚家跑跑，过去带点东西、聊聊天、做些家务，不断地加深感情，在需要之时说出自己的请求，才自然得体，否则临时抱佛脚，谁也不会轻易地答应你的请求的。

3. 凡事想好再做

人们都说老张做起事来风风火火，这不，星期天老张家的水龙头坏了，因为孩子们都不在家，老张连一秒钟都不耽误，就冲出去找水电工修理。他心急火燎地骑车沿着马路一家一家地找水电修理铺，没想到马路上发生了车祸，把路口堵得水泄不通，老张满头大汗，20分钟后才挤过去。好不容易在拐角处找到了一间修理铺，偏偏老板脚扭伤了不能出门，老张只好又跳上自行车，沿路找另外一家。两个小时后，老张气喘吁吁地带着水电工回到家里，没想到水龙头早已修好了，老伴正悠闲地看电视。原来老伴等了一会儿，不见老张回来，就向邻居咨询了一下，邻居给推荐了一个水电工，一个电话就过来给修好了。老伴叹口气说："你这个习惯真得改改，遇到事儿想都不想就乱干一通，结果自己累得够呛，事儿也没办好！"

老张遇事不拖延，积极行动的做法是值得肯定的，但他想到就做，不给自己留一分钟时间考虑的习惯，却让人不敢恭维。如果他稍微考虑一下，就可以很轻松地打个电话或问邻居找到水电工，但他却想都不想地冲出去，费了不少力气、浪费了很多时间。想到就做的危害不仅如此，有的时候，它还会给你造成难以挽回的损失。

有一人父亲过世之后，只留给儿子一幅古画。儿子看了十分失望，正要把画束之高阁，突然觉得画的卷轴似乎异常地重，他撕开一角，惊奇地发现不少金块藏于其间。于是他立刻把画撕破，取出了金子。然后他又看到卷轴中藏有一张字条，指出画是古代名家所绘的无价之宝。可惜画已经在他的冲动之下被撕得破碎不堪了。

很多人都把"做了再说"当做行动时的座右铭，这个做法让你在行动时很潇洒，行动之后却要饱尝悔恨、无奈之苦。比如故事中的这个儿子，便因为没有给自己留思考的时间，急于行动而失去了大利。

还有这样一个因想到就做而发生的悲剧：很久以前，在穆拉加旺住着一个领主。领主有一个老婆和一个儿子，他的儿子还小，躺在摇篮里，每天得有人照看。他还有一条狗，这是一条忠心耿耿的大狗，这条狗勇敢倔犟，争斗起来不置对方于死地不肯罢休。

一天，领主的老婆上教堂去了，领主在给马厩里的马喂草。忽然传来了一阵号角声。随后他看见一匹牡鹿从大门口穿过，一群猎人和狗在后面追它。

"我得和他们一道去追，"领主自言自语地说，"我是这块土地的主人，这匹牡鹿有我一份"。

那条狗照例总是跟他走的，可这回主人指了指睡在摇篮里的孩子，它就乖乖地蹲伏在摇篮的一边了。

领主走后不久，一只狼从门外走进来，直朝摇篮跑去，想吃掉孩子。狗一下子站起来，竖起背上的毛，一眨眼工夫，它已经和狼扭打起来了。

这是头很厉害的狼，它正值壮年，爪牙锋利。两个天生的冤家用牙齿撕，爪子抓，直打得口角流血，血肉模糊。它们从房间的这一头打到那一头，撞翻了摇篮，把血溅在毯子上。尽管它们又是吼又是叫，尽管它们把桌椅撞得东倒西歪，孩子却始终安安静静地躺着。他睡着了，一点儿也没受到惊吓。

最后狗把狼逼到了房间尽头的一个角落里，狼的嚎叫声平息下来，变成了喘息声，变成了嘶哑的嘘嘘声，狼已无力挣扎了。狗立即使出了最后的力气，咬断了狼的喉咙。

过了一会儿，打到猎物的领主兴高采烈地回来了。狗听见院子里主人的脚步声，挣扎着站起来，跑去迎接主人。狗摇着尾巴要舔主人的手，可主人闻到的是狗满嘴的血腥味，看到的是血迹斑斑的狗腿和尽是血迹的地板，以及倒扣在地板上的摇篮。孩子呢？哪儿也看不见，领主大吃一惊，悲怒交加。

"畜生！"领主一边高喊着，一边拔出剑。他愤怒得几乎要发狂了，以为这狗吃了他的孩子。领主一剑刺穿了狗的身子，狗倒地死了。狗刚刚断气，领主听见摇篮底下一声孩子的哭叫。他急忙奔过去，扶正摇篮，他的孩子平平安安地躺在里面，吸吮着自己的大拇指呢。

就在领主把孩子往怀里抱的时候，他发现躺在远处屋角里的那只死狼。主人赶回到狗那里，他看见狗的两腮被撕裂了，血肉模糊，这是那场恶战给它带来的。领主十分悲伤，心如刀割。他捶胸顿足，懊悔万分。可是狗已经死了，再也无法复活了。

后来悔恨不已的领主让当地的诗人把他的鲁莽行为编成一个故事，还选了一块很好的墓地，像埋葬英雄那样埋葬了他的狗。以后人们形容那些鲁莽行事而又事后懊悔的人说："他可怜得就像那个杀了狗的人。"

这个领主看到了血却不去辨别一下是谁的血，结束错杀了一条忠诚的猎狗，等到后悔已经太晚了。生活中，很多人也像领主一样想到就做，结果也常因为行事太鲁莽而犯了不少错误，如果他们能在行动之前给自己一分钟时间思考，事情的结果可能就完全不同了。

人生有很多选择，都是在想到就做的情况下出错的，因此，在行动前给自己一点时间做最后的检查、比较和判断，也许你会发现新的盲点。

行动比思维快的结果，往往将导致一团混乱，而愚蠢的行为也大多是在想到就做的习惯下产生的。你应该明白，一旦你做出实际行动，那么事情就很难挽回了，所以选择之前还是多思考一下，免得让自己后悔。

4. 提升效率，增强时间观念

时间对我们每个人都是公平的，它大公无私地给予每一个人，可如何驾驭时间，却是一个难题。

美国的谈判专家柯英，在担任美国某企业的代理期间，曾和日本某企业进行谈判。当时发生了一段有趣的故事，从此柯英就对日本人的谈判技术赞不绝口。

柯英一到日本羽田机场，就干劲儿十足地第一个下了飞机。这时，代表日本企业与柯英谈判的两名职员早就在出口处迎接了。

这两个人接过柯英的行李，引导柯英乘上已等候多时的高级轿车，送他到已预定好的旅馆去。日本方面的接待如此面面俱到，着实令柯英非常高兴。

在车上闲聊时，日本职员问柯英预定哪一天的班机回去。

柯英受到如此的礼遇，觉得非常感动，他非常自然地从口袋里取出回程机票，给日本人看，机票上写着两周后要回去的时刻。

柯英无意中泄露了他的时间安排，就决定了他在谈判上的胜负。因为日本方面对于自己要与人谈判的最后时限，往往视为机密，不愿让对方知道，但是对于对手预定的最后时限，却总要想办法去探得。

柯英不但没有发现这个致命的事态，而且还沾沾自喜。

以后谈判的主动权全掌握在日本人手中了。谈判按照日本方面的安排逐步地进行着。在前10天里，日本方面对于重要的谈判内容一句也不说，每天只是招待他到各个名胜古迹去参观游览。直到柯英将离开的最后两天才开始谈判，在谈判中途又是酒会，又是欢送会，把谈判的时间分割得零零碎碎。到谈判的最后一天，才真正开始进入主题，当谈到最重要问题时，接柯英去机场的小轿车已等在了门口。

于是谈判只好在车里进行，到机场，终于完成了交易的谈判。

毋庸置疑，谈判的结果当然是日本方面获得全胜，柯英所取得的谈判条件也必然对自己不利。

柯英失败的原因是他没有按部就班地在预定时间内进行谈判，而日本人却运用了最后时限的技巧，事前牢牢掌握了对方的行程表，终于获得了最后的胜利。

对于时间的管理是提高办事效率的有效办法。每人每天拥有的时间都是相等的，但是不同的人在相同时间内所做的工作却相差悬殊。不会利用时间的人总是事倍功半，会利用时间的人则可事半功倍。

（1）对时间进行计划管理

对时间的使用不能"干了算"，而要"算了干"。把要完成的工作，按小时、按天、按周的先后时序排好，然后按计划逐个完成。在自己可控的时间内将工作安排得紧张而有节奏，并尽力把不可控时间转化为可控时间，善于在不可控时间内处理事务。使用时间最忌把时间切成零星的碎片，不要把一件完整的工作肢解为几次完成，要尽量把自己的时间集中起来使用。集中时间多少要依工作的需要而定，集中的过多，也会造成浪费。一般来说，时间集中较多的人，往往是时间利用率最高的人。

（2）对时间的使用也要计算成本

凡是劳而无功或得不偿失的事尽量不去做。计算时间的单位不要用小时，而是用分钟。越小越有助于督促自己珍惜时间、抓紧时间，充分利用时间。

假定一个部门平均每人月收入 400 元，这 400 元占每人每月创造新价值的 27%，则每人每月创造新价值为：$400 \div 27\% \approx 1481$ 元。每人每天工作为 7.5 小时，每月工作 23.5 天，则每人每月工作时间：$7.5 \times 23.5 \times 60 = 10575$ 分钟。每人每分钟创造的价值为：$1481 \div 10575 \approx 0.14$ 元。

如果办一件事，需要 3 个人工作 5 天，则办此事的成本为 $3 \times 5 \times 7.5$

$\times 60 \times 0.14 = 945$ 元。

（3）善于区分重要工作和一般工作

一个人的精力有限，对自己的工作要分轻重缓急。工作一般分三类：急件，必须马上办；优先件，尽量去办；普通件，有空去办。应把主要时间花在重要的事情上去，抓住了关键性的工作，才能有效地提高时间的利用率。

（4）利用最佳状态去办最难和最重要的工作

一个人在一天的不同时间里，精力状况是不一样的。生物学家通过研究揭示，人和其他生物的生理活动都有明显的时间规律。人的智力、体力和情感都显现出一种周期性的变化，也就是人体内"生物钟"的作用。管理者应该找出自己在一天中，什么时间工作效率最高，要充分利用自己效率最佳的工作时间，来处理最重要和最难办的工作，而把精力稍差的时间，用来处理例行公事的事情。

（5）把常规的工作标准化

如何办理经常性工作，这些在规章制度中有明确规定，只需照章办事即可。同样的问题出现后，把具体情况和处理办法写下来作为日后处理同样问题的范例。这些范例经过逐渐修订、改进而形成标准，可使领导者摆脱琐事的缠绕。领导者要保持优化的工作秩序，应考虑好先干什么，后干什么，使自己的工作有条不紊，逐步规范化，不能东一耙子、西一扫帚，更不能顾此失彼。

（6）抓住今天，不唱《明日歌》

只有当天完成当天的任务，而不是拖延到明天，时间利用率才能提高。日本效率专家桑名一央指出："昨天已是无效的支票，而明天是预约的支票，只有今天才是货币，只有此时此刻才具有流动性。"

立足于"今天"，珍惜"今天"，运筹"今天"，凡今天能做的事，决不能推到明天。明朝文嘉有《今日》诗："今日复今日，今日何其少！今日又不为，此事何时了？人生百年几今日，今日不为真可惜！若言姑待明朝为，明朝又有明朝事，为君聊赋《今日》诗，努力做人今日始。"

（7）有效地利用零碎时间

所谓零碎时间是指不构成连续时段，在两件事之间的空余时间。有效地利用零碎时间，可以增加工作密度，加快工作节奏。

（8）提高单位时间的利用率

做任何事情，都要高度集中注意力，以便缩短时间。有成效的主管并不感到被自己肩上的担子压得喘不过气来，自信自己的时间是充分的，总认为自己还可以挤出更多的时间来。

（9）复合工作法

人的大脑是划分区域的，如听觉区、视觉区、语言区……各个区域有不同的使命，据说可使两个或两个以上的区域同时兴奋起来，因此有些工作可以同时进行。有些应酬或不重要的会议，领导者不去又不行，去了又觉得失去不少宝贵时间。这时一方面可表面应酬，另一方面可思考其他工作问题。

（10）有效地利用节约时间的工具

如个人备忘录、台历、工具书、通信簿、计算器、电传、电话、电子邮件、VCD机、录像机等。工具齐全、合适，用起来方便、顺手，就有助于提高工作效率。

5. 理清顺序，按条理办事

一位商界名家将"做事没有条理"列为许多公司失败的一大重要原因。

工作没有条理，同时又想把蛋糕做大的人，总会感到手下的人手不够。他们认为，只要人多，事情就可以办好了。其实，你所缺少的，不是更多的人，而是使工作更有条理、更有效率。由于你办事不得当，工作没有计划，缺乏条理，因而浪费了大量员工的精力和体力，吃力不讨好，最后还是无所成就。

做事没有条理、没有次序的人，无论做哪一种事业都没有功效可言。而有条理、有次序的人即使平庸，他的事业也往往有相当的成就。

大自然中，未成熟的柿子都有涩味。除去柿子涩味的方式有许多种，但是，无论你采用哪一种方式，都需要花一段时间来溇（lǎn）熟。如果你不等一定的时间就打开，就没法使柿子成熟而除去涩味。这么说来，叫猴子去等柿子成熟，似乎不可能。因为猴子会经常打开来瞧瞧，甚至咬一口看看，于是它就没有希望尝到甜柿子的滋味了。

任何一件事，从计划到实现之间，总有一段所谓时机的存在，也就是需要一些时间让它自然成熟。无论计划是如何地正确无误，总要不慌不忙、冷静地等待更合适的机会到来。

假如过于急躁而不甘等待的话，经常会遇到破坏性的阻碍。因此，无论如何，我们都要有耐心，压抑住那股焦急不安的情绪，才不愧是真正的智者。假若连最起码的等待都做不到的话，那么和猴子也没有两样。

一位企业家曾谈起了他遇到的两种人。

有个性急的人，不管你在什么时候遇见他，他都表现出风风火火的样子。如果要同他谈话，他只能拿出数秒钟的时间，时间长一点，他就会伸手把表看了再看，暗示着他的时间很紧张。他公司的业务做得虽然很大，但是开销更大。究其原因，主要是他在工作安排上七颠八倒，毫无秩序。他做起事来，也常为杂乱的东西所阻碍。结果，他的事务是一团糟，他的办公桌简直就是一个垃圾堆。他经常很忙碌，从来没有时间来整理自己的东西，即便有时间，他也不知道怎样去整理、安放。

另外有一个人，与上述那个人恰恰相反。他从来不显出忙碌的样子，做事非常镇静，总是很平静祥和。别人不论有什么难事和他商谈，他总是彬彬有礼。在他的公司里，所有员工都寂静无声地埋头苦干，各样东西摆放得有条不紊,各种事务也安排得恰到好处。他每晚都要整理自己的办公桌,对于重要的信件立即回复,并且把信件整理得井井有条。所以,尽管他经营的规模要大过前面提到的商人,但别人从外表上总看不出他有一丝一毫的慌乱。他做起事来样样办理得清清楚楚,他那富有条理、讲求秩序的作风,影响到他的全公司。于是,他的每一个员工,做起事来也都极有秩序,一片生机盎然之象。

你工作有秩序,处理事务有条有理,在办公室里绝不会浪费时间,不会扰乱自己的神志,办事效率也极高。从这个角度来看,你的时间也一定很充足,你的事业也必能依照预定的计划去进行。

厨师用锅煎鱼不时翻动鱼身,会使鱼变得烂碎,看起来就不会好吃。相反地,如果尽煎一面,不加翻动,将粘住锅底或者烧焦。

最好的办法是在适当的时候,摇动锅,或用铲子轻轻翻动,待鱼全部煎熟,再起锅。

不仅是烹调需要秘诀,做任何事都是如此。当准备工作完成,进行实际工作时,只需做适度的更正,其余的应该让它有条不紊、顺其自然地发展下去。

人的能力有限,无法超越某些限度,如果能将准备工作尽量做到慎重研究、检讨的地步,至少可以使能力得到更大的发挥。

今天的世界是思想家、策划家的世界。唯有那些办事有次序、有条理的人,才会成功。而那种头脑昏乱,做事没有次序、没有条理的人,成功永远都和他擦肩而过。

6. 机敏果断，分清轻重缓急

一个人不能事事操心，平分精力。人的精力是有限的，如果做事不分轻重主次，必然徒劳无功，弄不好纠缠于小节、小事之上，反而耽误了大事。北宋吕端善忍小事，被人称为"大事不糊涂"。

吕端自幼聪明好学，成年后风度翩翩，对于家庭琐碎小事毫不在意，心胸豁达，乐善好施。一次，吕端奉太祖赵匡胤之命，乘船出使高丽。突然海上狂风大起，巨浪滔天，飓风吹断了船上的桅杆，随行人员十分害怕，吕端却毫无反应，仍然十分平静地在那里看书。

宋太宗赵光义时代，吕端被任命为协助丞相管理朝政的参知政事。当时老臣赵普推荐吕端时，曾对宋太宗说："吕端不管得到奖赏还是受到挫折，都能够十分冷静地处理政务，是辅佐朝政难得的人才。"

宋太宗听后，便有意提拔吕端做丞相。有的大臣认为吕端"平时没有什么机敏之处"，太宗却认为："吕端大事不糊涂！"

终于，吕端成为宋太宗的宰相。在处理军国大事时，吕端充分体现出机敏、果敢的才能。每当朝廷大臣遇事难以决策时，吕端常常能较圆满地解决问题。

淳化五年，归顺宋朝的李继迁叛乱，宋军在与叛军的作战中，捉到了李继迁的母亲。宋太宗单独召见寇准，决定杀掉李母。吕端预料太宗定会处死李母，等到寇准退朝后，便巧妙地询问寇准："皇上告诫你不要把你们计议的事告诉我吧？"寇准显出为难的神色。吕端见寇准没有把话封死，接下去说道："我是一朝宰相，如果是边关琐碎小事，我不必知道；如果是国家大事，你可不能瞒我啊。"

吕端、寇准都是明大义、知轻重的人，所以吕端才敢公开地向寇准询问他与皇帝议事的内容。寇准听懂了吕端的话中之意，便将太宗的意思如实地告诉了吕端。吕端听后急忙上殿启奏太宗说："陛下，楚霸王项羽俘虏了刘邦的父亲，威胁刘邦，扬言要杀死他的父亲。刘邦为了成大事，根本不理他，何况是李继迁这样卑鄙的叛贼呢？如果杀掉李母，只会使叛军更加坚定了他们叛乱的决心。"

太宗听了，觉得有理，便问吕端应该如何处置李母。吕端富有远见地回答："不如把李母放置在延州城，好好地服侍她，即使不能很快招降叛贼，也可以引起他良心上的不安；而李母的性命仍然控制在我们手中，这不是更好吗？"吕端一席话，说得太宗点头称赞："没有吕爱卿，险些坏了大事。"

吕端巧妙运用攻心战术，避免事态扩大，李继迁最终又归顺宋朝。

7. 示假隐真：关键时刻要懂得保护自己

在动物的世界里，"示假隐真"是很重要的生存法则。

有一种瓢虫，当你用手碰它时，它就停止不动，连脚都缩了起来，任凭你怎么拨弄它，它就是一副死了的样子，可是过了一段时间后，它又开始走动了！

有一种鸟，在它孵卵的时候，若有外敌入侵，它会先佯装与外敌搏斗，翅膀扑了几回后，便假装受伤，跌跌撞撞地"败走"，外敌受到这个动作的吸引，会过去追逐这只败鸟，等外敌远离鸟巢，"败鸟"立刻迅速逃走，于是巢中的卵获得保全。

正是通过这种制造假象的手段，动物才能世代繁衍，维持起码的生存空间。同样在人生的丛林中示假隐真也有利于保存实力和争取先机。

明朝朱元璋当上皇帝后，一改当皇帝前那种爱护百姓，礼贤下士的作风，而是性情暴躁，杀人如麻，大批功臣宿将都被他杀了。洪武15年，朱元璋又建立了锦衣卫这个特务组织，随便抓人杀人。

但皇太子朱标却很仁慈，见父皇乱杀人，心里很不赞成。而朱元璋见自己年事已高，一心想训练太子将来做皇帝的能力，常常要太子按自己的意图处理政务。所以父子总是有意见分歧，弄得满朝文武百官左右为难。

有一天，朱元璋让御史袁凯送案卷给太子。

太子接过案卷一看，见父皇又要杀许多人，心中很难过。他叹了口气只在案卷上写上几句话就交给袁凯呈予父皇。

朱元璋见太子在案卷上写道：

"父皇陛下！依儿臣之见，以仁德结民心，以重刑失民心。望父皇三思。"

朱元璋看后脸色一沉。他突然问袁凯：

"朕要杀人，太子要从宽，你说谁对？"

袁凯本已吓得心直跳。听到皇上发问，他脸上急得冷汗直冒。如何回答呢？一个是皇帝，一个是太子，说谁不对呢？

这袁凯是松江华亭人，字景文。他博学多才，诗也做得好，写过一首白燕诗，故人称"袁白燕"。他聪明过人，心中一急，倒是急出话来，他叩头答道：

"微臣愚见，陛下要杀，乃是执法；太子要赦，乃是慈心，都有道理。"

这一答，满朝文武无不暗暗称赞，就连朱元璋也暗暗称是。

袁凯和文武百官刚松了口气，却猛听朱元璋手拍御案，怒气冲冲地站了起来，指着袁凯骂道：

"你这老滑头，竟敢在朕面前两边讨好。我先斩了你，看还有谁敢在朕面前花言巧语！"

这一下吓得百官手足无措。袁凯更是吓得脸色苍白，瘫倒在殿上。幸亏还有几位胆大的大臣跪着替袁凯求情，朱元璋才没有杀袁凯。

袁凯退朝回到家里,饭也没吃,倒床便睡。他的妻子见此便问究竟出了什么事。

"古话说:伴君如伴虎。"袁凯叹了口气说,"为了贪图做官,今日弄得性命难保,要在松江华亭多好!"妻子吃了一惊,连忙追问原因。袁凯将今日在朝中发生的事说了一遍,伤心地叹了口气:

"君要臣死,臣不得不死。今日虽躲过,难逃明日。"

妻子愤恨地说:"看来今日朱皇帝和始皇差不多了!"

"秦始皇?"袁凯口中喃喃地念道,忽然想到秦二世要强纳赵高女儿赵艳容,赵艳容装疯的故事……

第二天早朝,朱元璋又要找袁凯的岔子,一上来就召袁凯,谁知叫了两声,都无人答应。袁凯没有上朝。

百官又都吓了一跳。

"袁凯哪里去了!"朱元璋怒容满面,"派人去袁家看看,看他为何不上朝?"朱元璋喝令道。

不一会儿,去察看袁凯的人上殿奏道:"启奏陛下,袁御史疯了。"

"什么!他疯了?"朱元璋怔了一下。

"是的,"来人又奏,"他昨晚一会儿哭,一会儿笑,砸锅摔碗,打人骂人,乱蹦乱跳,嘴里又胡言乱语。折腾一夜,把家里的东西摔了一地。"

朱元璋冷笑道,"昨日还是好好的,到晚就疯了,这老家伙又要什么花招?疯了也给我绑到殿上!"

袁凯被绑上殿,只见他披头散发,满脸黑灰,衣衫被撕破,浑身沾满了粪污。到殿上,他呆呆直立,不参不拜,不禀不报,两眼向上翻。

"他真疯了!"百官摇头叹息道。

朱元璋半信半疑地说:"来人,拿木钻钻他一下,看他是真疯还是假疯!"

木钻在袁凯手背上钻了一洞,鲜血直流,而袁凯却毫无反应。

"这老儿真疯了,带出去吧!"朱元璋挥了挥手。

　　袁凯木头似的站在那里，丝毫反应也没有。两名侍从将他送回家里，然后躲在门口偷看。只见他进门后，不喜不怒，却学狗爬叫，血弄得满脸都是。两人回朝禀报朱元璋。朱元璋仍不放心，第二天再派亲信前往察看。只见袁凯趴在地上又滚又叫，手里捧着一团屎往嘴里塞。那亲信一阵恶心，只看一会儿就回宫复命，肯定地说袁凯真疯了。

　　朱元璋听了笑着说："也罢，不管这老儿真疯假疯，既吃屎就当他真疯了。"

　　其实，袁凯是假疯。他料定朱元璋绝不会轻易放过自己。朱元璋的亲信来察看前，他事先叫妻子用炒面拌糖稀做成屎状，放在篱笆旁。亲信以为他真的把屎吃掉了，时间一长，袁家人呈报回乡养病，朱元璋也不愿意再给疯子发俸禄，也就准了。袁凯终于用装疯这一招骗过了朱元璋，捡得一条性命回到自己的故乡——松江华亭，得了个善终。

　　袁凯装疯卖傻虽然吃了些苦头，但是，这点苦头和丢掉性命比起来，又算得了什么呢？像这样的假象常常能够混淆对方的判断，从而有效地达到自己的目的。

　　也许有人会说，弄虚作假，不是君子的做事原则，但问题是，如果死了、败了，自认为君子或被人称为君子，又有什么意义呢？聪明的人都懂得审时度势的道理，如果不分条件，一味地坦诚，只会把自己送上绝路。

第六章

掌控职场中的"予"、"得"方法

拥有一份有前途的职业是一个人一生的福分。但你的职业是不是有发展前途，很多时候不在于工作本身，而在于你会不会说话办事儿，是否善于解决工作中的难题。在任何一个单位里工作，都少不了与领导、同事或下属打交道，其间因为彼此常常存在各种利益竞争关系，有些事很难办。衡量一个职场中人是不是有发展潜力的一个重要标准，就是看他是否善于处理工作中面临的方方面面的难题。具备了这方面的能力才会有升职的可能，也才会有一个光明的前途。

上篇：遵守职场规则

1. 主动向别人打招呼

当有人主动向你打招呼的时候，你会有什么样的感受？

或许有人说："在办公室中，彼此抬头不见低头见，都这么熟了，还招呼什么？"

其实不然，一声小小的招呼，能拉近双方之间的距离，特别是你为了拓展业务，广交业务上的朋友的时候。

在你为了业务奔波忙碌时，必然会遇见许多与你业务有关的人。这些人，你只知道他的姓名，甚至有的连姓名都不知道，你跟他见面时，也不过说两三句有关业务的话，甚至于有时你只是跟他点一点头。例如，你经常到某大厦去接洽事务，经常遇见那个大厦的电梯服务员，或是你到货仓去提货，经常遇见那个货仓的守门人，或是你经常到某银行存款，经常遇见那个柜台后面的出纳员等诸如此类人员，你不知他们姓氏名谁，何方人氏，但他们或多或少地都与你的业务有点关系。

你怎样对待这些人呢？你用什么态度和他们打招呼？这是一个很微妙也很实际的问题。你是把他们当做一个机器配件，根本不把他们当做跟你一样的人呢，还是神气活现，大摆你的架子呢？还是对他们谦恭有礼，和蔼亲切，把他们当做你的朋友呢？

有许多人为了谋生出来工作，薪水很少，工作既辛苦，又单调、繁重，平常已经是受累受气，心烦意乱，如果你对他们神气活现，或是不理不睬，他们对你也不会有什么好感，办起事来，也只顾他们自己的方便，不顾你的方便。换句话说，如果你的态度不好，那么就会到处碰到不方便。但是如果你把他们也当做朋友看待，给予他们适当的尊敬与关怀，他们即使不知你的姓名，但一看见你的面容，听到你的声调就已经有了好感，这时，他们就像吸进一股清风，精神为之一振。既然他们对你印象很好，那么，他们就好像本能一样，除了自己的方便之外，也会兼顾到你的方便。电梯服务员会多等你几秒钟，货仓的守门人会替你找搬运工友。银行、保险公司、邮局、物业公司……的职员们，都会在你需要的时候，给你或大或小的方便。

实际上，如果你到处都能结交到业务上的朋友，有许多业务可以很迅速地顺利地办妥，不但减少许多手续上的麻烦，并可以避免许多不必要的损失。

对于这些业务上的朋友，除了对他们保持礼貌、亲切的态度之外，还应该在业务上尽量帮助他们。那就是说，我们也要尽量给别人方便。业务上总是有来有往的，别人既然给我们许多方便，我们也应该给别人许多方便，办起事情来不让别人久等，不让别人吃亏。大家都在互助互利的友好气氛中，把事情办妥。

对于关系比较密切的业务上的朋友，我们除了业务上的接触之外，还要安排一些私人间的接触机会，使双方在业余时间可以轻松自在地谈谈笑笑，说不定在谈谈笑笑之间又可以解决许多业务上的问题。

现代社会是一个"人"的社会，所有的活动、交易、成就，都要从人与人的接触中产生。别人供给你所需，也肯定你的贡献，甚至你存在的价值，都建筑在人们的回应上。

所以，你认识的人愈多、公共关系愈好，就愈容易成功！

艾里说钱没钱、说势没势，甚至论才能也无所长，却成为最受欢迎的人物。有钱的人帮他出钱，有势的人为他效力，有才的人向他献计，使他获得了不起的成就。

为什么呢？因为艾里与这三种人都有交情，他把有钱却急需政治后盾的人，介绍给有势却无财力支援者，又将怀才不遇的人，引荐给他们，于是大家都获得了好处，团结成一股力量。

而谁是力量的中心？

当然是无钱、无势又无才的艾里！话再说回来，与众人结交的能力，何尝不是一种杰出的才能？

人与人相识，除了自然的缘分，更有许多创造的机缘。能够用创造的方式，尽量多结一分缘的人，才是真正的聪明人，才是容易成功的人。

正是因为艾里不白白地等待机会，而是掌握了每个小小的契机，把它发挥成大的巧合，才建立起了稳固的人际关系。

在生活中，艾里十分重视创造与人结识的机缘。比如，他刚刚搬到新泽西州的时候，一天傍晚，他看见邻居的女主人走了出来，便隔着十几英尺的树丛向对方望，然后非常自然地找到恰当的时机，抬起头，露出笑容，喊一声"嗨"！随后，艾里便弯身穿过树丛，到她的后院，开始了寒暄，并聊起天来。他们就这样认识了，彼此留下电话，约好今后互相帮助，大家有个照应。

那第一声"嗨"是怎么产生的呢？艾里认为他们几乎是同时隔着树丛向对方打招呼。艾里也相信，他们是一起有心地走向树丛，为的是与对方结识。

这种时刻心里有所准备，伺机而动，并用眼神接触的功夫是非常重要的。譬如当你参加酒会或聚餐时，必须随时保持敏锐，回应别人抛来的眼神。你经常可以在电影里见到，人们能远隔十几英尺相互敬酒。想想，若不是目光敏锐，怎么可能注意到那么远？

而那远远的会心一笑，不必开口，默默地、高高地举起酒杯，用眼睛表达一份心意的敬酒，最是令人感动！

相反地，当你看到一个朋友，直向他使眼神，甚至叫他名字，对方却迟钝得无反应时，那是多么令人懊恼的事！我们每个人，不都经历过这种尴尬的场面，或给予过别人这样的感觉吗？

当你的朋友狠狠拍你一下，说："怎么搞的?！我跟你打了半天招呼，你都没反应？"就是因为你不够敏锐，伤了对方的感觉，使他热情的"嗨"落入冰水之中。

记住，这世上每个人都可能跟你有缘，也都可能成为你的助力。这种助力常是你成功的保证，是你在困境中的通行证！

"嗨"是个最普通的字，相错而过的车船上，人们可以彼此喊一声"嗨"便再也不相遇。八竿子打不着的人，可以因为喊一声"嗨"而从此相识。

不要犹豫，不要吝惜，抓住机会，露出笑容，在办公室里，主动向同事说一声："嗨!"

 # 2. 说好各种即席发言

即席发言对于每个人来说既是一种机会，又是一种挑战。它是对每位办公室成员的考验。如果你是一位巧辞令、善言谈的"老手"，是不成问题的，但如果你是一位缺乏辞令、害怕在众人面前讲话的"新手"，那也不必紧张、回避，敢于拿出你的全部热情和胆量来，针对不同场合、对象说出能完全表达你的思想、意见或真情实感的精彩语言来。

即席发言通常分以下四种情况：

(1) 被人发问时的即席发言

被人发问时的即席发言，通常是在会议上、法庭上或学术性的讨论、答辩会上，它大多是被动式的发言。这种发言受发问内容或发问主题的限定。因此，就发言范围来讲是容易把握的。这种答复式的发言，应问一答一，问二答二，将所需回答的问题，做条理清楚、内容完整而又是非曲直分明地阐述就可以了。如果是被人质疑，那就将"疑点"所在，做出符合事实和理由充分的回答。如果是法庭上的答辩，就将所涉及问题的时间、地点、在场人、事实的经过等加以阐明，或陈述你的申辩理由。如是学术上的答辩或解释，那你就将你的观点或研究成果，用科学的方法加以论述或阐明，倘若遇到深奥艰涩难懂的问题，可用浅显易懂的形象性的语言加以说明……这样，你便能将你所答的问题说得明明白白了。

（2）必须加以说明的即席发言

这种即席发言，通常是一个问题、一件事情被人误解、曲解，群众或听众不甚明白或不明真相时的一种解释性发言，这种即席发言既可以是指出、纠正他人问题的事实真相，以达到澄清事实的目的，也可以是为自己或世人作辩白。有两种这样的即席发言策略：一是和盘托出事实，以明真相，用事实来说明问题；二是要在道理上充分地加以阐述或说明，要抓住问题或事实的实质，切忌使用"描绘"、"夸张"之类发挥性言辞，否则会适得其反，把本该容易说明的问题，搞得复杂化了，致使听众反感。

（3）"灵感"勃发时的即席发言

什么是"灵感勃发"呢？就是指触景生情、举一反三的联想、遐想。这种情况，常在讨论会、酒席间、聚会上碰到。由一位讲演者或谈话者的一席话或一句话而发生联想、勾起情思；或见到一位老同学、老同事、老部下或老上级时所勾起的回忆；或是因酒兴奋，情思奔流，话语的闸门开启等情况下而发等。这种灵感涌动式的讲话，通常要视场合、情景而定，应以幽默、趣事，欢乐的内容、语调和气氛为宜。要把握简洁、得体、高雅、乐趣这样四个要素。切忌酒后失言，不要讲那种扫兴话或长篇大论的废话、赘话。

（4）被邀请时的即席发言

被人邀请的发言，一是应该谦逊；二是应该讲出与众有益的话来；三是应该充分估计听众的客观要求，说出受人欢迎的话来；四是要简短、干练。

"谦逊"，就是对主人（单位、团体）说些适当的谦卑语言。如感谢主人的热情好客，赞扬主人的成绩、善举、为人风格和精神品德等。

"说出于听众有益的话来"，就是讲话的内容能使听众获得思想上的启蒙和知识上的启迪；要注意讲演者的自我形象和美的感染力，不仅要以理服人，还要以情感人，以"楷模"的形象出现在讲坛上。

"充分估计听众的客观要求"，就是说听众需要面包，你就不要去描绘天堂如何美好；听众需要安抚，你就不要去激怒听众；面对需要"疏导"的一帮青年人，你就不要去"堵塞"或横加干涉。

"要简洁，不要空饶舌"，大凡一句话能讲完的就不要用两句话、三句话甚至喋喋不休的空话、大话和废话。做到了上述四点，如果再能艺术地发挥一下讲演技巧，那你的邀请发言就会成功了。

俗话说："有备无患。"只要你对即席发言在心理和内容上有所准备，在发言时辅以各种技巧，自然可以引起别人的共鸣。

3. 避开"拍马"的嫌疑

在办公室共事，一般人往往容易注意别人的缺点而忽略别人的优点及长处。因此，发现别人的优点并给予由衷的赞美，就成为办公室难得的美德。无论对象是你的上级、同事，还是你的下级或客户，没有人会因为你的赞美而动气发怒，一定会心存感激而对你产生好感。

巧妙地运用赞美手法，让你的上级欣赏你，让你的同事帮助你，让你的工作得以顺利完成，为每个人营造一种和谐的办公室气氛，同时不失去自己做人的尊严和修养，事业的成功也就离你不远了。

犹太人有一句谚语我们应该牢记在心："唯有赞美别人的人，才是真正值得赞美的人。"

但在办公室里，有些人的"赞美"总让人感到恶心。他们总像戴着一副面具，不分场合和时间，巴结他遇到的每一个人，什么过头的话他都说得出口。他们认为向上司大献殷勤就能轻而易举地得到提升，而不想通过努力工作获得成功。

聪明而有人格的人并不这样认为。赞美别人并不是工作的全部，只是建立良好的人际关系，使自己的工作得以顺利完成、目的得以顺利实现的一种方法。让周围的人讨厌、厌烦，对自己有什么益处呢？

赞美应该是发自内心的，是自然而然的善意的行为，不需要你绞尽脑汁，处心积虑，也不需要你时时小心谨慎。

把每一次赞美当做一次学习的过程，把他人的优点作为自己仿效的榜样，别人也就会很乐意帮助你。同时，在实践中学会更自然地表达自己的好意。

对别人的意见不要立即表示赞同，给自己一段时间，表现出你的谨慎和细致，然后给别人进一步表明意见的机会，让他们说服你。这样，你的赞同就会显得更具价值。

在任何场合，对任何人，都要用适当的方法加以赞美。你可以把它看做是对未来的一笔投资。哪怕是别的部门的领导，或者是你所厌恶的人，也应该对他们的长处加以赞赏，这样会给你带来回报。

赞扬不光是说好话，而是说让人舒心的话，可以采用问候、商量、关心、敬重的口吻。

如果你不相信对方，认为对方不值得赞美，就不必去赞美。虚伪的赞美会使自己陷入无法摆脱的困境，而对方也会觉得你在嘲讽而不是赞美他。

赞美是调和人际关系的好办法。但当着上司的面直接予以夸赞，既容易发生尴尬又很容易招致周围同僚的反感、轻蔑，从而使自己树敌太多。所以，赞美上司最好是背地里进行，如，在公司的其他部门，上司不在场时，大力地赞美一番，这些赞美终有一天会传到上司耳中的。

和上司一起到顾客那里，若部下一个劲儿地抢风头，滔滔不绝，会令上司觉得难堪，难免在心里留下疙瘩。所以，最好的应对方式是细节部分由属下作说明，结论部分由上司来概括。

另外，以"经理，您认为如何"征求上司的许可、认同，看似降低了自己身份，做了穿针引线的工作，实际上却掌握了谈话的主动权。

在归途中，要感谢上司给你的这个机会，并强调是因为上司的同行，才取得了这样好的效果。日后如果同顾客达成了交易，要再次对上司表达谢意，感谢上司相助。"感谢的话，不嫌多"，反正是不花一文钱嘛，何必要吝惜呢?

赞美一定要避开"拍马"的嫌疑,否则,不仅起不到调和人际关系的作用,反而事与愿违。

4. 掌握说 "不" 的艺术

在办公室中,每个人都可能遇见这种情况:有个同事向你求助,而要你做的是件棘手的工作。虽然同事间互相帮助是应该的,但答应下来,你自然要付出额外加班加点的代价,甚至还会影响你自己的工作;如果你敷衍了事地应付,同事发觉后肯定对你有意见,甚至因此引发矛盾,造成"好心帮倒忙"的结果。因此,遇到这类情况,你就要果断地对同事说"不"。

说"不"有说"不"的艺术。如果你表达得不彻底,同事还会对你软缠硬泡。如果你生硬地拒绝,会让同事很没面子,甚至下不了台。这一次不愉快很可能使同事对你心存芥蒂,甚至成为制约你在职场发展的隐患。

在同事向你求助的时候,认真倾听对方的陈述,是你说"不"之前的最好铺垫。

如果你有选择地在听,或者装着在听,甚至根本不理睬对方,都会让你的同事感到不受尊重,还会显得你特别不真诚。接下来说"不",就会对你的同事造成很大的伤害。

认真倾听,不但会保全同事的面子,还会对同事的求助进行全面、透彻的了解,并做出正确的判断。如果帮助对方对提升你的工作能力很有好处,你不妨答应下来,当做一次锻炼的机会。如果答应下来只是给你添麻烦,你就应该拒绝。如果能给对方提出有益的建议,甚至在你的指导下,找到了更佳的解决方法,对方一定会感激你。

其实,真正的倾听并不是仅仅用耳朵在听,也不是仅仅要记住甚至理解对方所说的话。研究交流问题的专家认为，我们所进行的交流只有10%是靠我们说的话来体现的，有30%是通过我们的语调来体现的，还有60%是由我们的肢体语言来表现的。在倾听的过程中，不仅要用耳朵来听，更重要的是用眼睛和心灵来听。不仅用左脑，还要用右脑，学会直觉、察觉和感觉。

同事向你求助，你应该立即停止手里的工作，面向他，认真倾听。这显示了你对同事的尊重。在倾听的过程中，如果你再动用肢体语言，效果会更佳。

（1）坐直身子，正对着对方。表示你十分重视对方的求助，正把全部精力用在倾听上。

（2）用平和的目光注视着对方的眼睛。表示你正思考对方提出的问题。

（3）真诚地微笑。表示你很理解对方的处境。

这样，你经过斟酌之后，委婉地拒绝对方，对方不会觉得尴尬，也不会怪罪你。虽然你没有给对方提供帮助，但你给予了对方尊重。

如果你的做法相反，同事向你求助了，你一副爱理不理、似听非听的样子，接下来是生硬的拒绝，一定会伤了对方的自尊。如果在这之前同事还对你有好印象的话，这时就全部毁掉了，并转而记恨你。

陈星是一家广告公司的平面设计师，这天她正忙得不可开交，同事王越走过来对她说："想请你帮个忙。"她看了一眼王越，继续忙手头上的活儿。王越说完了，她并没有听明白王越具体让她帮什么，就面无表情地说："对不起，我帮不上忙。"王越的脸色立即变得很难看，转身就走了。

其实陈星平时很少这样的，跟王越的关系也不错，她之所以做出这样的举动，是因为她妈妈来看她，她要赶紧忙完手里的工作，下班后陪妈妈逛商场。她没想到她无意的忽略把王越得罪了，王越从此与她冷眼相对。

陈星刚开始还想找王越解释，但是想到可能会越描越黑，就想让时间来冲淡这件事。

不久，设计部主管调离总公司，新主管通过竞聘产生。陈星参加了竞聘，她认为自己比另两个人有优势。

第二天公布竞聘结果。晚上她上了公司的网站。网站上有个BBS，平时同事们都喜欢在上面发帖，交流工作经验，在人事更迭期间，同事们还喜欢在上面发表意见。果然，有人对竞聘者指手画脚了，而且矛头直指她。帖子是这样写的：

陈星这人太自私，自己的利益高于一切，怎么能做主管呢？

陈星立即紧张起来。这是谁在攻击？正猜想着，一个好友开始支持她：

陈星的工作能力是出类拔萃的，作品获得全国大奖就是证明。这是主管首先应该具备的能力。说她自私，倒不知从何谈起的？

前面的人立即还击：

据我所知，陈星经常很冷漠地拒绝同事的求助。

陈星立即想起王越来，而且越想越觉得是王越。

很快有帖子跟上：

一名主管，不应该只有智商，而且还应具备情商。像陈星这样冷心肠的人，是不可能带好一个团队的。

还有一些贬低陈星的帖子陆续跟上，显然不是出自一个人之手。说明另两个竞聘者和他们的支持者也开始"拍砖"了。

这次竞聘的结果自然是陈星落聘了。因为老板在最后确定人选时，受到了BBS跟帖的影响，他也认为陈星智商有余，情商不足。

知道真相的好友都为陈星惋惜。陈星气不过，在论坛上发了一个帖子：

攻击陈星的帖子全是借口！全是诽谤！是小人所为！

除此之外，她找不到更好的发泄方法了。

当你倾听完对方的陈述后，内心里虽然做出了拒绝的决定，最好不要马上说出口。马上拒绝虽然对方不会对你有什么意见，但他并不满意，因为你毕竟没有帮他解决问题。下面两种方法，有时会让你的同事满意而去。

（1）以对方的利益为借口拒绝，往往更容易说服对方。"这个问题我帮你做了，你就失去了实践的机会，以后碰到这样的问题，你还是不敢下手。"或者："我现在很忙，帮你做也不会做得很好，到时候上司怪罪下来，是会找到你头上的。"对方一想，让你做还不如自己做，自然不会再纠缠你。

有时候，你抹不开面子，答应下来却没有很好地完成，反而造成了同事的被动。这时同事自然对你有意见了："不帮就不帮，别糊弄我呀。"甚至传播你"不负责任"的坏话。所以早把坏处说出来，让同事知难而退，是避免问题发生的根本方法。

（2）关怀并提供建议。"如果换了我，我也会找人帮忙的，可是我实在太忙了。这个问题，我觉得你应该……"然后向对方提供有益的建议，让对方通过别的途径解决问题。如果你的建议让对方找到了更佳的解决方法，对方不但满意，而且还会感激你。

5. 不做办公室的"末等人"

有些人工作中得过且过，甘愿做一个掉在队伍后面的"末等公民"。这些被别人看不起的人，也许有少数日后会出人意料地有所发展，但绝大多数还是不怎么样，一直被人看不起。

工作是人生的重头戏，你要靠工作来养家糊口，要在工作中发挥才能，实现自我。

因此，你一定要记住：别在工作上被人看不起！被人看不起虽然不一定会影响你的一生，但绝对不是一件什么好事，对你也不会有什么积极的一面。

一般来讲，工作上被人看不起的人大致有以下几种：

（1）混日子型。这种人不把工作当一回事，不但表现不积极，连犯错也不在乎，他心里总是想"反正混一口饭吃"，他总是采取一种不在乎的态度："此处不留人，自有留人处。"这种人让人看不惯，可是他每天准时上下班，对人又客气得要命，让你抓不到他的小辫子。这种人自己好像过得很舒服，其实人家早在心底把他看轻了。

（2）看轻工作型。这种人常说"这工作有什么了不起"或是"这职位有什么了不起"，一副怀才不遇的样子。他看轻自己的工作和职位，虽然不喜欢，可他又不走，这样他的行为就刺激了其他兢兢业业工作的同事，于是他们也就看不起他了。

（3）迟到早退型。每个人都免不了迟到早退，可是不能经常如此，虽然领导有时不知道，但同事们却会在乎，因为他们觉得不公平，可是他们又不习惯也不愿和你一样迟到早退，同时也没资格说你，在拿你没办法的情况下，就看轻你了。也许你有特殊的个人原因，可是别人是不管这些的，除非你有很好的工作能力和绩效，让其他人不得不服你！

（4）浑水摸鱼型。这种人机灵狡猾，看起来工作很认真，其实都是在做样子，他永远不必承担责任，但永远都有好处可得。虽然能言善道，人缘不错，但实际上别人早在心里看不起他了！

其他还有很多种类型，如争功诿过型、孤芳自赏型、独善其身型，但这几种都比不上前几种更易使人被看轻。如果你属于其中的一种，那你就是不敬业。你不敬业，则无形之中刺激、羞辱了那些敬业的同事，他们会看轻你以示报复，并认定你是个不求上进的无赖、混混，如果你的这种表现被领导知道了，那你就别想在工作上有所表现了！因为他们会不敢重用你！

也许你会说，被人看轻就被看轻吧，有什么了不起的？其实，被人看轻的主要不利不在于别人，而是你自己。如果你因不敬业而被人看轻，这些评语会到处传播，这对你相当不利，事态若太严重，你甚至连新的工作都会找不到，因为同行一定知道你不敬业，谁愿用一个不敬业之人呢？如果你不敬业，就算人们不去四处散播，那对你也没有好处，因为你无法从工作中汲取更多的经验，而一旦养成了一种不敬业的习惯，你一辈子就别想出头了!

工作上被人看不起,与自己的工作态度有很大的关系,如果你能力一般但拼劲儿十足,人们也还是会尊敬你。但他们不会尊敬一个能力很强,但工作态度不佳的人。如果你能力平平又不敬业,那别人肯定会看不起你——你甚至会有卷铺盖走人的可能!

有的人认为,要想改变自己在工作中被人看不起的状况很困难,其实并非如此。每天早晨,只要我们下定决心:要力求在工作上做得更好些,较昨天有所进步,晚上离开办公室、离开工厂或其他工作场所时,一切都应安排得比昨天好。这样做的人,在短短的一年之内其业务必定有惊人的进步。

大多数人的弊病是,他们认为要改进自己在工作中被人瞧不起的状况是一件一蹴而就的事。他们不知道改进的唯一秘诀乃是随时随地求改进,在小事上求改进,所谓大处着眼,小处着手。其实,也只有随时随地地求改进,才能收到最后的成效。

如果把这句话挂在自己的办公室里,一定会有功效:"今天我应该在哪里改进我的工作?"

如果你能现在就把这句话作为格言,便会产生无穷的影响力。你会随时随地求进步,你的工作能力就会达到一般人难以企及的程度,你最终会取得极大的成就。

 ## 6. 克服升职路上的阻力

在谋取升迁的路途中,各种原因都有可能成为你前进的障碍。

首先,审视你自己是否具有以下五个方面的毛病:

(1) 乐于在办公室剖析自己

你自我感觉相当良好,对于自身存在的不足经常挂在嘴边,以此来表白你有足够的自知之明，敢于剖析自己。但是，这种"看我有多糟"的姿态会使领导认定你是个"永远有待完善的人"，而一再地推迟晋升你的计划。

（2）天生"反对派"

在活跃的工作氛围中，领导总希望有人对他提出的方案发表意见，如果不时出现反对意见也有气量照单全收。但是，如果你是天生"反对派"，喜欢给大家澎湃的热情泼冷水，那么，再民主的领导也会把你归为另类而打入冷宫。

所以，一定要设法加以改变，学会强迫自己保持沉默。

（3）只工作不合作

你能力出众，又肯埋头苦干，工作的质量和效率均出类拔萃。但是你不愿与同事交流，一旦与他人合作，你就显得闭塞、冷漠。你宁肯一头埋没于自己的工作之中，而不愿与同事有密切交流。

显然你的业绩遥遥领先，但是有一技之长却不能把你带到事业的顶峰，至多为你赢得一个技术权威的头衔，至于行政职务上的攀升，恐怕与你无缘。

（4）过分推销自己

懂得证明自己价值的你固然勇气可嘉，但是如果你推销自己的欲望时刻一触即发，那么取得的效果肯定适得其反。在与你相处一段时间以后，领导、同事很可能把自吹自擂认作是你的头号本领，反而忽视你的其他长处。实质上，自吹自擂总给人底气不足，用吹嘘来装声势的印象。考查你时，大家多半把你的能力打个对折。而且，在任何场合都过分突出自己的人，必然忽略了他人的感受，往往给人不尊重他人的坏印象。这种品格，极难获得好口碑。

（5）出勤率低

"我常缺勤，可我有才能！"不要妄想用这样的言语打动领导，要知道，缺勤请假也是升职加薪的"拦路虎"。

切不可做一个先斩后奏的自由主义者。请假对上班族而言，是常有的事情。请假按规定应于事前向单位主管报批，待获得允许后，你才能离开工作岗位。请假的方式和频率，往往也成为公司评价你的重要依据。公司将以此评定一个人的工作态度，进而直接影响到你的考核成绩。

两强相遇，取出勤率高者。当领导在评价两个实力相当的员工，以及决定给他们奖赏时，有很多指标都是模糊的，最后你们的出勤时数就有可能作为参考衡量的指标之一。在此情形下，诸如责任心、合作精神、创造性等因素反而会让位处于次要的地位。

模糊不清，取其可衡量者。此外，就领导而言，在评定员工的同时，领导本身的能力会成为质疑的对象，而如果心存成见而又识人不足，诚然难让人心悦诚服；此时，若能以员工出勤程度作为具体、可信的依据标准，当然能杜绝芸芸众口，给人较为公平的印象。

一般地讲，在现今的就业体制之下，往往都把"出勤率"作为重要的评价标准。因为分工制度的实行，个人应该分担的责任相对地减少，相形之下，出勤的程度自然凸显，成为评定考绩的重要标准。由此可见，员工对于休假所持的态度，对于个人的升职和对公司的整体发展有着极其重大的影响。这种现象和趋势，对于基层人员及低级干部以下人员，影响力更大。

无论如何，不可肆无忌惮地想请假就请假，也要多为他人着想。当心留下不良的记录，影响自己的业绩考核。

其次，争取新职位的同时，你是否忽视了身边的雷区：

（1）嫉妒的同事

有些人天生见不得别人好，看别人有点表现，便想拉后腿。他不断地扰乱、攻击你的人格及工作，弄得你鸡犬不宁。

（2）捣蛋鬼或异己分子

这种人不在乎升迁、加薪，经常大过不犯，麻烦不断，喜欢以小动作或者出情况让大家手忙脚乱，而他却躲在暗中咯咯笑，因为这是他单调工作中唯一的乐趣，但对你却是头痛万分。

（3）有意制造障碍的人

比如，他们会积压公文，控制资料与研究结果，或者在你迫切需要帮助时袖手旁观甚至幸灾乐祸，这些人表现上没什么迹象，甚至跟你关系还不错，但到了关键时候却会脚下使绊子，因此不可不防。

(4) 对你心存报复的人

对手，或是曾被你指责者，他们可能高升，可能影响最高上司对你的看法，可能要你下课，此时，率先采取防范是很有必要的。

(5) 准备跳槽，在另谋高就之前常常制造事端

这种人有点像定时炸弹，平时没什么，一旦爆炸危害也是不小。

在办公室升迁路上障碍很多，你既要克服自身的坏习惯，又要协调好与各种类型同事的关系，才能顺利升职。

7. 为升迁的机遇做好热身

俗话说："凡事预则立，不预则废。"在争取升迁的道路上，有时最大的障碍不是虎视眈眈的竞争者，也不是嫉贤妒能的昏庸领导，而是你没有为机遇做好"热身"。

如何为机遇做准备，并不是一件困难的事，首先你要使自己符合要求：

(1) 健康状况良好

"身体是革命的本钱"，当然，身体也是你获得晋升的本钱，这一点无须再做进一步的说明。尽管你有很好的才华，但是如果体质弱的话，领导是不愿把重任交托给你的，因为他会怀疑你的身体承受不住这样的负担，反而会误了大事。充足的睡眠、适当的运动和均衡的营养，是三大保健要素，缺一不可。力不从心是最悲哀的。因此，为机会来临所做的第一项准备，就是保持健康的体魄。

(2) 人际关系良好

人际关系，是由人与人之间的各种紧密联系组成的，如果一方主动伸出友谊之手，而另一方毫无反应，就无法建立关系。人们常说的一句话是："感情是互动的。"有些人只选择有影响力的人做朋友，而看不起职位卑微的人，这是晋升的大忌。

在现代社会中，人与人在人格和尊严上是平等的，没有什么高低贵贱之分，假如"狗眼看人低"的话，就会自食苦果，这种人不会有市场，人们根本不会买他的账。因而，不要人为地制造一些升迁的障碍，记住：人际关系不好的人是无法得到升迁的。建立良好人际关系的秘诀有四个字：主动、热诚。虽然你不一定能做到"爱你的敌人"，但是，在最低限度上，你也不要抨击他。这样做，实际上对你本人的好处更大，因为可以让他疏于防范。为自己考虑，你也不要使更多的人对你戒备森严、虎视眈眈。

（3）具有克制力

在职业生涯中，你必然会遇到许多看不顺眼的事，同时，也会遇到不少利益的诱惑，从而不小心做出过于激烈的反应和悖理的行为。这种行为有可能直接影响你的事业和前途。因而，你必须具有克制自己的能力，免得一败涂地。

举一个简单的例子。比如挪用公款，这是非常严重的办公室罪行。无论所挪款项的数目是多是少，性质都是一样的，其行为必然被判断为不可再信任。有了这种印象后，领导永远都不会晋升你。

然而，一般说来，年轻人缺乏克制力，在看到大量的钞票每天在自己手中出入时，是极容易做出犯法的事的。由此，"一失足成千古恨，再回首已百年身"，若想挽回残局，比登天都难。

（4）寻找问题

无风无浪、没有挑战性的工作，干起来尽管很轻松顺利，但却不能显示你具有更佳的潜质。商业社会是"攻"的世界，只重"守"的人是不能达到更远大的目标的，也无法脱颖而出。因而，假如你所从事的是一份稀松平常的工作，就应当在平淡的工作之中不断寻找出新问题，使领导能注意到你的进取精神。

其次，除了具备自身条件外，在其他方面，你可以争取做到以下几点：

（1）让领导依赖你

多花些时间搜集有关工作的资料，遵守公司的规则，多找些机会与领导接触。久而久之，领导已经习惯于依赖你的工作，你就奏响了获得晋升的前奏。

（2）发挥各方面的才能

别老是专注于某一项工作的专长。否则，领导怕找不到合适人选替代你的位置，就不会考虑到有关你的升迁问题。虽然专心投入一项工作是获得领导赏识的主要条件，但除了做好本身的工作外，也要让他知道，你具有各个方面的才能。在其他同事休假时，你可以主动提出替同事处理事情。这样做，一则可以从中学到更多的东西，二则证明你对公司有归属感。

（3）与领导建立友谊

这是不容易做到的。特别是异性之间，太过亲密反而会使同事产生误会，从而对前途有害。不过，你不要奢望领导会对你付出真正的友谊，他只是需要感到你的友善罢了。因而，能够达到这一目的，也就足够了。

（4）了解公司的制度

先了解公司的晋升制度，才能有明确的奋斗目标。一般来说，公司的晋升制度有以下几种：

第一种：选举晋升。在一小撮人中选出某人的晋升，人事关系的因素较大。

第二种：学历晋升。领导深信，学历高的职员会为公司带来更大的利益。

第三种：交叉晋升。是指由一个部门升级到另一个部门。

第四种：超越晋升。是指对贡献特大的人，获得较大幅度的提升。

以上所列，是大多数公司的晋升制度。每家公司都有其晋升制度。如果你所在的公司是以论资排辈的方式晋升的话，那就很不走运了。尽管你很有才干，也得熬上多年，才有希望得到一个较大的晋升机会。对于一个有才干的职员来说，在这种晋升制度的环境下工作，能力可能得不到充分发挥。

因此，积极进取和自信的人，应选择可以超越晋升和交叉晋升的公司，挑战性比较大，个人的发展前途也比较光明；在一个理想的环境之下，遇到公司有高职位的空缺，如果你对这个职位有兴趣的话，可以参考下列程序进行操作，这对你获得晋升会大有裨益。

（1）了解该职位谁有资格胜任。所谓知己知彼，百战百胜。虽然了解别人并不一定必胜，但是最低限度，你能由此知道，需要拥有什么条件才能获得晋升，从而为这一次晋升机会做好准备，打下基础。

（2）不妨让领导知道，你对该职位有兴趣，而且提出具体的论据，证明你有足够的资格胜任那个位子，将对公司做出更大贡献。这似乎有点令人难为情。实际上，不少领导为了选择合适人选大伤脑筋，而你这样做是在给他解决难题。正如毛遂自荐那样，也需要具备一定的自我推销能力；中国人的过分含蓄和谦虚，在现代社会是吃不开的，往往会成为前进的绊脚石。

（3）在平时要多为公司做出贡献，而不是考虑在晋升后能得到什么报酬，这一点很重要。领导最担心和讨厌那种一味追求个人私利的人，他们觉得这种人过于自我钻营，实际上也是华而不实，没有多少能力。假如把这种人提升到较高职位的话，只会给公司带来不利影响。因此，你应该让领导感到你并不是那种单纯追名逐利的自私之辈，你拥有很强的事业心和责任感。让他觉得你之所以想得到较高职位，是为公司的前途和利益着想，是为了实现自己的事业心。

（4）尽管晋升的人选最终落在了别的同事身上，你也不要因此沮丧和不合作。你的每一个表现，都看在别人的眼中。因此，你要表现出大将风度，不以一城一池之得失而或喜或悲，应把眼光放长远些，为下一个晋升机会的来临做好准备。

8. 消除同事间的误会

人非圣贤，孰能无过。一不小心做错了事就会影响别人对你的看法，在办公室里尤其如此，很容易让同事产生误会。

所谓误会，是指别人对你的看法与你的实际不符，是无意中产生的认识上的错误。

这种情况在同事之间并不少见。形成的原因有两个方面：一是自身的言行不够谨慎，言谈行事有欠周到、欠细致、欠精明之处，致使他人不能准确地领会你的意图。二是对方主观臆测，由于每个人不同的经历、学识、价值观、气质、心境等因素的影响，对同一件事、同一句话，不同的人会有不同的理解。

误会给我们带来痛苦、烦恼、难堪，甚至会产生预料不及的悲剧。所以，陷入误会的圈子后，必须调整自己，采取有效的方式予以消除，使自己与他人都尽快地轻松、舒畅起来。

(1) 消除自我委屈情绪

出现误会后，不为自己辩解，总以为自己正确，有道理，不被理解。心中怀有委屈情绪的人，必定不愿开口向对方作解释，这种心理障碍妨碍彼此间的交流。此时，应多替对方着想。无论他是气量小、心胸窄还是不了解真相、不了解你的一番苦心，都不必去计较，只要你真诚地向他表明心迹，那么，误会便会消除。

(2) 查清原因方可化解怨恨

产生误会后，一方怒气冲冲，充满怨恨、敌视；一方满腹狐疑，委屈、压抑，双方隔阂越陷越深，而且一谈即崩，大有新的误会接踵而来之势。此时，需要冷静。你必须下一番工夫内查外调，搞清楚对方的误解源于何处，否则任凭你费多少口舌，也不会解释清楚。搞不好，还会越描越黑，弄巧成拙。

(3) 书信可传情

面对一封信要比面对当事人从容得多，当面难以启齿的话题在信上也会坦然地表达出来。书信的效果往往比当面交涉的效果更佳。但要注意，写信时措辞一定要简短、亲切、明了，切勿啰唆、令人生厌，语气需要真挚、诚恳，充分表达出自己愿意消除误会、重新和好的急切心情，表达自己至今仍铭记以往的友情，以及对对方的信赖和尊敬。

(4) 行动是最好的证明

有的误会用语言不能解释清楚，那么就用与之相反的行动去证实。如朋友误解你同某一异性有暧昧行为，你又说不清楚，那么，你只要与自己的爱人相依相伴、相敬如宾、亲密无间、双双出入社交场合，令他人找不到破绽，误解也就自然消失了。

(5) 战胜自己的懦弱，当面说清

误会的类型千奇百态、多种多样，但解决的最简捷、最方便的方法便是当面说清，大多数的人也都喜欢这种方法。记住，如果有误会需要亲自向对方说明，你千万不要找各种借口推脱，一定要克服困难，战胜自己，想方设法当面表明心迹。不要轻信第三者的只言片语。

(6) 不可放过好时机

解释缘由，消除误会，必须选择好时机。一定要考虑对方的心境、情绪等感情因素，可选择提干、长工资、定职称或参加婚宴等喜庆日子。此时对方心情愉快，神经放松，胸怀也就较为宽广，抓住这些时机表白，往往能得到对方的谅解，重归于好。

(7) 越拖越被动

有人被误会搅得焦头烂额，总觉得心中有难处，不好启齿，结果碍于情面，时间越拖越长，误会越陷越深，到最后无限制地蔓延，造成了令人极为苦恼的后果，反倒更加痛苦。所以，有了误会，要迅速解释清楚，拖的时间越长，就越被动。

(8) 请领导、同事帮忙

人与人之间的误会常常是在工作中产生的，双方的误解涉及许多因素。个人解决可能会受到限制，以致不能明白透彻。故请他人帮忙，的确是很明智的。

(9) 重新聚会

区区小误会，没必要兴师动众，大费口舌，也不便于直说，但双方在心理上又都觉得不愉快，有了生疏感。此时，你可邀请对方或故地重游，或聚会畅谈。在和谐、友好的气氛中，彼此间心理上的距离便会缩短，以往的不快便会自然地消失。

9. 求同事办事有讲究

在现代社会中，办公室同事关系是人脉的重要组成部分，因为在一起共事，友谊会自然而然地产生。一个人在家与家人相处的时间和在单位与同事相处的时间几乎差不多，如果在办事时，不会利用同事关系，不但有些事办起来费劲，还容易让人觉得你没有人缘。

每一个人在单位都有表现自己的欲望，求同事办事就等于为他提供了一次表现个人能力的机会，即使遇到困难也得办，即使有时担心领导不满也得办，以此在同事中维护自己急公好义的形象，同事的事和单位的事一样，每个人都会感到自己有一份责任和义务。因此，找同事办事不用存有任何顾虑，该张嘴时就张嘴。

那么，我们该怎样利用好同事关系办事呢？

(1) 找同事办事要有诚意

同事之间了解的比较多也比较深，如果找同事办事藏藏掖掖，想托人办事又神神秘秘，不把事情说明白，容易使同事产生你不信任他的感觉。因此，找同事办事就要先说明究竟要办什么事，坦言自己为什么办不了，为什么要找他。这样，精诚所至，同事只要能办到的事，一般是不会回绝你的。

（2）找同事办事要客气

同事不是朋友，一般都没有太深的交情。因此，找人之前说话一定要客气，而且要以询问的口气与同事探讨，请求他帮忙想办法。受到如此的尊重，同事如果觉得事情好办，自然会自告奋勇地去办，几句客气话，省却许多麻烦。办完事之后，一般不要用钱来表示谢意，客气几句，说声谢谢就可以了，如果执意要拿钱来表示，容易引起反感，因为同事之间办点事就接受物质感谢，会给大家留下坏印象。

（3）找同事办事要有的放矢

一些比较笼统不明的事一般不找同事去办。办一件事之前，要先知道你这位同事的社会关系，以及他是否办起来没有太大的难度。只有掌握了这些情况，你才能做到张口三分利，也不至于叫同事左右为难。

（4）有些事不能找同事办

自己能办的事尽量自己去办，否则，会使人感到你不把同事的腿脚当回事，这样既可能耽误事，又影响了同事感情。

需要请客送礼的事不要托同事办。在单位里，请客送礼毕竟不是什么光彩的事，"流行"只是指在社会大环境里。

如果这件事同事不能直接办，也得"人托人"、费周折，不如转求他人。

和同事利益相抵触的事不能找同事去办，即便这利益涉及的是另一个同事。

10. 做办公室中的受欢迎者

办公室中的成功者在与同事的交往中不用花言巧语，却能赢得大多数人的欢迎。

这些人有很强的号召力，却总是态度谦逊，做事从容，应对得体，从不感情用事。其实，说起来这也并没有什么太多的秘诀，只是他们遵循了保持良好同事关系的原则，掌握了与人良好沟通的技巧。

在我们的工作环境中，建立良好的人际关系，得到大家的尊重，无疑对自己的生存和发展有着极大的帮助，而且有一个愉快的工作氛围，可以使我们忘记工作的单调和疲倦，也使我们对生活有一个良好的心态。遗憾的是，我们常常听到不少人对怎样处理好办公室里的人际关系感到棘手，抱怨甚多。其实，只要我们为人正直，用心并努力，做个受人喜爱的同事并不是很难的事。根据行为专家的忠告和众多人提供的经验，我们不妨从以下几个方面入手。

（1）直接向领导陈述你的意见

在工作过程中，每个人考虑问题的角度和处理的方式难免有差异，对领导做出的一些决定你可能有看法，有意见，甚至变为满腹的牢骚。在这些情况下，切不可到处宣泄，否则经过几个人的传话，即使你说的是事实也会变调变味，待领导听到了，便成了让他生气和难堪的话了，难免会对你产生不好的看法。如果你经常这样，那么你即使再努力工作，做出了不错的成绩，也很难得到领导的赏识。况且，你完全暴露了自己的弱点，很容易被那些居心不良的人所利用。这些因素都会对你的发展产生极为不利的影响。所以最好的方法就是在恰当的时候直接找领导，向其表示你自己的意见，当然最好要根据领导的性格和脾气用其能接受的语言表述，这样效果会更好些。作为领导，他感受到你对他的尊重和信任，对你也会另眼相看，这比你处处发牢骚、风言风语的效果好多了。

（2）乐于从老同事那里吸取经验

那些比你先来的同事，相对来说会比你积累了更多的经验，有机会时我们不妨聆听他们的见解，从他们的成败得失中寻找可以借鉴的地方，这样不仅可以帮助我们自己少走弯路，更会让他们感到我们对他们的尊重。尤其是那些资历比你长，但其他方面比你弱一些的同事，会有更多的感动，而那些能力强的同事，则会认为你善于进取，便会乐于关照并提携你。我们也常常会看到这样的反例，有些人能力强，可在单位里，自视甚高，不买那些老同事的账，弄得老同事很反感。而这些老同事毕竟根基深厚，方方面面都会考虑他们的意见，结果关键时候你会因此受挫，这不能不引起我们的重视。

（3）对新同事提供善意的帮助

新到的同事对手头的工作还不熟悉，当然很想得到大家的指点，但是心有怯意，不好意思向人请教。这时，我们最好主动去关心帮助他们，在他们最需要得到帮助之时，伸出援助之手，往往会让他们铭记终生，打心眼里深深地感激你，并且会在今后的工作中更主动地配合和帮助你。所以你切不可自以为是，不把新同事放在眼里，在工作中不尊重他们的意见，甚至斥责，这些态度都会伤害对方，从而对你产生恶感。

（4）用自己的性别优势关心异性同事

人们对任何形式的性骚扰都普遍感到反感，但是如果能利用自己性别上的优势去帮助异性同事，则会得到他们的好感。不能否认，两性各有各的长处，比如男性较有主意，更能承受艰苦劳累的工作，也能更理性地分析并解决问题等；而女性呢，则显得比较有耐心，做事细心有条理，善于安慰人等。尽管只是同事，并不是在家里，但每个人也渴望得到同事们的关心和理解，若能善于发挥自己的长处，对异性同事多些关心和帮助，如男同事多为女同事分担一些她们觉得较为吃力的差事，女同事多做些需要细心的工作，多为办公室环境的优美做些事。这些对我们来说并不难，效果却很好，对方对你所给予的关心与支持打心眼里感激，将你视为可以信赖的好同事。

(5) 适当"让利",放眼将来

有一些人与同事的关系不好,是因为过于计较自己的利益,老是争求种种的"好处",时间长了难免惹起同事们的反感,无法得到大家的尊重,而且他们总是在有意或无意之中伤害同事,最后使自己变得孤立。事实上,这些东西未必能带给你多少好处,反而弄得自己身心疲惫,并失去了良好的人际关系,可谓得不偿失。如果对那些细小的,不大影响自己前程的好处,多一些谦让,比如单位里分东西不够时少分一些,荣誉称号多让给即将退休的老同事等,再比如与其他人共同分享一笔奖金或是一项殊荣等,这种豁达的处世态度无疑会赢得人们的好感,也会增添你的人格魅力,会带来更多的"回报"。俗语所说的"吃小亏占大便宜",从一定程度上说明了这个道理。

(6) 让乐观和幽默使自己变得可爱

如果我们从事的是单调乏味或是较为艰苦的工作,千万不要让自己变得灰心丧气,更不可与其他同事在一起唉声叹气,而要保持乐观的心境,让自己变得幽默起来,如果是在条件好的单位里,那更应该如此。因为乐观和幽默可以消除彼此之间的敌意,更能营造一种亲近的人际氛围,并且有助于你自己和他人变得轻松,消除了工作中的劳累,那么,在大家的眼里你的形象就会变得可爱,容易让人亲近。当然,我们要注意把握分寸,分清场合,否则会讨人嫌。

只要你以真诚的态度注意从以上六个方面去努力实践,同时在工作时保持做人的正义感,那么做个让人喜欢的好同事,得到一个好人缘并不难,工作便也成了一件让人快乐的事情了。

下篇：规避不成体统的说话办事方式

1. 工作场合莫谈私事

　　办公室是用来工作的地方。虽然同事之间的聊天是一件平凡的事，但是有些人说到兴起之时，口不择言，不管什么都像竹筒倒豆子那样一点儿不剩地倒出来，往往一句话脱了口就知道错了。然而，说出来的话就像泼出去的水，是无法收回的。用个不甚恰当的比喻，职场是个残酷的竞技场，每个人都可能成为你的对手，就算是合作很好的拍档也可能突然反过脸来攻击你。你的私事让他知道得越多，他就越容易击中你。有一点要切记的是，不管是热恋、失恋，还是别的什么事，都不要把情绪带到工作中，更不要把自己的故事带到办公室。

　　张仪是个文静的姑娘，有一次痛苦的失恋经历，她告诉同事，她的男朋友甩了她，和别的女孩子相好了。这件事传到老板耳朵里，老板在会上说："有的人连男朋友都摆不平，公司的事怎么可能放心交给她处理呢？自己的私事都四处宣扬，又怎能放心将公司的秘密交给她呢？"不久就在公司内部将张仪调职，当然，工资就像"木瓜打狗，不见了一大截"。

　　说话要分场合。"公私分明"是一条在任何时候都适用的规则。在办公室里不能乱说话，要说也只能说公事，莫谈私事。有的人会抱着这样的心理：我只是了解别人的事，自己的事会守口如瓶；如果你不开口打听别人的私事，自己的秘密就容易保住。不要以为议论别人没关系，谈上几个回合就会绕到自己头上！

　　在工作之余，与同事一起上卡拉 OK、下酒馆、去郊游……也要把握这个原则。至于同事中的个别深交者，能否向其倾诉心事，无所不谈，让其为自己私生活的处理出谋划策，他会不会在关键时刻背叛自己，那就只能靠自己拿捏了。

 # 2. 玩笑不能开过头

办公室是个无风还起三尺浪的地方，最简单的玩笑都有可能转化成最严重的中伤。所以，开玩笑时要注意分寸。

同事之间，大都不会天天绷着脸，茶余饭后、工作之余常开点玩笑，既可以活跃气氛，又可以放松神经，解除疲劳，还可以拉近同事之间的距离。

会开玩笑的人，能让人在一片欢笑中记住他的风采，并对他产生亲近感。在出现意见分歧的时候，开个玩笑或许就可成为紧张局面的缓冲剂，使同事之间消除敌意，化干戈为玉帛。开玩笑有时还可以用来委婉地拒绝同事的请求，或进行善意的批评。

但开玩笑要达到的目的在于"玩"，千万不要把玩笑开得过火。如果开玩笑的效果让人觉得受嘲弄，被"涮"了，那就过了，弄不好还会闹出矛盾来，造成损失。据报道，西方国家每年的愚人节都会造成巨大的损失，甚至在愚人节这天因为开玩笑而造成许多民事案件、交通事故等。

近几年，中国人也过愚人节，人们也习惯在愚人节这天开开玩笑，"涮涮"别人，有的人还乐意被"涮"。但这玩笑可要开得适当。曾有青年小蒋、小孙，他们在同一个单位上班，平时两人交往也不少，一年愚人节，小蒋故意装作气喘吁吁地跑到小孙办公室，说："小孙，你妈在单位出事了！"小孙一听就着急了，赶紧往他妈妈的单位打电话，结果弄得那单位的人莫名其妙。小孙后来才知道这是愚人节的恶作剧，但他对小蒋咒他妈妈的这个玩笑非常不满，小蒋却以为一个玩笑有什么大不了的。两个人因此发生争执，竟反目成仇。

开玩笑要适度，像小蒋、小孙这样岂不是适得其反。生活中常有这样的事，因一句玩笑而发生口角、打斗，甚至出了人命案。

开玩笑的内容也值得注意，要做到既能引人发笑，又不会影响同事之间的团结。而且不能太庸俗了，有些低级趣味的小笑话，会让同事觉得你这人太俗，特没劲。有的人喜欢拿同事的一些笑柄来开玩笑，本来人家心里对此就特别忌讳，你再拿来说笑，自然会闹出不愉快。更要切忌拿别人的缺点和生理缺陷开玩笑，这就更容易引发矛盾了。

开玩笑还要注意对象。有的人喜欢嘻嘻哈哈，经常和人开开玩笑，有的人却不苟言笑，喜欢严肃、安静，你可以区别对待，别"涮"出了事。

电影《十五贯》说的就是因一句玩笑引发的悲剧。尤葫芦喜欢开玩笑，而他的养女苏成娟却爱较个真。一次，尤葫芦对养女开玩笑说："我已经把你卖了。"不料，苏成娟信以为真，竟在夜里偷偷逃走了，跑得匆忙，忘了关门，正巧娄阿鼠前来行窃，杀死了尤葫芦。而苏成娟却遭怀疑是谋财害命而被捕入狱，真可谓是："祸由玩笑生，家破又丢命。"如果是别人，听了这个玩笑，撒个娇或回敬个玩笑也就算了，可尤葫芦却不顾养女的性格特点，开了这个"严重"的玩笑，酿成了悲剧。

开玩笑，还要分场合、分时间。同事正在工作，你却不知忙闲地开玩笑，不是等着挨白眼吗？在严肃的会场，你无所顾忌地开玩笑，不是招领导批评、遭同事反感吗？

与同事相处，适当地开开同事的玩笑，可以起到融洽关系的作用，也不妨开开自己的玩笑。开自己的玩笑，正是因为尊重别人，很容易赢得朋友的真诚相待。开自己的玩笑，就把自己放在了与同事平等的位置上，平添了几分亲近感，更容易与同事打成一片。

当然，在办公室里开玩笑的限度必须把握好，要特别注意以下几点：

（1）不要开领导的玩笑

你一定要记住这句话：领导永远是领导，不要期望在工作岗位上能和他成为朋友。即便你们以前是同学或是好朋友，也不要自恃过去的交情与领导开玩笑，特别是在有别人在场的情况下，更应格外注意。

（2）不要以同事的缺点或不足作为开玩笑的目标

"金无足赤，人无完人。"不要拿同事的缺点或不足开玩笑。你以为你很熟悉对方，随意取笑对方的缺点，但这些玩笑话却容易被对方觉得你是在冷嘲热讽，倘若对方又是个比较敏感的人，你会因一句无心的话而触怒他，以致毁了两个人之间的友谊，或使同事关系变得紧张。而你要切记，这种玩笑话一说出去，是无法收回的，也无法郑重地解释。到那个时候，再后悔就来不及了。

（3）不要和异性同事开过分的玩笑

有时候，在办公室开个玩笑可以调节紧张的工作气氛，异性之间的玩笑亦能让人缩短距离。但切记异性之间开玩笑不可过分，尤其是不能在异性面前说黄色笑话，这会降低自己的人格，也会让异性认为你思想不健康。

（4）莫板着脸开玩笑

到了幽默的最高境界，往往是幽默大师自己不笑，却能把你逗得前仰后合。然而在生活中我们都不是幽默大师，很难做到这一点，那你就不要板着面孔和人家开玩笑，免得引起不必要的误会。

（5）不要总和同事开玩笑

开玩笑要掌握尺度，不要大大咧咧总是开玩笑。这样时间久了，在同事面前就显得不够庄重，同事们就不会尊重你；在领导面前，你会显得不够成熟、不够踏实，领导也不能再信任你，不能对你委以重任。这样做实在是得不偿失。

（6）不要以为捉弄人也是开玩笑

捉弄别人是对别人的不尊重，会让人认为你是恶意的，而且事后也很难解释。它绝不在开玩笑的范畴之内，是不可以随意乱做乱说的。轻者会伤及你和同事之间的感情，重者会危及你的饭碗。记住"群居守口"这句话吧，不要祸从口出，否则后悔晚矣！

玩笑，玩笑，笑了好玩。只要你能把握好限度，适当开开玩笑，会拉近与同事之间的距离，让同事之间的良好关系在欢声笑语中成长。

3. 别在背后议论别人

在工作中，很容易碰到爱在背后议论别人是非的人，这种人几乎每个单位都有，发表言论不找当事人，甚至也不在公开的场合，而是躲在背后议论纷纷。

喜欢在背后议论别人是非的人，往往没有什么好下场。在背后议论人，自然会得罪当事人，时间长了，你就成了"万人嫌"。同事们都生怕成为你议论的对象而敬而远之，领导更害怕成为你议论的对象而将你打入"冷宫"，你在单位里自然不会有好的发展。

一个人在工作中，无论跟领导还是同事，都难免就某一件事产生意见分歧，甚至导致很深的矛盾。你如果想澄清自己的意见，表明自己的观点，就应该找当事人当面探讨。切忌当面不说，背后乱说。即使你的意见是正确的，甚至你被冤枉了，如果你选择了"在背后议论别人是非"这种小人行为，就等于自己认输，而且也不值得同情。这正所谓"失道寡助"。

有意见，当面提，即使不能消除分歧，或者改变既成事实，但你让对方感受到了你的力量，这样会提醒他以后注意考虑你的意见，照顾你的利益。而且，有意见当面澄清，是一种光明正大的行为，会防止彼此产生过节。如果你躲在背后议论对方，发泄不满，即使彼此没有隔阂也会产生隔阂，甚至会激化矛盾。对方一旦与你为敌，这本"陈年老账"随时会被翻出来，变换成合理的借口，制约你的职场发展。

赵锐是公司业务部的精英，多次获得公司年终奖金。年底又到了，赵锐根据考核办法，算出自己又可以拿到 2 万元奖金，便提前与女朋友算计这 2 万元该怎么花。最后决定，存银行 1 万元，另外 1 万元做春节旅游的费用。

获奖名单公布以后，赵锐却发现没有自己的名字。是不是相关人员疏忽把自己漏掉了？赵锐带着疑问找到业务部经理。经理说："我们这次考核，是绩效考核加表现考核，不只是看绩效，还要看平时的表现，如个人形象、是否具备团队合作精神，等等。你想想看，自己在别的地方有没有做得不够的地方。"

赵锐不由得低下头去。

经理提醒说："年中时你跟小王争地盘，哪有一点团队合作精神？而且给公司造成了很不好的影响。这是你今年没有拿到年终奖金的主要原因。"

赵锐跟小王所争的"地盘"，是一家大客户。原来是小王开拓的市场，后来那家大客户的部门经理易人，赵锐的同学走马上任。赵锐就去拜访同学，想把业务划到自己名下。小王告到部门经理那儿，部门经理出面批评了赵锐，赵锐才撤出去。

赵锐一肚子气离开经理的办公室。他以为，自己落选主要是经理在作祟。绩效考核，主要看业绩，这是硬指标，别的都是软指标，说你达标就达标，说你不达标就不达标。他若没有团队合作精神，就不会听经理的意见，早把"地盘"抢到手了。还有，那奖金是公司出，也不是经理自己掏腰包，经理是嫉妒才把他拿下来的。

赵锐越想越气，不自觉地找到几个平时关系不错的同事倾诉，发泄不满，说经理的坏话。

不久公司大裁员，赵锐赫然出现在名单上。自己是业务精英，是不是搞错了？赵锐找老板询问。没错，他的解雇理由是：缺乏团队合作精神。

赵锐不理解，那件事过去半年了，自己跟小王早就和好了，怎么又扯出来大做文章呢？

后来一个知情的同事告诉他，他在背后说经理坏话的事传到经理耳朵里了，经理怨气难平，自然力主裁掉他。

在背后议论领导，岂不是把"小辫子"往人家手里塞吗？

有的人不但好在背后议论别人是非，而且喜欢对当事人评头论足：谁谁晋升是凭借谁谁的关系，谁谁跟某某是秘密情人，谁谁的文凭是假的，如果让谁谁当主管会更好，等等。时间一长，同事就会送给他"判官"的绰号。

王治就是一个好在背后议论是非的"判官"，可悲的是，他还自以为人缘不错，沾沾自喜呢，连以前参与议论的同事也开始躲着他了。谁愿意将把柄留给一个"判官"呢？他最后落个人人讨厌、人人躲避的下场。

公司每年都会实行"末位淘汰"，其中的一个环节是进行民意测评。这个环节有时候是走形式，有时候却能发挥作用。王治的部门共10个人，认为他工作能力差的票是9票，他不得不在众望所归中离开公司。

其实，他的同事都想让他离得远远的，于是就借民意测评，让领导将他打发走了。

有些员工，可能出于一箭双雕的目的，喜好单独找领导指责别人，好像这样既向领导表示了忠诚，又打击了同事。比如："娟子昨天又偷拿了一叠复印纸，我都提醒她好几次了，她还是屡教不改。""我真担心这个企划案不能按时完成。小赵负责的那组调查数据，拖了好几天了还没搞定。"在这些人眼里，别人都有毛病，似乎只有他是完美的；别人似乎都是领导的敌人，只有他是领导的心腹。当然，这些人这么做的最终目的是为了取悦领导，获得上司的重用。

精明的领导一般是不会吃这一套的。如果他重用你，你会不会用同样的手段来对付他？也就是单独跑到他的领导那里去指责他？这种可能性是非常大的。所以，精明的领导可能暂时利用你制约你的同事，而不会重用你。如果你老是喋喋不休地在他面前指责别人，可能会让他感到潜在的威胁，找个理由就把你打发掉了。

苏宁是公司宣传部的元老了，她经常一个人跑到部门经理那里指责同事。经理一般是笑眯眯地倾听，她以为自己获得了经理的赏识。

公司根据发展需要，为了开发一项新业务，单独成立了一个办公室，人员从各部门抽调。苏宁接到调令后，急忙找部门经理。她不想离开宣传部，因为她的职位是个肥差，况且那项新业务现在看起来还不明朗。

经理笑眯眯地说："公司抽调你是经过慎重考虑的。你是公司的老员工了，经验丰富，那可是非常重要的工作，一般人不能胜任。再说，现在调令已经下了，不可能更改了。"

苏宁又去找老板，得到了同经理一样的答复。她只好服从公司的安排。

她哪里知道，自从她去经理办公室告同事的刁状，经理就一直想找机会调开她了。

背后议论别人的是非，自然希望自己不被暴露，别让当事人知道，这就期望参与议论的人为自己保密。事实上，这几乎是不可能的。常言道："没有不透风的墙"，"要想人不知，除非己莫为"，就是最有力的证明。

有人曾做过一个实验，故意在办公室里放出风声，告诉了身边同事一条无关紧要的花边新闻，并叮嘱同事不要讲出去，结果这条新闻很快通过别人传了回来。

所以，要想自己背后议论别人的事不被传出去，最有效的防范措施就是别在背后议论别人。

 # 4. 勿干扰同事的生活

在这个个人隐私愈发得到尊重和保障的时代，在办公室里谈笑风生，走出办公室互不往来的现象司空见惯。现代人很少希望自己的私生活受到打扰。

有的员工源于寂寞等原因，在下班后或者休息日，希望到同事家里玩，这就意味着你将闯入同事的私生活。与其给同事造成不便，不如选择其他方式，如去电影院看场电影、约好友打打球，等等。有的员工选择去同事家里拜访同事，是想加深彼此的感情，加强彼此的关系。在过去计划经济的职场环境中，这种行为大行其道，而在现代职场中，这种想法就显得幼稚了。因为现代公司的竞争环境决定了同事之间应该保持着一定的距离，不应该过于亲密。

所以，不要没事时随便往同事家跑，即使有事也要再三斟酌，要不要打扰同事，甚至同事主动邀请你去他家玩，你也要考虑要不要去。

有人拜访同事，选择的是突然袭击的方式。不管你是蓄谋已久，还是走到同事住处附近临时做的决定，无非是想给同事一个惊喜。这本身就违反了基本的社交礼仪，同事自然反感，而且这时你并不清楚同事家中的情况，也许同事家中不方便外人进入，那站在门外的你就成了烫手的山芋：不让你进，明显不给你面子；让你进，将给自己增添很大的麻烦。一般情况是，相互之间很熟，实在抹不开面子，就请你进去，虽然同事脸上挂着笑容，心里却在骂你；如果相互之间并不很熟，对方就会问："你有很重要的事吗？"你自然说没什么重要的事。接着对方就找借口推辞："对不起，我正在休息。"或者："我有很要紧的事，一会儿就出去。"

贸然闯入同事家中，会给同事造成不便，甚至危及到同事的隐私。你的这种不尊重他人的冒失行为，一次就会让同事怕了你，生怕你再做出什么出格的举动，以后就会小心提防你。贸然打扰同事的生活，会出现下面的尴尬：

（1）会打乱同事的生活安排

每个人都有自己的生活方式，而且每天怎样度过，都做了统筹安排。你贸然闯入，自然会打乱人家的生活秩序。人的本性是首先为自己活着，所以没人情愿牺牲自己的时间，去满足另一个利益不相关者的需要。你的冒失自然会让对方感到不悦，如果再侵害了对方的利益，对方就会记恨你了。

梁昆跟江浩是对桌的同事。前段时间，梁昆曾接受江浩的邀请与别的同事一起去江浩家玩过。这天晚上，梁昆经过江浩居住的小区，一看时间还不算晚，就决定去江浩家玩。到了楼下，他按响了门铃。门铃响了好一会儿，江浩才应声，问是哪位。梁昆理直气壮地自报家门，然后笑嘻嘻地说："这么早就上床了呀？"江浩犹豫了一会儿，还是把门打开了。

江浩的岳母来了，本来商定晚饭后陪岳母出去逛步行街，现在梁昆贸然闯入，自己只好不去了。妻子不情愿地陪母亲出去了。梁昆自恃跟江浩关系很铁，也没觉得不妥。跟江浩乱七八糟地聊了一会儿，又看起了球赛。

江浩的岳母和妻子回来了，球赛还在继续，梁昆也没有告辞的意思。江浩不停地佯装打哈欠，梁昆却让江浩坚持一会儿，看完球赛就走。好不容易送走梁昆这尊瘟神，江浩洗漱后走进卧室，没想到妻子还没睡，气冲冲地质问："我妈重要，还是你同事重要？"江浩说："当然是妈重要了，可是梁昆……"妻子警告说："以后你再让同事贸然到家里来，别怪我不给你面子！"

江浩别提有多窝火了。

从此江浩就故意躲着梁昆，最明显的就是下班后拒绝接听梁昆的电话。一个休息日，梁昆在公司加班，领导也来了，让梁昆通知江浩到公司里来。梁昆拨打江浩的手机，江浩不接，拨打江浩家里的电话，还是没人接。梁昆急得满头大汗，只得跟领导说联系不上江浩。领导不相信，用自己的手机跟江浩联系，江浩的手机很快接通了。

第二天上班，梁昆责备江浩昨天干什么去了，怎么不回他的电话。江浩说他在外边玩，手机放在包里，没听见。梁昆心想，领导的电话怎么就听见了？显然自己不知怎么把江浩得罪了。

领导觉察到梁昆跟江浩的关系表面上很融洽，其实很僵。他暗暗调查，发现梁昆的同事也都反感他。一次公司人事调整，一个与梁昆有亲戚关系的副总向领导推荐晋升梁昆。领导冷冷地说："他打电话都没人接，你让他管理谁？"

一句话就将对方顶了回去。

(2) 容易发现同事的隐私

有时候，你贸然闯入同事家中，会不经意发现同事的隐私。这可是最忌讳的事情。本来很融洽的同事关系，一下就变得很微妙了，甚至会产生不可逾越的鸿沟。

张军贸然拜访同事，才发现同事跟他妻子感情不和。他向同事的妻子问候，对方根本不理睬，扭头走进卧室，并把门摔得"砰"的一声响。张军很尴尬，想马上离开，又怕让同事面子上过不去，于是闲聊了一会儿才告辞。

后来单位里传出该同事婚姻出现危机的消息，是公司的另一个同事从别的渠道获知并传播的。可是该同事却认为是张军所为，并与张军形同陌路。张军别提有多委屈了。

要想到同事家里拜访同事，一定要征得同事的同意，才会受到欢迎。这就要求你事先约定好。

你可以抛砖引玉，让同事请你去。你可以谈话时不经意地传递出你的意向，探探同事的态度。比如："你住在哪个方位啊？"或者："听说你家的房子很宽敞？"如果同事想让你去他家，自然会说："有时间去玩吧。"如果同事不主动邀请你，或者回答得很简洁，也不带一点感情色彩，那么自然是不希望你去打扰他。

要有礼貌地提出拜访请求。比如："星期六去你家玩，你有时间吗？"或者："我现在在你居住的小区附近，方便过去吗？"万万不可以命令的口气说："星期六去你家玩，准备一下。"或者："我现在在你居住的小区外边，一会儿就过去了。"即使彼此非常熟悉，也要礼貌地提出自己的要求，只要从对方的话里听出一丝不情愿的意思，就不要勉强。

同事之间的交往不要太随便，即使你们在办公室里的关系很融洽。否则，让同事产生不悦，从心理对你排斥，长此以往，你就成了孤家寡人了。

5. 管好自己的嘴巴

俗话说："君子慎言，祸从口出。"

在办公室中，不要对人、对事妄加评说，有些事自己心里明白就行了，有些话能不说就不说。说话多了，往往会有失误，或者攻击了别人，会成为别人攻讦的口实。

因此，《菜根谭》的作者洪应明先生道："十语九中未必称奇，一语不中则愆尤并集；十谋九成未必归功，一谋不成则訾议丛兴。君子所以宁默勿躁，宁拙无巧。"这段话的意思是说：做人要谨言慎行，即使十句话你能说对九句也未必有人称赞你，但是假如你说错了一句话就会立刻遭人的指责；即使十次计谋你有九次成功也未必得到奖赏，可是其中只要有一次失败，埋怨和责难之声就会纷纷到来。所以一个有修养的君子，为人宁肯保持沉默寡言的态度，不骄不躁，宁可显得笨拙一些，也绝对不自作聪明，喜形于色。

在办公室中，人际关系是那样地难以处理，有时你以好心规劝别人，不料会惹恼别人，轻则伤和气，重则引火烧身。君不见在纪实性报告文学乃至小说中，有些人物形象会被人对号入座吗？所以像《曼哈顿的中国女人》一书所引起的轰动及指责甚至诉诸法庭，岂不使写书的人噤若寒蝉？

如果一句话有坏风俗、损名节、揭人隐私之嫌，那这样的话，害处就太大了，离灾祸临头也不远了。这样的话，是断然不可说的。一个人有缺点，有错误，你不妨指出来，让他改正，但前提是你必须深深地了解他，他能接受你的批评。不然，你说也是白说，还会结下仇怨。如果你还多言，可真是"咸吃萝卜淡操心"了。"誉我则喜，毁我则怒"，本是人之常情。聪明的人知道，别人可以毁誉加于我，我不可以毁誉加于人。

唇齿之伤，甚于猛兽；刀笔之烈，惨于酷吏。只是一句话罢了，却可以侮辱一个人，并辱其子孙，辱其祖先，那种被伤害的感情，会积攒数世，一般人都会寻机报复。

用偏见来论说古今的大道理，仗着小聪明来谈说天下的大事，持此一端不及其余，其实于理不通，于事不周，而又对批评意见听不进去，私逞其强，刚愎自用，这是天下的大害。

没有善恶之心，常做谄媚之态，工逢迎之计，习善柔之辞，这种人不仅难成气候，最终会害人害己。

为人过于忠厚，不存戒心，把心里的话都掏出来，逢人便是知己，终会被小人利用。

俗语道：害人之心不可有，防人之心不可无。在言辞上，也应如是。

一个非常忠厚老实的朋友曾说：他刚分到一个单位时，对很多东西看不惯。他不是过于挑剔的人，而是一些事太明显了。他对几个平常关系还不错的同事讲，可别人总是附和，或想方设法把谈话引向深入，结果他的一肚子牢骚一字不差地传到单位领导的耳朵里，慢慢地，别人都不再与他交往了。他呢，也把自己封闭起来了。祸已从口出，水泼在地上，还能收回来吗？

当人人都存有戒心时，会对别人说的话仔细品味，误解的时候很多。同样一句话，在不同场合，对不同的人，会发生不同的效果。中华民族又是一个缺乏幽默感的民族，你偶尔说一句幽默的话，可能会让人不快，你也吃力不讨好。

"你真漂亮。"在西方，一个男人对一个陌生女人这样说，女人会莞尔一笑，说声谢谢。但同样场合下你说给中国女人听，十之八九会招来一顿臭骂，围观的人没准儿还说你是流氓，不会对你有半点儿同情。

吕坤在《呻吟语》中说："到当说处，一句便有千钧之力，却不激不疏，此是言之上乘，除此虽十缄也不妨。"这是说，保持沉默比说许多废话有益处。

6. 不可贸然向上司进谏

中国古代法家代表人物韩非认为，部属不能随便向上司进言。他的论断虽有些偏激，但反映了进言宜慎重这个真理。韩非列举了向君主进言者的十种危险，不妨参考一下：

①君主秘密策划的事，不知情者贸然进言就会有危险。

②君主表里不一的事，谁把这个情况说破，谁就会有危险。

③在进言被采纳的情况下，如果进言的内容被他人得到了，进言的人

就要受到泄密的怀疑。

④当为官的经历还不深，还没得到君主信任时，如果把自己的才能全显露出来，那么，即使谋划成功，也不会受奖赏；如果谋划失败，又会受怀疑。

⑤揭露君主的过失，用道德理论加以指责，那是危险的。

⑥君主用他人的意见获得成功，并把这个成功归于自己，知道这个秘密的人会有危险。

⑦强制君主从事自己能力以上的事，这样的事会让君主难堪，这个进言者会有危险。

⑧如果君主谈论人的品格，又别有所指，接着再谈论平庸的人，并有煽动之意，幕僚们就要有所警惕。

⑨赞扬君主宠爱子民的人，如果你想接近君主，就会受到怀疑；指责君主厌恶的人，如果是试探，你也会受到怀疑。

⑩在向君主进言时，只说大话，毫无针对性，当仔细讨论时，就会让人反感；如果发言过于小心，就会被认为是愚笨；如果高谈阔论自己的计划，就会被斥为信口开河。

7. 勿和上司称兄道弟

我们不一定要把组织弄得像军队一般地严谨，但对于上司和下属的关系也应划分清楚；不可有搪塞马虎、得过且过的想法。凡事轻率随便的态度，往往给人无法信赖的感觉。

主从关系必须严格划分，不可乱了分寸，权责不明、未经授权而强出头，对上司所指派的任务任意曲解、自作主张，将使整个组织失控。

在这里举个较为浅显的例子：行走时如遇上级，必须等上级先通过后再行进；上、下台阶时，必须先停止、行注目礼后再随后前进。

在企业组织中，上下级之间的关系最容易混淆，常有冲犯而不自知。年轻气盛的员工，只为凸显、膨胀自己的角色，往往不知礼貌，动辄直呼上级名字，或者干脆称兄道弟，这些没大没小的幼稚行为，都是忌讳的。

上级有事召见时，切忌推三拖四、耍"派头"，给人气度不凡且又成不了大事的印象。尤其不可打断他人的谈话，有意见时须待他人的发言告一段落再表达自己的意见。

交谈对象若为上级主管，不可省略对他的职务身份的称呼，必须冠以"某某科长"、"某某主任"等尊谓；即使在平辈间，也不可疏于礼貌，应以"先生"、"小姐"或以"某科长"、"某主任"等称呼为宜。

8. 建议想好才能提

韩非子曾在他的书中提出了臣属向君主贸然进言的十种危险情形（见《不可贸然向上司进谏》一文），其大意便是告诫人们，对上级进言一定要小心谨慎，周密准备，而不应采取轻率的态度，行仓促之举。否则的话，不但事情有可能办不成，还会给进谏者本人带来祸端。所以，当我们准备向领导提出建议时，一定要慎重。要有备而来，力求收到言而有功、劳而有成的效果。

下属在向领导进言前，一定要进行深思熟虑的准备，使自己的建议能经得住各种问题的考验，你不妨按下面这些方法试着做一做：

第一，搜集必要的、准确而有力的数字和事实材料来论证自己的建议。由于数字和事实具有客观性，也就更能说服人，这会使你显得具备相当的科学头脑并对现实有着较为充分的了解。

第二，试着去批驳与你的建议相反的那些论点。如果你能够做到将其驳倒，那就等于说你已从反面论证了自己的观点。

第三，要充分考虑到各种反对意见。既要吸收其合理性以弥补自己建议的不足，又要指明其不合理性作为批驳的重点。

第四，要想一想，领导可能会提出什么样的问题来，并对这些问题的回答有一个事先的准备。

第五，不妨对未来作预测，展示你的建议的光明前景，并对各种可能性作出估计，这样，不仅可增强领导对方案的信心，也会使你显得具有某种长远眼光，引起领导对你的重视。

事实上，方案论证缜密还会提高领导对你本人的评价和印象。那些考虑欠成熟的下属多半会被领导认为想法幼稚、做事粗心、目光短浅或者考虑不周等，而且这些印象可能会具有"首因效果"（即第一印象影响领导以后对你的看法）和"晕轮效应"（即你的优点或缺点一旦被认识，会在以后的看法中被不断放大甚至掩盖你的其他优缺点）。而考虑成熟的方案则会使领导对你产生某种好感，显示你良好的思维能力和缜密细致的办事作风，这无疑会成为你今后靠近领导的一项资本。

自古以来，许多著名人物就是靠着多年的苦苦思索，才提出一套可靠的治国大略，引起统治者的注意和赏识。战国时期的苏秦，就曾拜师鬼谷子，悟得连横的妙策，在说服秦王未成后，他便在家中苦读姜太公的《阴符经》，"头悬梁，锥刺骨"，日夜揣摩，又提出合纵的思想，终于获得燕王的赏识，得卿相之尊。诸葛亮苦读百家，广交朋友，为自己的观点做了最充分的准备，以至于能够对着刘备畅谈"隆中对"，提出图霸兴汉的战略，一举赢得刘备的信任和赏识，成为一代名臣。这一切都充分地说明，欲说服领导，就必须对自己的观点进行最充分的论证，使其能经得起考验和质询。

9. 同事间聊天的禁忌

每个人都有表现自己的欲望。所以，在办公室与同事们聊天时，你要抑制自己的冲动，在聊天中保持应有的分寸，以防成为聊天的破坏者。

（1）别抢着说话

有的人为了表现自己，喜欢抢着说话，一是随便打断对方的话题，也不管对方讲完没有，上来就插上自己的话题；二是两个人正讲着，他却突然插进来发表自己的意见或说起另一件事。这两种行为，都是不礼貌的，而且很容易引起对方的反感。

（2）别穷追不舍

有的人为了显示自己的知识渊博，聊天时故意说一些别人不知道或者不甚了解的事情，其实他自己也未必精通。这时你只管倾听，不要提疑问，更不要刨根问底。不然，就会让对方下不了台，甚至遭到对方记恨。如果你经常这么做，"锲而不舍"地让同事丢丑，就会成为不受欢迎的人。产生的后果可能会是：

①同事疏远你。谁也不希望被你"扎"伤，不但那些喜欢炫耀自己学识的同事怕你，就连少言寡语的同事也怕被你抓到把柄，所以都主动躲避你。同事们正聊着天，见你来了，不由得都闭上了嘴巴，或者散开。甚至工作中也不由自主地躲避你，当你请求同事帮忙时，本来是举手之劳，同事也可能找借口推辞。

②同事排挤你。如果你在聊天中以"扎"同事取乐，谁还愿意与你共事呢？这时你就成为了众矢之的，他们就会联合起来排挤你。一旦让他们抓到了机会，你就只好灰溜溜地走人了。

赵锐在公司里有个绰号，叫"钉子"。因为他喜欢在聊天时抓住同事的漏洞穷追不舍，逼得同事最后哑口无言；或者当众纠正同事的错误，让同事下不了台。"钉子"既会扎人，又有锲而不舍的意思，这个绰号他"受之无愧"。

公司进行战略调整后，决定在边远地区开设分公司。每个部门至少抽调一名员工到分公司去。虽然说去分公司更能获得重用的机会，工资补贴也高，但是因为地理位置偏远，气候恶劣，生活条件差，谁也不想去，尤其是结婚成家的员工，在大城市里生活惯了，更不愿意去，于是人心惶惶。公司先是号召员工自己报名，见响应者甚少，只好指派。

正当赵锐所在部门的主管酝酿名单时，一个下属悄悄溜进他的办公室，递上一封联名推荐信。被推荐去分公司的人选是赵锐，推荐人是部门的多数员工，推荐的理由是赵锐具有锲而不舍的钉子精神，有闯劲儿，最适合去分公司工作。既然是众望所归，主管就把赵锐报上去了。

名单一公布，赵锐自然不乐意，径直找领导询问缘由。领导说：

"大家都反映你具有锲而不舍的钉子精神，干工作有闯劲儿。分公司需要的就是你这样的人才，所以公司决定派你去。"

赵锐半天才缓过神来，他没想到"钉子"会成为调动他的借口！

(3) 别逞强好胜

在聊天时争论起来，一般是因为双方各执己见，谁也不肯让谁。这主要是逞强好胜的心理在作祟。如果你抱着一颗平常心，把聊天看做休闲的一种方式，不论输赢，无关乎成败，就不会跟对方进行无所谓的争论了。

下面两种方法，你不妨一试：

①求同存异。当意见发生分歧时，最好的解决办法就是求同存异，终止辩论。

②改变话题。看到对方有可能跟你发生争论时，主动改变话题，就会让争论"胎死腹中"了。

10. 别在他人之上出风头

在工作中与同事交往的时候，即使你比对方优秀，也要压住自己的风头。

楚天峰因为资历深，上司让他牵头搞一个项目策划。另外两个同事的工作时间虽然短，但业务能力也很强。为了体现自己项目负责人的身份，楚天峰跟伙伴约法三章：

（1）有好的创意要及时向他汇报，由他来判断是否可行。

（2）每天下班前向他汇报工作进度。

（3）他提出的意见，第二天必须整改完毕。

对于楚天峰的独断专行，另外两个同事颇有微词。虽然领导让楚天峰牵头，但是项目需要三个人来做，只有三个人精诚合作，融合大家的智慧，才会把策划做到最好。楚天峰的约法三章，明显凌驾于两个同事之上，似乎他是最高明的，别人都不如他。两个人的心里自然都不痛快，并产生了抵触情绪。

随着工作的开展，楚天峰与两个同事的矛盾不断升级。有一次，一个同事想出了一个绝妙的创意，向楚天峰汇报后，却没有得到一句肯定的话，楚天峰板着脸说他再斟酌一下。后来，这个创意被楚天峰改动了一个无关紧要的地方，付诸实施了。还有一次，楚天峰让另一个同事修改一处文字，可这处文字并无错误，只是两人的表达习惯不同。同事没改，楚天峰责骂同事阳奉阴违，结果两个人争吵起来。

两个同事被楚天峰一"提醒"，果真阳奉阴违，开始出工不出力。完工的期限快到了，策划案还没有完成。楚天峰很着急，请求两个同事加把劲儿。他没想到两人几乎异口同声地说："我们能力有限，你那么高明，还是你自己加油吧。"

楚天峰明白这是借口，也明白两个人想看他的笑话。他找到领导，指责这两个同事不配合他的工作。领导经过调查知道了事情的真相，就不再让他负责这个项目策划了。

领导这样对他说："你太优秀了，他们感到压抑，你还是等下次独自负责一个项目吧。"

楚天峰听不出领导是表扬他，还是批评他，但他隐约觉得这是领导的一个借口而已，他因此而不被重用了。

楚天峰的经历告诉办公室里的人们：在与同事合作的过程中，如果你能营造让同事觉得自己很高明的氛围，同事就会与你合作得很顺利；如果让同事觉得他屈从于你，就会感到压抑，进而产生抵触情绪，并找借口抵制合作。这样，你们的合作就形同虚设，发挥不出应有的作用。也容易让上司抓住把柄，影响在职场中的发展。

11. 功劳面前先说低头话

有人说，低头话该说的时候自然该说，可是我现在有了大功劳，正是别人对我感恩戴德或欣赏有加的时候，何必自我作践说低头话呢？持这种观点的人只知其一不知其二，对人情世故仍是不甚了解。照他这种观点和做法，估计用不了多久，曾经对他感恩戴德和欣赏有加的人就变成了你死我活的仇敌。说到底这些人还是打心眼儿里把自己看得太高了。

郭解，是西汉的一位侠客，为人行侠仗义，在当时很有声望。有一次，洛阳某人因与他人结怨而焦虑，多次央求地方上有名望的人士出来调解，对方就是不给面子。后来他求到郭解门下，请他来化解这段恩怨。

郭解接受了这个请求，亲自上门拜访委托人的对手，做了大量的说服工作，好不容易使对方同意了和解。照常理，郭解此时不负人之所托，完成这一化解恩怨的任务，可以走人了。可郭解有高人一招的棋，有更技巧的处理方法。

和两人讲清楚一切后，他对接受调解的那个人说："这个事，听说当地许多有名望的人也来调解过，但都没有调解成。这次我很幸运，你也很给我面子，让我把这件事解决了。但我毕竟是个外乡人，占这份功劳恐怕不好。本地人出面不能解决的问题，由我这个外地人来解决了，未免会使本地那些有头有脸的人感到丢面子啊。"他进一步说："这件事这么办：请你再帮我一次，从表面上让人以为我没办成，等我明天离开此地，本地几位头面人物还会上门，你把面子给他们，算是他们调解成的，好不好？拜托了！"

郭解很懂得照顾别人的面子，因为他知道，那些当地的头面人物是爱面子的人。如果得罪了他们，以后还怎么在这里混？所以自己还是当个幕后英雄，成全他们的美名吧。

明朝的王守仁平定了宁王朱宸濠的叛乱以后，有人嫉恨他功劳大，散布流言蜚语说："王守仁以前是与朱宸濠同谋的，等到已经听说各路大军开始征伐了，才擒拿了朱宸濠以自脱。"王守仁听到了这种传言，于是把朱宸濠交给了协同参战的张永，使皇帝能够亲获朱宸濠，满足自己御驾亲征、生擒逆首的虚荣心。后来张永也在皇帝面前极力称赞王守仁的赤胆忠心和谦虚让功的美德，皇帝明白了事情的真相，于是赦免了王守仁。

龚遂是汉宣帝时代的一名贤良能干的官吏。当时渤海一带灾害连年，百姓不堪饥饿，纷纷聚众造反，当地官员镇压无效，束手无策，宣帝派年已70余岁的龚遂去任渤海太守。

龚遂轻车简从来上任，安抚百姓，与民休养生息，鼓励农民垦田种桑，规定每户种一株榆树，一百棵薤白，五十棵葱，一畦韭菜，养两口母猪，五只鸡。对于那些心存戒备，依然持刀带剑的人，他劝道："为什么不把剑卖了去买头牛，务点正业？"经过几年治理，渤海一带社会安定，百姓安居乐业，温饱有余，龚遂名声大振。

于是，汉宣帝召他还朝，他有一个属吏王先生，请求随他一同去长安，说："我对你会有好处的！"其他属吏却不同意，说："这个人，一天到晚喝得醉醺醺的，又好说大话，还是别带他去为好！"

龚遂说："他想去就让他去吧！"到了长安后，这位王先生还是终日沉溺在醉乡之中，也不见龚遂。可有一天，当他听说皇帝要召见龚遂时，便对看门人说："将我的主人叫到我这儿来，我有话要对他说！"王先生一副醉汉狂徒的模样，龚遂也不计较，还真来了。王先生问："天子如果问大人如何治理渤海的，大人当如何回答？"

龚遂说："我就说任用贤才，使人各尽其能，严格执法，赏罚分明。"

这位王先生连连摆头道："不好，不好！这么说岂不是自夸其功吗？请大人这么回答：'这不是小臣的功劳，而是天子的神灵威武所感化的！'"

龚遂接受了他的建议，按他的话回答了汉宣帝，宣帝果然十分高兴，便将龚遂留在身边，加官晋爵。

我们常说要透过现象看本质，说低头的话也是这样，必须正确分析情势，准确判断何种情况下要说低头话。只有这样，才能使自己立于不败之地。

12. 打开客户的话匣子

在销售中，介绍产品固然重要，但有时对方决定买与不买并不完全取决于产品，所以一定不要滔滔不绝地谈论你的产品，而要把说话的权利让给客户，不知不觉中他就会自愿和你做生意了。

有的人为了博得别人赞同自己的意见，总是自己说太多的话，尤其是售货员更易犯这个严重的毛病。让别人说出他自己的意见来，他对于自己的问题，总比你明白得多。所以应当问别人问题，让他告诉你一些事情。

美国某大汽车公司经理打算订购汽车内所用帷布座套，数量需供一年之用。有几个大座套制造厂家把货样送去备选。那位经理看完各家的货样之后，就让三家制造厂某日各派一位代表前来商谈，到时决定用谁的货。

史蒂夫是其中一个工厂的代表，就在他去汽车公司的那天，忽然患了严重的喉头炎，史蒂夫后来说："等我去见那位经理的时候我竟因喉痛无声，甚至连一点小声音也发不出来。当时我被引进一间屋里，看见在座的有纺织工程师、采买主任、售货主任及公司经理。我使尽力气说话，但只能发出一点儿沙沙的声音。

我们是围桌坐的，于是我取纸片写道：'经理先生，我因喉痛发不出声来，我没话可说。'

那位经理说道：'让我来替你说。'他展示我的货样并赞美样品的优点。他们立刻开始讨论我的货样。那位经理因为是替我讲话，所以讨论的时候也是一直帮着我。我只能随时笑着，点头及作一些姿势。

那次奇特的商谈结果是我获得了订货合同。一共订购绒幔帷 50 万码，价值 160 万元——这是我从来未曾得过的最大的一批订货量。

我知道若不是因为我患病不能说话，我一定得不到那批买卖，因为我想提出的意见根本是错误的。完全是由于偶然，使我发现有时候让别人说话是上上之策。"

《时代周刊》经济版某日登出了一段醒目的广告——某商业组织要征聘一位具有特殊才能与经验的人。约瑟便投函到指定的信箱应聘，没几天，他接到信要他去面谈。他在去之前，先到华尔街搜集了关于那家企业创办人的事迹。见面的时候，约瑟道："我感觉十二万分荣幸，能进入像贵公司这样有成绩的商业组织。我听说在 28 年前你最初创办这个组织时，仅有一间屋子，一张桌子，一位速记员。那是真的吗？"

凡事业成功的人，几乎都喜欢回忆当年他的一些情况。这位先生当然也不例外。他谈了很多当初他如何只有 450 美元现款及开始创业的事情，如何与揶揄讥笑他的人们斗争，他周末假日一概不休息，每天工作 12～16 个小时，最后怎样战胜了一切困难，直到现在华尔街的最大金融家也要向他来请教。他对于这样的成就觉得很得意。最后，他简单地问了约瑟的经历，并请来一位经理说道："我认为这位约瑟就是我们所要征寻的人才。"

通过你只言片语的启发，让客户自愿地倾诉，满足了他作为你面前的

"成功人士"的心理预期，也使他平时无法释放的某种情绪得以释放，在他志得意满的时候，生意也就是水到渠成的事情。所以说，让对方打开话匣子，也就掌握了自己谈话的主动权。

13. 重视电话沟通

打电话，已成为我们日常生活和商务交流中最普遍的方式之一，但商务电话与拉家常的电话有很大差别。作为一名商界从业者，你每天都要接听很多电话，也要打出无数个电话。与你在电话中进行交流的可能是你的熟人，也可能是一些陌生的顾客。短短的一根电话线，有时可能决定着你人生和事业中的某件重大事情，决定着你事业的成败。当你打电话或接听电话的时候，你能自如地运用自己的语言吗？你能让对方觉得你诚实可信吗？你能在互不见面的情况下主动驾驭对方吗？

作为一名管理者，你的大部分信息交流和业务都是通过电话来实现的，无论是回答别人的咨询，阐述自己的观点，还是决定一项商业事务或者处理一个令人头疼的事情，打电话，既是运用语言的技巧也是节省金钱和时间的有效途径。掌握打电话的技巧能够有效地防止你进行没有必要的交谈。尽管电话交流如此重要，也仍然有许多管理者不能有效地利用这种工具。每天都有许多人不能通过电话很得体地处理他们的事情。

电话沟通只闻其声不见其人，要想达成交易恐怕比面对面谈判还要难。所以对说话的技巧更要注意：

（1）打电话时要简短，而且声音要柔和。我们不知道别人有多忙，认为多说一些理所当然，这是不对的。千万不要浪费别人的时间。打电话时，要保持语气柔和、轻松，并尽可能用最短的时间表达你的意思，然后结束。如果你遵循这个原则来打电话，别人会很乐意在办公室里接听你的电话。

（2）注意听对方在说些什么。当你接听电话时，不要同时看其他报纸，或是阅读放在桌上的一篇报告，否则你会错失重要的谈话内容。对方也许已注意到你的兴致不高，他也不知道该怎么办。这样一来，谈话时间就会拉长，比原计划长了很多。要保持轻松的语气，有适当的间歇，这样通话就会很快结束，当然结果也就愈能称心如意。

（3）不要突然转身与办公室里的其他人说话，因而打断电话。当你接听电话时，你的注意力是与你交谈的人最在意的问题，你更不应该请别人帮忙去接听。同样的，当你约了别人来办公室商谈某事，却在这时候一直打电话，这种举动实在无礼且没效率。

（4）说话要清晰明了，不要兜圈绕弯，把你的意思直接传达给对方。

（5）用你正常的声音说话，避免声音过大或过小。使用正常的语速，不要过快或过慢。同时适当地改变语调会取得最佳效果，既能表达重点，也能增添话语的感情色彩与活力，同时有助于对方了解你的意图。

（6）准确说出重要客户的姓名，你可以使用电话记事本记录对方姓名的准确发音，这样会避免回电话时因念错对方的姓名而尴尬。

（7）如果使用免提电话，应该不停地询问对方是否听得清楚你的声音，许多免提电话听上去声音空荡，因此很多人不喜欢使用它，你最好也不要使用。

14. 正确应对客户的"不"

客户拒绝你的推销建议是再正常不过的事，而推销正是从客户拒绝开始的，是一个主动说服顾客从不愿购买到决定购买的过程，所以作为一名合格的推销员，面对顾客的拒绝不能因此感到沮丧，而应从对方的拒绝中搜集信息，找到恰当的游说方法。

是的，关键并不在于顾客一开始如何说，而在于推销员怎样尽自己的努力说服对方把"不"变为"是"。

其实你可以把对方所说的"不"看做一种打招呼的方式，就像"上午好"一样，这种打招呼当然可以从容应对。他说"上午好"，你也回以"上午好"就可以了。但对方所说的是"不"，你当然不可以也来一句"不"，那么到底应该以什么样的方式去应答对方的话呢？或者说，面对"不"的招呼应该从哪些方面去回答呢？

下面介绍一下对方说"不"之后的应对方法。

（1）应该把"不"当做一种挑战目标，听到这个字眼儿，就像有了一个明确的目标，而准备好勇往直前、全力以赴，直到攻克、征服这个目标为止。

（2）应该想象"不"这个字眼儿悦耳动听，甚至还可以认为这是一种信号，促使你"提起精神"。

（3）听到客户说"不"，你应该积极地去思考："他根据什么说'不'呢？"设法尽快找出使他说"不"的原因。

（4）对方开口说"不"，你应该进一步想："这次商谈有什么地方不够充分呢？"

（5）如果对方说"不"，或许可以认为这是一种提醒，告诉你必须变换一种方式才能行得通。

（6）这一次对方说"不"，就把这次商谈的内容当做资料好好研究，找出此次商谈的不足，总结经验，认真为下一次商谈的成功做好充分准备。

这样，不断从被拒绝中学习，就可以不断提高自己的能力，完善自己的说话技巧，从而使更多的"不"变为"是"，提高推销的成功率。

15. 用软话平息客户的怒话

客户发脾气，你不能再跟着发脾气，以适当的语言，平息他们心中的不满和怒火，会为下一次生意带来方便。当然，客户的不满除了发怒还有其他形式，都需要在以言语应对时小心对待。

（1）平息怒气

如果你拖延了交货的最后期限，当客户给你打电话时，你一定可以想象他是多么生气。在这种情况下，你如何既能平息客户的怒气而又能保持自己心平气和地与顾客交谈呢？

例如，一个客户正通过电话向一家大型服装公司的儿童体育用品部经理大发雷霆："你们是怎么搞的？你们保证过按时把这批尼龙儿童棒球衫以每件 12 美元的价格交付给我们。在这个星期的销售广告中我们已经做了大力宣传，可是你们公司的那个蠢货却通知我们这批货不符合要求，这下可好，你让我怎么办？"那个经理面红耳赤地坐在那儿听着，后来他说："这个客户没完没了地抱怨，说得我直冒冷汗，于是我也变得十分气愤，但我并不能显露出来。我只好平静地对他说：'您能稍等片刻吗？让我想想这事怎么办好。'于是我把话筒从耳边拿开，深深地吸了一口气，然后对自己说：'好了，现在应该怎么办？'"

运动衫不符合要求是生产问题，所以站在客户的立场上，这家制造公司是完全没有道理的。因此这位经理应付顾客的唯一办法就是以最佳方式向他道歉并平息他的怒气。

后来，这位经理又重新拿起电话，先为让他久等而道歉，然后告诉这位客户，公司愿意以一批价格高一些的儿童春季夹克代替那批棒球衫，而且按他们宣传的价格每件只收 12 美元。并且他还向那位顾客保证立即装货。

我们可以设想，如果这位经理不能在这么短暂的时间内机智地采取行动，其结果会如何？

（2）摆脱纠缠

如果每次你都能高效率地结束你的电话，相信你的生意会越做越好。通常，根据打电话的礼节，主动打电话的一方也应主动结束通话。大部分情况下应该尊重这项礼节，但是有时候，主动打电话的人并不懂得这项礼节，因此有时为了打破僵局，许多经理在通话时突然挂断电话，想使对方认为电话断了线，这种方法并不高明，除非对方意识到这是玩笑，否则他不会原谅你。

奉劝你不要使用这种方法，因为这种做法让他人一猜便知。相反地，如果你能得体地向对方说再见，会让对方十分满意。或者直截了当地向对方讲明你还有很多事情要做，没有很多时间听他在电话里讲。这时，你只需简单地说："谢谢你打电话来。"

（3）传递坏消息

当你必须传递一些令人不快的消息时，大多数的经理认为电话并不是合适的工具，因为通过电话并不足以说明坏消息的严重性。然而，有时它却是唯一的工具。因此经理们不得不慎重选择他们的用词。有一位妇女儿童用品商店的销售经理讲述了自己对这一事情的体会：

当我打这类电话时，总是先竭力缓和紧张气氛，我可以说："瞧，约克，我打电话来并不想让你烦恼，但我想你最好知道我们的生意有些地方不尽如人意。我已经写了一封信说明这些问题，几天后你就会收到。"

在电话里，我并没有说明事情的严重性，但是这个电话的确能使对方为即将接到的信做好思想准备。许多人认为坏消息知道得越晚越好，所以大多数人接到这类电话时，并不对细节问题寻根问底。

如果他们说：发生了什么事，给我点儿暗示吧。我的确会给他们一点儿暗示。但通常他们催我时，我只是简单地说："不，我想你最好先看信。然后你就会知道发生了什么而有所想法，在这以后我们再讨论解决的办法。"通常情况下，这种方法的确帮我解决了许多问题。